典型国家和地区政府预算制度研究丛书

中国财政发展协同创新中心、中央财经大学政府预算管理研究所资助项目

丛书主编／李 燕

日本政府预算制度

杨华／编著

HIBEN ZHENGFU YUSUAN ZHIDU

中国财经出版传媒集团

经济科学出版社
Economic Science Press

《典型国家和地区政府预算制度研究丛书》

编委会成员

丛书总序

从世界范围来看，现代预算制度的产生发展历程与现代法治国家的建设如影随形，预算是控制和制约政府权力扩张的重要手段。从形式上看，政府预算是经过法定程序批准的、具有法律效力的政府年度财政收支计划，但从其实质而言，是社会公众对政府权力进行"非暴力的制度控制"的有效途径。同时，由于预算还决定着对有限的公共资源在不同利益主体之间如何分配的问题，因而，预算过程中也充满了各种利益集团为争夺有限预算资源的政治博弈。预算过程为各利益集团及公众提供了一个相对开放的平台和渠道，使他们可以通过法定的程序提出自己的预算诉求，了解预算配置的信息，监督预算资源的使用及政府承诺的兑现。因此，预算是实现政府自我约束和立法机构外部控制的重要制度安排与机制。

随着中国公共财政框架体系的逐步建立和完善，预算在保证政府对有限公共资源的配置及使用上的合规有效，强化人大对各部门、各单位使用财政资金的控制功能方面，正在发挥着越来越重要的作用。我国自 2000 年以来将财政改革及公共财政框架体系的建设聚焦于支出管理后，围绕预算制度的改革与创新就从未间断过：如部门综合预算改革旨在细化预算编制，实现部门预算的完整性；政府采购制度改革旨在将政府的支出管理纳入到"公开、公平、公正"的轨道，杜绝黑箱操作；国库集中收付制度改革旨在提升财政部门对预算资金收支流的控制功能，防止财政资金被截流挪用和提高其使用效率；预算外资金管理改革旨在将完整的政府收支纳入财政管理和社会监督视野；政府收支分类改革旨在使政府每一项支出通过功能和经济分类得到"多维定位"，以清晰的反映支出最终去向等。党的十八大以来党、国家的重要会议和重要文件中均密集涉及政府预算问题，特别是从十八大报告中提出的"加强对政府全口径预算决算的审查和监督"到十八届三中全会《中共中央关于全面深化改革若干重大问题的决定》中提出的"实施全面规范、公开透明的预算制度"，再到历经十年修订历程于 2015 年 1 月 1 日起正式实施的新修订的预算法等，可以说，预算改革已经成为中国当前行政体制改革、财政体制改革的关键突破口，引起了决策层的高度关注。

从理论研究而言，近十年来中国的政府预算研究也呈现出"百花齐放"的繁荣景象。政府预算突破了传统财政学的研究范畴，政治学、社会学、法学、行政管理学等学科纷纷从各自的研究视角加大对政府预算的研究，跨学科的研究视角和国际化的研究视野也有力地推动了政府预算研究的广度和深度。

西方国家现代预算制度作为政府治理的重要手段，其建立与完善走过了几百年的历史，经历了新兴资产阶段力量与落后王权力量的斗争过程，经历了暴力式的革命路径和非暴力式的改良路径。一个国家预算制度的选择与该国的政治体制、政党政治、经济体制、经济发展阶段、历史文化等环境因素密切相关，各国预算制度的优化也始终与政府改革、政府效率的提高紧密联系在一起，但在发展与改革过程中越来越清晰的是预算已逐渐成为社会公众和立法机构控制约束政府权力扩张的有效工具，是给权力戴上"紧箍咒"的重要载体。

"他山之石，可以攻玉"，编纂《典型国家和地区政府预算制度研究》丛书的根本目的，在于全面、完整、系统的提供典型国家及地区预算管理的做法，归纳典型国家与地区在建立现代预算制度过程中的成功经验与教训，为预算理论及实际工作者了解他国及地区现代预算制度的建立历程、管理模式、关键改革等提供文献资料及经验借鉴，同时也可以为我国建立起现代预算制度及至预算国家提供参考依据。因此，本丛书定位于具有决策参考价值和研究文献价值的专辑，目的不在于说教，而在于为决策者和理论与实际工作者提供一种选择和借鉴的可能。我们也希望本丛书的出版与问世能引起各界和决策层对政府预算的广泛关注，为我国现代预算管理制度的建设与完善，为建设法治中国添砖加瓦。

《典型国家和地区政府预算制度研究》丛书选择了俄罗斯、美国、英国、澳大利亚（俄罗斯、美国、英国、澳大利亚已出版）、法国、德国、日本、加拿大、印度等国家和港澳台地区，内容根据各国和地区的特点，侧重梳理介绍其政府预算管理制度，主要包括组织体系、管理流程、管理制度、监督机制、法律法规以及预算改革的趋势等相关内容，重在诠释各国预算管理的基本事实和最新改革动态，力图总结出可供我国借鉴之处。

本丛书是依托中央财经大学中国财政发展协同创新中心和政府预算管理研究所的力量组织编著的。中央财经大学政府预算研究团队集合了国内外高校、研究机构、实务部门构成的专兼职研究人员，主要从事政府预算管理理论与政策的研究，研究范围涉及政府预算理论、财政信息公开与透明度、预算监督与预算法治化、政府会计与政府财务报告、中期财政规划等。研究团队还紧跟国际预算理论发展与我国政府预算管理改革动态，借鉴国际经验，加强对政府预算理论、预算政策、预算制度和预算程序以及中外预算的比较研究。研究团队的特色定位于倡导问题导向型的研究模式，强调研究成果的决策实用价值；随着学科交叉与融合，提倡对政府预算进行跨学科研究；推动研究方法的创新，提倡对政府预算问题开展实证研究。研究团队在运作模式上，提倡"学研一体"的运作模式，以期将科学研究与人才培养工作结合起来。

丛书编写主要基于各国政府相关部门网站、政府预算报告、最新立法及政策方案、各种统计年报等所载大量一手资料和有关文献编纂而成，力图尽可能客观地反映各国的政府预算制度体系及改革近况。但是，由于受各种因素及语言局限在资料收集上存在一定的难度，该套丛书还存在一些缺憾与疏漏，希望广大读者理解，也欢迎批评指正，以利于我们不断总结，逐渐扩大丛书所涉国家及地区的范围，为广大读者提供更多更好地开展预算研究与指导实践的书籍。

丛书编委会

二〇一六年十月

前　　言

　　本书作为《典型国家和地区政府预算制度比较研究》丛书之一，在概括总结日本财政体制、政府预算制度的基础上，按照预决算流程，全面系统地梳理了日本预算的编制、审批、执行、决算以及审计等相关环节和具体内容。同时，着重就日本的中期预算、政府债务与风险管理、政府会计与财务报告、政府预算信息化与公开等预算热点问题做了深入分析。最后，结合日本政府预算制度的特点、发展演进历程及改革动向等，对我国政府预算管理体制改革提出了思辨性借鉴和思考。

　　诚然，一国的政府预算制度，与该国的政治体制、经济发展阶段、历史文化传承等有着密切的联系。如果说第二次世界大战后日本确立起来的立宪财政制度有其特殊的政治背景，但之后日本在财政管理、政府预算制度方面的调整和改革，在很大程度上体现了西方国家在财政管理体制、现代预算制度，乃至政府行政管理等方面的总体改革趋势和基本潮流。当然，日本国家本身所面临和需要解决的问题也成为其各时期预算改革的内在驱动因素。基于此，本书力图通过全面梳理日本政府预算制度框架、管理模式、预决算相关环节及主要流程等，基于国际大环境背景，分析和探讨日本现代预算制度的发展演进历程、重要改革的历史背景以及近年来的改革动向等，以便准确把握日本政府预算制度的独有特点，以及作为现代国家预算制度发展演进的历史阶段性和一般规律性。这是因为，各国不同时期所面临和需要解决的社会、政治、经济等问题不仅具有共同性，预算改革所遵循的指导原则、基本理念等也具有通约性。总结和归纳日本预算制度发展演进的历史阶段性和一般规律性，对于我国今后进一步完善分税制财政体制、建设现代预算制度具有更深层次的借鉴意义。

　　总体来看，第二次世界大战后日本政府预算制度的发展演进历程大致可概括为两个阶段。20世纪90年代中期之前基本可以概括为"三分自治"阶段，这一阶段呈现出较为明显的中央集权特征。第二次世界大战后，日本确立了立宪财政制度。在新宪法的基础上，建立起了以《财政法》、《会计法》、《国库法》、《会计检查院法》、《财政监督法》等为法律框架的财政法律制度体系，据此确立了现代意义的财政制度和预算管理体制。国家财政根据预算运营，预算案经议会表决通过后具有法律效力，政府各部门在预算规制下开展业务活动，没有预算就没有政府活动。因此，预算制度是日本财政制度的核心内容。与此同时，作为民主化改革的重要一环，日本推行了地方自治制度。《地方自治法》、《地方财政法》等法规就中央与地方政府间的财政关系等作出了规定。但总体来看，这一时期中央集权特征明显，中央通过各种形式对地方政府行为加以干预和控制。中央干预方式由第二次世界大战前的主要通过"人"的控制转向"财"的调节。中央政府通过税收立法权和课税否决制度、许可或认可制度、在地方设立派出机构并实行"机构委任事务制度"等制度安排，实际上对地方事务进行较大程度地调控和干预；通过地方交付税、地方让与税、国库支出金等转移支付形式，实现对地方财源的分配。由于地方财政收入中地方固有收入（地方税）仅占3成，其余7成依赖于中央政府的转移支付，地方政府自主财源有限，地方政府也被形象地形容为"三分自治"。

第二次世界大战后相当长一段时间内，中央集权型政府间财政关系对于缩小日本地区间财力差距、推进地区间基本公共服务均等化、推动地方公共基础设施建设、确保国家行政管理水平统一等方面发挥着积极而重要的作用。而泡沫经济破灭后的日本不仅面临着经济增长乏力的困境，中央集权型财政管理体制下的"制度性疲劳"也开始凸显。主要表现为：中央政府干预过多、管理过细，弱化了地方政府致力于独自进行地区发展的意愿从而严重限制了地方自治的空间和活力；国家行财政的不效率导致地方的不效率，结果使得财政支出膨胀，中央和地方政府规模日益扩大，财政赤字居高不下。同时，地方政府"寻租"行为与财政资金浪费较为普遍；过分重视全国的统一性、公平性，忽视了地区间的多样性和差异性等。这在国库支出金、地方交付税等转移支付制度方面表现出的不公平、不效率问题尤为突出。由于责任所在不明确，使得地方政府对中央政府产生极大的依赖，从而造成财政错觉。也导致中央政府在财源保障、财政宏观调控功能方面面临前所未有的挑战。此外，老龄少子化、国内产业空心化等诸多社会经济问题，促使日本求变求新，并试图以分权化改革为突破口，实现"财政健全化"和经济的"再生"。

在此背景下，20世纪90年代中期以来，日本政府陆续出台了多部法律以促进地方分权，此次"地方分权化改革"被称为继明治维新、第二次世界大战后改革之后的"第三次改革"。改革的主要目标是：由"中央政府主导、纵向分割的行政体系"转向尊重地域多样性的"居民主导、体现个性的综合行政体系"。具体改革措施包括：一是重新审视了中央对地方的干预问题，进一步明确了中央与地方政府的作用分工。中央对地方的干预应限定在法律或是法律基础上的政令所认可的范围内。同时，干预应限制在其基本形式的最小程度内，必须顾及地方政府的自主性和自立性。中央政府主要承担在国际社会中的国家事务，以及那些以实行全国性统一规定为宜的事务等。有关居民日常生活方面的行政事务尽量由地方政府承担；二是废除了长期以来实行的"机构委任事务"，地方政府的行政事务被调整分类为"法定委托事务"和"法定自治事务"，减少了中央对地方的行政控制，进一步扩大了地方自主权限，从而改变了原有的中央与地方政府间的主从、上下关系，形成对等、协作关系；设立了"国家地方诉讼争议处理委员会"专门负责调查、调停中央与地方政府间的争议诉讼问题；三是强化了地方政府的自治责任，提升地方政府在条例制定、自主课税等方面的权限，扩大了地方议会及其行政长官的职责。如修订了地方税法，将法定外普通税许可制度改为协议制；将地方债审批制度该为协议制度，放宽地方债的发行条件；允许地方政府就地方交付税的计算提出质疑；四是重新审定了中央以法令硬性规定地方公务员编制和机构设置的"必置规制"，废除或放宽了相关规定，以尊重地方政府的自主性、组织权并推动行政工作的综合化和高效化；五是放宽了"核心城市"的指定条件，建立了"特例市"制度，鼓励"广域联合"等，以促进市町村的自主合并等。

上述分权化改革使日本中央和地方政府间关系迈向了新的里程碑。摆脱了过去中央主导和对地方在权限和资源上的钳制，废除了中央行政机关得以进行积极干预的委办事务。自此，无论是地方政府的固定行政事务或是中央的委托事务，中央政府仅有监督权，而不能以指导方式变相统辖地方政府。同时，为了落实地方优先原则和就近原则，地方分权改革重视对市町村政府的权限下放，让基层地方自治体能够拥有足够的权限处理最贴近民众生活的公共事务。而市町村合并的推动，则旨在推动权限的下放，以便提高地方政府的行政、财政能力并建立与之相适应的行政管理体制。可以说，地方分权化改革使得日本地方政府基本实现了自立自主。日本的财政管理体制也由原来的典型的中央集权型逐步过渡为"集权和分权的结合"。近年来，为改变社会功能过分集中于东京都的现状，以及构建体现地区特色并应对高龄少子化社会问题等，日本政府提出了"建设能使国民有充裕感的地方分权型社会"，地方分权的趋势依然延续。

日本的财政管理体制由战后典型的中央集权型逐步过渡为"集权和分权的结合"这一变化历程，既体现出日本政府预算制度的独有特点，反映了20世纪八九十年代以来西方国家在政府预算制度改革方面的总体趋势和潮流，也在很大程度上体现了西方国家现代政府预算制度发展变化的一般规律性。

日本财政体制的基础是中央调控的市场经济和地方自治制度。中央和地方间的财政关系相对协调、规范，在保证各级政府行使各自职能的同时，中央政府在宏观调控和促进地方社会经济发展方面发挥着积极作用。这与日本法制化、规范化的预算管理制度密不可分。随着地方分权化改革及相关预算制度改革的推进，日本政府预算正在从一种保证财政支出的合法性与合理性的手段，向改善公共部门管理和提高资金使用效益的工具转变。日本在财政管理、政府预算方面的相关做法及改革经验，尤其值得我国参考和借鉴。

本书分九章，其结构框架如下。

第一章，日本的财政概况。本章主要目的是对日本财政体制做总括性介绍和梳理，以便读者对战后日本财政管理体制的演进及特点、政府间财政关系、中央与地方财政收支状况，以及20世纪90年代以来地方分权化改革进程中政府间财政关系的调整与"财政健全化"改革等有一个全局、概观性的了解和把握。

第二章，日本政府预算制度概况。本章在归纳总结日本政府预算制度发展演变历程及近年来的改革动向的基础上，就日本现行政府预算的构成、政府预算的基本原则与相关制度，以及预算法律体系做了概括性总结。

第三章，日本政府预算的编审与执行。本章着重就日本政府预算编制程序与类型、预算草案内容与审议及批准、相关部门的职能分工等进行了概括梳理。同时，从制度体系、业务程序等角度就日本的国库制度、政府采购制度做了归纳介绍。

第四章，日本政府决算与审计管理。决算管理和政府审计作为对政府职能事后监督的重要工具，不仅能较为准确地反映国家的收支执行情况，也有利于财政信息的公开透明，便于民众监督。同时，审计结果还用以分析和衡量政府运行的绩效与缺失，为以后年度制定政策方针、编制预算以及改进财务管理提供依据。日本是世界上少数几个实行独立型政府审计体制的国家。本章在介绍日本政府决算管理、审计管理的基础上，同时对日本地方政府审计和独立行政法人审计做了概括性介绍。

第五章，日本中期预算管理。20世纪70年代以来，日本中期预算的发展经历了一个探索、尝试和逐步改进的过程。2010年《中期财政框架》的编制被看做是日本中期预算的正式确立。与前期的"准中期预算"相比，《中期财政框架》强化了预算限额（"概算要求基准"）的硬性约束作用，且与国家发展战略和财政中长期规划等施政目标保持高度一致，有利于其贯彻落实。本章在概括日本中期预算发展历程、时代背景、驱动因素的基础上，就《中期财政框架》编制的目的、法律依据、基本内容以及编制、执行、监督等环节进行了归纳总结，并结合《中期财政框架》存在的问题以及近年来的改革动向，总结其经验及启示。

第六章，日本政府债务及风险管理。在日本，政府债务包括中央和地方政府及其所属机构发行的债券以及以其他形式的借款等。自20世纪90年代中期以来，受经济低迷、税收减少以及减税政策等因素影响，日本财政恶化，债务规模日益膨胀，远超过国际警戒线。减少政府债务规模、"重建财政"成为日本政府长期面临的课题和任务。本章主要介绍了日本政府债务的类型、规模以及中央政府债务、地方政府债务的风险管理和防范机制等。

第七章，日本政府会计与财务报告管理。在日本，政府会计是指国家、地方公共团体，以及政府关联机构、独立行政法人、公益法人等采用的会计制度，也称公共会计或公共部门会计。日本政府会计分为一般会计、特别会计以及公营企业会计三种类型。本章在概述日本现行政府会计制度的基础上，就日本政府会计制度发展及改革历程、日本政府会计准则、日本政府财务报告等做了介绍。

第八章，日本政府预算信息化与公开。本章回顾了日本政府预算信息公开的历程及近年来的改革趋势，概括和总结了日本政府预算信息公开的制度体系及实行情况等。

第九章，日本政府预算制度的启示与借鉴。本章概括总结了日本政府预算制度的特点，并就其对我国的启示与借鉴意义进行了分析。

本书在编著过程中不仅参阅了国内有关日本预算研究的具有代表性的文献资料，为保证研究的准确性、客观性，本书大量数据来源于日本财务省、总务省等相关政府网站公布资料。同时，还研读了大量日文第一手文献资料，力图准确把握日本学者在财政体制、预算管理等领域的最新研究成果和主要观点。并对不同时期学者的观点、论据等进行了思辨性地扬弃和吸收，力图对我国的政府预算制度改革提供更有针对性的参考和借鉴。本书汇集了作者近年来相关领域研究的最新成果及参与的多项课题研究成果，包括：李燕教授主持的国家社会科学基金重点项目"建设现代预算制度研究——基于制约和监督权力运行的研究视角"（14AZD022）、中央财经大学重大科研培育项目"国家治理能力提升下的政府施政行为规范研究"、财政部研究课题"中期预算国别研究"、"预算信息公开的国际比较研究"以及肖鹏教授主持的北京市哲学社会科学规划项目"跨年度预算平衡机制构建与北京市引入中期预算管理研究"（15JGB108）。本书作为一本介绍日本政府预算制度的潜心之作，可为全面系统地认识日本财政体制、政府预算制度提供富有价值的参考。

最后，非常感谢能荣幸加入李燕教授带领的政府预算管理研究团队并参与李燕教授主编的这部丛书的编著，也感谢李燕教授在丛书编著过程中的指导和辛勤付出。同时感谢中央财经大学李俊生副校长、马海涛院长及财税学院各位领导和老师的大力支持。本书不足和纰漏之处，欢迎广大读者、学者同仁批评指正。

杨　华

二〇一六年十月

典型国家和地区政府预算制度研究丛书

目　录

典型国家和地区政府预算制度研究丛书

第一章

日本政府预算制度

■ 本章导读

　　财政管理体制是确定中央和地方以及地方各级政府之间的预算收支范围和管理权限的一项根本制度，是中央与地方政府财政分配关系的集中表现形式。本章在归纳总结第二次世界大战后日本财政管理体制演进及特点的基础上，就日本政府间财政关系（事权与财权划分）、政府间转移支付制度做了介绍。同时，通过对日本历年来中央、地方财政收支规模变化的分析，以反映日本政府间的财政关系及其变化。最后，追溯20世纪90年代以来地方分权化改革的历程，归纳和梳理了日本政府间财政关系的调整与财政健全化改革。

第一节　日本的财政管理体制

一、第二次世界大战后日本财政管理体制的演进及特点

（一）虽引入了地方自治，但仍呈现较明显的中央集权特征

第二次世界大战结束后，日本颁布了新宪法，废除了被认为是中央集权体制代表的政府机构——内务省，确立了立宪财政制度。日本宪法第八章专门就地方自治作出了规定。自此，日本迎来了地方自治的新时代。但就行政体制本身来看，虽然实行的是地方自治，但中央集权特征很明显。主要方式是中央通过各种制度安排对地方政府进行干预。但中央干预方式从第二次世界大战前的控制"人"（中央任命地方行政长官等）转向调节"财"。与之相适应，构建起了中央集权与地方自治相结合的财政分权管理体制。中央政府层面，设置了自治省（现总务省）。一方面，作为地方利益代表，反映地方的合理利益要求；另一方面，代表中央统辖和控制地方政府，成为中央与地方的联系纽带。在制度安排上，中央政府通过税收立法权和课税否决制度、①许可或认可制度、②在地方设立派出机构并实行"机构委任事务制度"③等，实际上对地方事务进行较大程度地调控和干预；通过地方交付税、地方让与税、国库支出金等转移支付形式，实现对地方财源的分配。上述制度措施体现出日本财政管理明显的中央集权的特点。而且，由于地方财政收入中地方固有收入（地方税）仅占3成，其余7成依赖于中央政府的转移支付等，地方政府自主财源有限，地方政府也被形象地形容为"三分自治"。

（二）20世纪90年代以来推进地方分权化改革，地方自治程度大幅提高

20世纪80～90年代以来，推进地方分权、扩大地方自治成为世界主要国家行财政管理体制改革的潮流。第二次世界大战后相当长一段时间内，中央集权型政府间财政关系对于缩小日本地区间财力差距、推进地区间基本公共服务均等化、推动地方公共基础设施建设、确保全国行政水平的统一等方面发挥着积极而重要的作用。

---

① 根据相关税法规定，地方政府的税种开征权不仅受到严格控制，对地方税的税率也有限制。地方政府不能独自决定税率，中央政府规定税率的上限，并制定有标准税率作为参考。其目的在于约束地方政府采用统一的税率，防止出现税率混乱，导致全国不同地区的税收负担失衡。

② 如地方债发行审批权（2011年改为协议制）。根据《地方自治法》的规定，需要上级政府认（许）可的事项有561项，其中都道府县级379项，市町村级182项，分别占都道府县和市町村事务的70%～80%和30%～40%。

③ 即地方政府的首长根据法律代替中央政府或其他地方政府管理或执行的事务。该制度被认为是日本中央集权型行政体系的核心部分。

而经历泡沫经济破灭后的日本不仅面临着经济增长乏力的困境，中央集权型行财政管理体制下的"制度性疲劳"开始凸显。主要表现为：中央政府干预过多、管理过细，弱化了地方政府致力于独自进行地区发展的意愿从而严重限制了地方自治的空间和活力；国家行财政的不效率导致地方的不效率，结果使得财政支出膨胀，中央和地方政府规模日益扩大，财政赤字居高不下。同时，地方政府"寻租"行为与财政资金浪费现象较为普遍；过分重视全国的统一性、公平性，忽视了地区间的多样性和差异性等。这在国库支出金、地方交付税等转移支付制度方面表现出的不公平、不效率问题尤为突出。由于责任所在不明确，使得地方政府对中央政府产生极大的依赖，从而造成财政错觉。也导致中央政府在财源保障、财政宏观调控功能方面面临前所未有的挑战。此外，老龄化、少子化社会的到来，国内产业空心化以及人口、产业、金融、信息、文化等向东京过度集中形成的东京一极化，带来诸多社会经济问题，促使日本求变求新。上述问题和弊端日益突出，促使日本政府重新将分权改革提上议事日程。而如何把握"自治原则"与"均衡原则"的协调，成为日本政府推进分权化改革的重要依据。在此背景下，20世纪90年代中期以来，日本政府陆续出台了多部法律以促进地方分权，此次"地方分权化改革"被称为继明治维新、第二次世界大战后改革之后的"第三次改革"。

分权化改革的主要目标是：由"中央政府主导、纵向分割的行政体系"转向尊重地域多样性的"居民主导、体现个性的综合行政体系"。就日本政府推进地方分权化改革的历程来看，1993年6月，日本众参两院一致通过了《关于推进地方分权的决议》，政府内部开始探讨有关推动地方分权的政策。1995年5月出台了《地方分权推进法》，并在总理府设置了作为调查审议机构的地方分权推进委员会，[①] 专门向政府提出地方分权的具体方针和建议。同年修订了《合并特例法》（这里指旧《合并特例法》。该法制定于1965年，于2005年3月底废止），除了将法律有效期延长10年外，还创设了"居民提案制度"等；1998年5月，内阁会议决议通过"地方分权推进计划"；1999年7月出台了《关于推动地方分权相关法律建设的法律》（2000年4月起实施，简称《地方分权总括法》，全部由475个相关法案组成），并根据该法对《地方自治法》及其相关法律进行了修订。修订内容包括：一是进一步明确了中央政府与地方政府的作用分工，重新审视了中央政府的干预等。其基本原则是：中央政府主要承担在国际社会中的国家事务，以及那些以实行全国性统一规定为宜的事务等。而有关居民日常生活方面的行政事务则尽量由地方政府来承担。中央对地方的干预应限定在法律或是法律基础上的政令所认可的范围内。同时，干预应限制在其基本形式的最小程度内，必须顾及地方政府的自主性和自立性；二是废除了长期以来实行的"机构委任事务"，在总理府设立了一个新机构——"国家地方诉讼争议处理委员会"。"机构委任事务"废除后，地方政府的行政事务被调整分类为"法定委托事务"和"法定自治事务"。所谓"法定委托事

---

① 1995年7月成立，2001年7月解散。与此同时，根据政令在内阁府设立了"地方分权改革推进会议"。作为内阁总理大臣的咨询机构，旨在就进一步推动地方分权的相关事项等进行调查和审议。

务"，是指由法律或政令规定的、由地方政府依据法令执行的事务中的本应属于中央政府或都道府县政府职能范围内的事务，并且中央政府或都道府县政府必须确保对这些事务的正确处理。具体包括护照的签发、国道的管理、国家指定统计事务等；所谓"法定自治事务"，指的是除"法定委托事务"以外的地方政府事务。具体来说，就是历来的地方政府行政事务以及原"机构委任事务"中被归类为地方政府事务的内容。"国家地方诉讼争议处理委员会"的职责在于：当中央与地方政府之间发生争议诉讼时，将站在公平、中立的立场进行调查、调停等。"机构委任事务"的废除，减少了中央对地方的行政控制，进一步扩大了地方自主权限，从而改变了原有的中央与地方政府间的主从、上下关系，形成对等、协作关系；三是强化了地方政府的自治责任，提升地方政府在条例制定、自主课税等方面的权限，扩大了地方议会及其行政长官的职责。如修订了地方税法，废除了法定外普通税①许可制度，改为协议制；将地方债审批制度改为协议制度，放宽地方债的发行条件；允许地方政府就地方交付税的计算提出质疑；四是重新审定了中央以法令硬性规定地方公务员编制和机构设置的"必置规制"，废除或放宽了相关规定，以尊重地方政府的自主性、组织权并推动行政工作的综合化和高效化；五是放宽了"核心城市"②的指定条件，建立了"特例市"制度，③鼓励"广域联合"④等，以促进市町村的自主合并等。历史上，日本曾多次推行过市町村合并。市町村合并原本的目的在于强化市町村财政基础并配合地方广域行政。而"三位一体"改革⑤下的市町村合并，最主要的目的在于强化市町村的行政效率，建立并完备相关行政体制。

日本政府推进地方分权化改革的一个重要举措是推动市町村的自主合并。为了减少市町村合并阻力，除上述法律制度建设外，还在预算等方面出台多项促进政策。如作为特例，地方交付税的合并计算替换期延长至15年，⑥以缓冲合并后因辖区规模增大而出现的交付税减少问题；允许发行"合并特例债"（属于地方债）以筹措

---

① 是《地方税法》中没有规定税目，且不特别规定用途的地方税。

② 根据1994年6月对《地方自治法》的部分修订，开始实行"核心市制度"。人口在30万人以上且面积在100平方公里以上的城市可提出申请，经政令批准后成为"核心市"。"核心市"能够处理政令规定的行政事务。该制度旨在强化在地域中发挥中心城市作用的"市"的功能，使其能够在与居民日常生活密切相关的方面为居民提供相应的行政服务。

③ 自2000年4月1日起实行。人口规模在20万人以上的城市提出申请，经政令批准后成为"特例市"。"特例市"能够处理与"核心市"同样的行政事务。该制度的目的在于以市、町、村为对象实行权限下放。

④ 根据1994年6月对《地方自治法》的部分修订，在实行"核心市"制度的同时实行"广域联合制度"。即普通地方政府以及特别区（是指东京都的区，如千代田区、新宿区等。现有23个特别区）通过协议制定有关规约而建立"广域联合"。"广域联合"属于"地方政府联合会"的一种类型。都道府县加入的"广域联合"能够从中央政府直接接受权限或事务委任，而其他"广域联合"能够从都道府县直接接受权限或事务委任。同时，为了提高权限委任的实效性，"广域联合"可以向中央政府等提出权限或事务委任的要求。该制度旨在对地方政府所面临的多样化广域行政需求做出切实有效对策，同时，对接受中央政府的权限委任进行相应的体制建设。

⑤ 2001年小泉纯一郎内阁时期提出的"无圣域结构改革"的重要内容之一。主要措施包括：废止和缩减国库支出负担金、向地方转移税源、削减地方交付税等内容。

⑥ 根据旧《合并特例法》规定，合并后10年内，在向地方自治体拨付地方交付税时，按合并前相关市町村的普通地方交付税合计金额支付。

合并后新的建设项目所需资金；为缓和因合并带来的议员人数减少的问题，采取任期的特例延长、放宽议员养老金的领取资格等措施，将因合并对议员产生的不利影响降到最低。在政府的大力推动下，期间，市町村大量合并。截止到 2002 年 4 月，日本市町村数目降至 3 218 个。

为进一步推动市町村合并，2004 年，日本出台了《关于市町村合并特例等的法律》（简称《合并新法》，2005 年 3 月底随着旧《合并特例法》废止而实施），《合并新法》在保留"特例市"制度、议员任期特例延长等规定的同时，废止了"合并特例债"的发行，新设了"合并特例区"制度，① 要求各都道府县分别制定"有关推进市町村合并的构想"；2006 年日本出台了《地方分权改革推进法》，成立了"地方分权改革推进委员会"（成立于 2007 年，2010 年废止）；在内阁设立了"地域主权战略会议"（2009 年），并据此出台了"地方分权改革推进计划"（2009 年）和"地域主权战略大纲"（2010 年）等。在上述推动政策下，这一时期大量市町村合并。据统计，2002 ~ 2010 年间，日本市町村数目由 3 218 个减少至 1 727 个。2010 年日本对《合并新法》进行了大幅修订，并将法律有效期延长了 10 年。同时，删除了"特例市"制度和关于国家、都道府县推动市町村合并的规定。立法目的也由原来的"推进合并"改为"顺利合并"。自此，市町村合并推进运动告一段落。据统计，截止到 2014 年 4 月，日本市町村数由 2002 年的 3 218 个减少至 1 718 个。

总体来看，20 世纪 90 年代以来的日本推行的地方分权化改革成效显著，使日本中央和地方政府间关系迈向了新的里程碑。摆脱了过去中央主导和对地方在权限和资源上的钳制，废除了中央行政机关得以进行积极干预的委办事务。自此，无论是地方政府的固定行政事务或是中央的委托事务，中央政府仅有监督权，而不能以指导方式变相统辖地方政府。同时，为了落实地方优先原则和就近原则，地方分权改革重视对市町村政府的权限下放，让基层地方自治体能够拥有足够的权限处理最贴近民众生活的公共事务。而市町村合并的推动，则旨在推动权限的下放，以便提高地方政府的行政、财政能力并建立与之相适应的行政管理体制。可以说，地方分权化改革使得日本地方政府基本实现了自立自主。日本的财政管理体制也由原来的典型的中央集权型逐步过渡为"集权和分权的结合"。近年来，为改变东京都一级集中（社会功能过分集中于东京）的现状，以及构建体现地区特色并应对高龄少子化社会问题等，日本政府提出了"建设能使国民有充裕感的地方分权型社会"，地方分权的趋势依然延续。

（三）中央、地方税源划分合理，政府间财政调整制度较为完备

日本以国税和地方税（分为道府县税和市町村税两大体系）的形式明确规定不

---

① 根据《有关市町村合并特例法律》（2004 年法律第 59 号，2005 年 4 月 1 日起实施）规定，为顺利推进市町村合并，相关市、町、村区域作为"特别地方公共团体"有一个政策缓冲期（1999 年 7 月 16 日至 2010 年 3 月 31 日期间，一般上限为 5 年）。

同层级政府间的税源划分。日本中央和地方税源划分主要依据以下原则：一是以事权决定财权，各级政府事务所需经费原则上由本级财政负担；二是便于全国统一征收的大宗税源归中央，而相对零散、便于地方征收的小宗税源划归地方；三是涉及收入公平、宏观政策的归中央，体现收益原则的税源归地方。相对合理的收入来源划分，为日本各级政府在公共产品和服务供给方面提供了较为可靠的财力基础。值得一提的是，20世纪90年代以来，随着地方分权化进程的推进，日本政府间财政收入分配结构发生了一定变化。中央政府税收收入比重有所下降，地方政府、特别是市町村一级的税收收入比重明显提高。一方面，反映出税收收入分配向基层级政府倾斜的倾向；另一方面本着事权决定财权的原则，地方政府可以有更多的可供支配的财力用于地方经济发展，以提高地方发展的自主性。

日本三种转移支付形式中，地方交付税属于不指定专门用途的一般性补助金，而地方让与税和国库支出金则是中央政府根据特定目的和在一定条件下拨给地方政府的专项补助金。其中，尤以地方交付税的规模最大，约占年度转移支付总额的80%。日本的转移支付制度主要有以下特点：一是地方交付税总额与法人税、消费税、酒税等5类国税建立关联机制，其计算精确、资金拨付规范、透明。而且会随着经济社会发展需要以及税制改革等做适时调整，富有弹性；二是中央分别对道府县与市町村两级地方政府直接确定补助，避免了资金不到位或被挪用的风险；三是法制化程度高，《地方交付税法》等专门性法规，从税源的征收、收入的分配，到资金的拨付等都有相应的法律依据。从根本上保证了转移支付制度的公正、稳定和规范；四是地方交付税金额是按照各地方政府"基准财政需求额"和"基准财政收入额"确定的（详见后续"日本政府间转移支付制度"）。这既考虑了地方政府非均等化范围的支出需求，又可以调动地方政府增收积极性。总体来看，日本的转移支付制度属于"收支均衡型"。日本的一般性转移支付制度从20世纪20年代末开始萌芽到1954年正式建立地方交付税制度，历经二十多年，并从起初以解决地方财政困难为目标的应急性措施，逐渐过渡到地区间财力差异的调节手段，最终转向以均等化为理念的机制性财力均衡制度。其在有效纠正政府间财政收支失衡、平抑地区经济发展不平衡、推动地方经济发展等方面发挥着重要作用。在相当长一段时间里，日本中央和地方的税收收入比例为6：4，中央向地方转移支付后，中央和地方财政支出比例为4：6，这一支出结构大致同中央和地方的事权结构相适应。

（四）政府间事权和支出责任划分明确，财政管理法制化、规范化程度较高

日本财政管理的法律化程度较高。除《宪法》外，《地方自治法》、《财政法》、《地方财政法》、《地方交付税法》、《国库法》、《财政监督法》等就政府间的财政关系、政府收支活动、转移支付等都做了较为具体的界定和划分。同时，明确划分了中央与地方各级政府的事权，并确立了地方政府优先承担行政事务的原则，中央和地方在法定范围内行使各自权限。其中，属于中央政府职责范围的事务包括：关系国家主权等方面的事务，如外交、国防、造币事务；需由中央统一规划办理的重大

经济事务；与人民生活密切相关且需要全国统一协调的事务。属于都道府县政府职责范围的事务内容为：包括市、町、村在内的地方政府的广泛事务；与市、町、村的联络协调以及规模和性质超出一般市、町、村处理范围的事务。市町村则承担都、道、府、县行政事务以外的一切事务。对于地区间存在的财力不均问题，则通过一系列规范化的转移支付制度安排对财源进行调整和再分配，以达到地区间均等化的公共服务。

（五）地方政府作为综合性行政主体，在所辖区域拥有全面的行政权限

日本宪法明确规定：各级政府间在行政或业务上不存在隶属和管理关系。各级财政只对本级政府负责，预决算由本级议会审议。日本的地方政府，与其说是履行特定职能的行政机构，不如说具有根植于所辖区社会的统治主体的性质。都、道、府、县和市、町、村的首长、议会的议员均由所辖地区居民直接选举产生，并在其所辖区域拥有全面的行政权限。中央政府的部分省厅（部委）虽然在不同地区设有派出办事机构，但这些派出机构均属各省厅纵向结构中的一个分支机构，在地方并不存在全面代表中央政府的机构。

日本地方政府的职能范围非常广，可以说除中央政府的外交、安全保障、审判及检察等事务之外，涵盖了几乎所有的国内事务。而且，中央政府、都道府县以及市町村之间的行政事务划分，并不是根据地方政府层级对各个事务领域进行划分，而绝大多数都是以在同一事务领域发挥各层级地方政府职能的形式进行分工的。尽管都道府县和市町村在人口规模、面积、经济社会发展程度等方面存在较大差异，但根据《地方自治法》等的规定，都道府县和市町村基本上都拥有相同的组织机构和职能（只有东京都的中心区域和 12 个政令指定城市区域例外）。这种统一性的思想来源在于：地方政府所提供的行政服务，全国任何地区都应确保与中央政府同样的内容和水准，且地方政府不应为适应地方的具体情况而设置特殊机构，地方政府应尽可能以全国统一的制度措施来处理地方事务。[1] 20 世纪 90 年代以来推进的地方分权化改革，日本中央政府对地方的干预被限定在法律或是法律基础上的政令所认可的范围内，地方政府在处理行政事务方面的自主性、自立性得到了极大的提高。

从财政支出角度来看，一直以来，尽管日本的财权相对集中于中央，但通过地方交付税、地方转让税、国库支出金等转移支付制度，中央向地方转移了相当规模的财力。实际上，日本中央、地方财政支出比大致保持在 4∶6。而且地方政府基本上具有自主运营财政的全部权力。

（六）财政监督制度健全，独立型政府审计体制有力地保障了外部监察机关对财政的监督权

众所周知，在财政资金的安排、使用、拨付的整个过程中，单靠财政部门一家

---

① 《地方自治法》第 1 条。

来进行监控是很难达到预期效果的。为此，有必要调动多部门共同参与形成合力将事前控制、事中监督和事后监察相结合。日本的财政监督法制体系比较健全。不仅在《宪法》中对财政监督有专门的规定，还制定了财政监督基本法和一系列的财政监督法律法规。如《财政法》、《财政监督法》、《国库法》、《日本银行国库资金工作规程》等。日本的财政监督表现出全方位的多维监督特点。国会、财政部门、会计检察院及其他社会力量成为日本财政监督体系的有机组成部分。其中，财政部门主要负责汇总编制政府预算，对国家预算分配和执行情况进行监督和检查；国会负有主要的财政监督权。日本宪法第 83 条明确规定：处理国家财政的权限，必须根据国会的决议行使。具体包括：（1）新课租税或变更现行租税，必须有法律或法律规定的条件为依据；（2）国家费用的支出或国家负担债务必须根据国会的决议；（3）内阁必须编制每一会计年度的预算并提经国会审议通过；（4）内阁必须定期（至少每年一次）就国家财政状况向国会及国民提出报告。作为国家审计机构的会计检查院负责决算的审计。内阁在向国会提交决算时必须事先经过会计检查院的审计，须将会计检查院的审查报告与决算一并提交国会。会计检查院的组织及权限由专门法律（《会计检查院法》）作出规定。

　　日本是世界上极少数几个实行独立型政府审计体制的国家，这是日本政府预算管理体制的一大特色。作为国家审计机关——会计检查院独立于国家立法、行政、司法机关之外，其独立性主要表现在人事权、规则制定权、对特定事项检查权以及经费保障等方面。在人事权方面，检查官会议经由两院同意才能当选，并且明确在任期内，除非发生违反法律的失职行为，否则不能被罢免。在规则制定方面，会计检查院依据《会计检查院法》独立行使其职权，无须接受内阁的政令开展工作，因此基本不受行政机关的干扰。独立于内阁进行国家财政收支审计活动，对内阁的监督力度大。会计检查院实行的是二重预算制度，如果财务省确实无法保证会计检查院预算经费时，必须向会计检查院院长说明并协商；双方协商后，如就经费问题仍有争议时，则需提交国会决定。这使得会计检查院在资金来源上通过国会得以保障。独立型政府审计体制有力地保障了外部监察机关对财政的监督权。

（七）大力推进财政信息公开，预算管理透明度高

　　财政信息的公开不仅是预算民主的重要体现，也是现代预算管理的基石。日本于 1988 年颁布《个人信息保护法》、1993 年颁布《行政程序法》，并于 1999 年 5 月 7 日正式通过《信息公开法》，从国家层面正式建立起了行政信息的公开制度。此后，各地方自治体（都道府县和市村町）也相继制定了有关行政信息公开的地方性法规。在此背景下，日本大力推进财政信息公开，并不断扩大公开的范围和程度。内阁官房（相当于我国国务院办公厅）国家战略室于 2010 年发布了《关于充实预算执行信息公开的指南》，就预算信息公开的形式、时间、内容等做出了规范性要求。目的在于强化和规范预算信息公开，进一步提高预算的透明度和效率性，使国民能有效监督政府支出是否浪费的同时，促进政府自身管理的改善。日本在推进财政信息公开方面的具体做法包括：一是完善相关法律。除《信息公开法》外，日本

《宪法》、《财政法》、《地方财政法》等诸多法律中对于信息公开和公民知情权都有相关规定。二是在加强信息公开的同时注重对个人信息的保护。日本相关法律规定：政府在履行向公众真实、及时、准确公布政府信息尤其是预算信息的同时，必须保护好法人和自然人的相关信息。既保证政务的必要透明度，也要尊重并保护好个人隐私。三是利用网络媒介等信息化手段公开预算信息。随着电子政务的发展，日本政府部门官方网站在信息公开方面发挥着重要作用。在日本，财务省主要发布的是国家预算、中央财政等政务信息和数据资料，总务省主要发布的是地方财政相关信息和数据资料。国民可以通过上述两个官网查阅到几乎各年度的所有预算资料。同时，还设立有专门的政府信息电子公开平台，将各部门的信息整合公开，为社会提供方便快捷的查阅方式。此外，每年国会审议预算的全过程也通过电视直播形式公开，使得预算审批在阳光下进行。而且，日本许多政府官方网站采用图表、彩绘或漫画等简单易懂形式公开政务信息，方便民众了解和监督，从而提高了民众的参与度。

二、日本政府间财政关系

日本政府分为三级政府，即国家（中央政府）、都道府县和市町村。第二次世界大战后，日本引入了地方自治制度。除宪法外，《地方自治法》、《地方财政法》、《地方税法》等法律就地方自治制度、中央与地方政府间财政关系等作出了规定。其特征可以概括为：财政立法权集中、执行权分散；财政收入集中，支出使用相对分散。

日本在税权与收入划分上，中央集权特征明显。日本的国家税收分国税和地方税两大体系。其中，地方税又分为道府县税和市町村税。尽管日本地方政府也有独立管理地方税种的权力，但实际上受国家制定的《地方税法》的限制，凡是征收范围广、数额大、在经济发展中起主要作用的税种都划归国税，相对零散、便于地方征收的小宗税源一般划归地方政府征收。在事权及支出责任划分上，日本是典型的"大地方政府"。国家的绝大部分公共事务是由地方政府兴办，地方预算支出在全国预算支出总额中所占的比重较大。为平衡和弥补地方政府履行事权的资金缺口，同时平抑地区间经济发展的不平衡等，日本政府主要通过地方交付税、地方让与税和国库支出金等转移支付形式，将中央的财政收入通过同源分割、核定科目或者委托责任等方式，由中央政府直接向都道府县和市町村两级地方政府分配。

（一）日本的行政区划与地方政府的权限

1. 行政区划。根据《地方自治法》规定，日本地方政府实行两级行政体制，都道府县和市町村。即在都、道、府、县下又划分成市、町、村。都、道、府、县是包括市、町、村在内的广域性地方政府。市町村之间，既没有重复区域，也没有所属区域。也就是说，日本国内的所有居民均属于某一个都道府县，并且属于某一个市町村。都道府县及市町村以其所在区域为基础，以在该地区居住的居民为其组成部分，具有在该地区内从事行政的功能，是独立于中央政府的法人。日本国宪法

（第 8 章）在保障地方自治的同时，提出了地方自治应有的基本功能。即以地方自治为宗旨，依法制定地方政府的组织及运营事项（第 92 条）。《地方自治法》（1947年）则就地方自治相关问题做出了具体规定。对构成地方政府核心部分的居民、议会、行政机构等做了相关规定。同时，对地方政府的地位，例如中央政府与地方政府间的关系以及地方政府间的关系，如地方政府的运行、财务等重要事项均做出了规定。在日本，用"地方公共团体"或"地方自治体"一词来表现"地方政府"。日本的"地方公共团体"由普通地方公共团体和特别地方公共团体构成。其中，普通地方公共团体是由都、道、府、县等广域性自治体，以及市、町、村等基础性自治体组成；特殊地方公共团体包括特别区（指东京都内的区）、地方公共团体协会、① 财产区、② 地方开发事业团③等组成。

20 世纪 90 年代以来，作为推进地方分权化改革的重要一环，日本对市町村进行了大规模合并（也称"平成大合并"）。截至 2014 年 3 月底，日本共有 47 个都道府县，其中，1 都（东京都）、1 道（北海道）、2 府（京都府、大阪府）、43 县，以及 1 741 个市町村（其中 790 个市、23 个特别区、745 个町和 183 个村）。都、道、府、县是包括市、町、村在内的广域性地方政府。主要承担具有广域性和普遍性，不适宜由市、町、村来承担的事务，以及有关对市、町、村之间关系的协调和调整事务等。东京都作为日本的首都，在制度上与特别区以及道、府、县有不同的规定。道、府、县及其称谓的不同主要是基于历史的沿革，道、府、县间并无制度上的不同。市、町、村是日本的基层地方政府，作为基础自治主体，主要承担与居民日常生活关系最密切的地方政府一般事务，并向居民提供公共服务等职责。市町村中，人口在 5 万人以上并具备城市形态才能称为"市"。"町"与"村"在事务范围上并没有明显不同，只是"町"更具有城市性，从事工商业的人口较多。无论是都道府县或是市町村，同一层级的地方政府在人口规模、面积等方面存在较大差异。东京都人口超过 1 千万人，而鸟取县人口仅 70 多万人；北海道面积超过 8 万平方公里，而香川县面积还不到 2 000 平方公里。市町村层级更是具有多样性，有人口超过 300万人的横滨市，也有人口仅 200 人的东京都青岛村，北海道足寄町面积达 1 400 平方公里，而长崎县高岛町仅约 1.34 平方公里。

2. 地方政府的权限。根据宪法规定，日本都道府县和市町村，地位平等、相互独立，没有领导与被领导的关系。无论是都、道、府、县，还是市、町、村，根据法律一律被授予各自职能范围内的全面权限，但是都、道、府、县可以对市、町、村的工作给予指导和建议，并对有关事项予以批准认可。由于地域、人口等分布不均衡，都道府县之间、市町村之间的权限也不完全相同。例如，由于东京的特殊性，

---

① 为了共同处理由普通地方公共团体或特别区从事的公共事务而特别设置的法人。主要从事或运营消防、上下水道、垃圾处理、福祉、学校、公营竞技等公共事务。

② 市町村合并后，原市町村所有或管理的土地、财产等因不被新合并的市町村所承继，为继续在原市町村管理和处置而设置的行政组织。

③ 以地区综合开发计划为基础的公共事业项目，因需要由多个普通地方公共团体共同参与，为此而设立的行政组织。该项制度于 2011 年 7 月底废止。之前，只有青森县新产业都市建设事业团一个这样的组织。

东京都下辖 23 个特别区和若干市町村，其特别区与一般市的"区"不同，有独立的选区，在财政方面也享有部分"市"的权限。日本市町村的规模相差很大，其中，"市"根据其规模和权限分为"政令指定城市"、"核心城市"、"特例市"及其他普通市，各自在设置要件、行政事务等方面存在一定的区分。"町、村"的权限比"市"要小，一部分事务由都道府县涵盖。其中，"政令指定城市"于 1956 年 6 月制度化，截至 2015 年有 20 个。设置条件为：人口规模在 50 万人以上，或者在人口规模、行财政能力等方面被视作与现有的政令指定城市同等的城市。"政令指定城市"享有原本应由都道府县行使的处理民生、保健卫生、城市规划等方面的职权。主要特权有：对需要县知事同意、许可、认可等监督事务免除监督，或者取代县知事直接受主管大臣监督。"核心城市"于 1994 年 6 月因《地方自治法》修订而创设，目前有 40 个。设置条件为：人口规模在 30 万人以上 50 万人以下（2015 年 4 月 1 日起设置条件放宽至 20 万人以上），且面积在 100 平方公里以上的城市。在福利相关事务方面，与"政令指定城市"享有同等特权；"特例市"于 2000 年创设，设置条件为人口规模在 20 万人以上的市，能够处理与"核心城市"同样的行政事务。后因"核心城市"设置条件的放宽，特例市制度于 2015 年 3 月底废止。到 2020 年 4 月 1 日，"特例市"将陆续变更为"核心城市"。

（二）日本政府间事权及支出责任划分

1. 政府间事权划分。第二次世界大战后，根据"夏普三原则"，[①] 日本政府在《地方自治法》、《地方财政法》等法律中，采用"限制列举"、"概括授权"等形式就政府间事权进行了原则性划分。同时，通过个别法对政府间事权进行了具体界定。在事权及支出责任划分上，日本是典型的"大地方政府"，国家的绝大部分公共事务是由地方政府兴办，为提供这些行政服务，全国地方预算支出总额巨大，根据《2015 年度地方财政计划》，日本地方财政支出总额达 85.3 兆日元。

日本政府间事权划分较为明确，其中，属于中央政府职责范围的事务有：关系国家主权等方面的事务，如外交、国防、造币事务；需由中央统一规划办理的重大经济事务；与人民生活密切相关且需要全国统一协调的事务。属于都道府县政府职责范围的事务包括四类：一类是广域性事务：超越市町村区域受益范围的事务；二类是统一性事务：在都道府县内需要依照全国统一标准处理的必要事务，例如本区域内的警察、交通运营、教育、社会福利，以及各种营业许可等事务；三类是联络调整性事务：对市町村组织、运作、管理需要提出合理性劝告、指导的事务；四是补充性事务：超出市町村自有能力的事务，如高等院校、医疗保健设施的建设、产业振兴等事务。都道府县级政府事权以外的其他区域性事务属于市町村政府职责范围。其内容主要包括以下几类：一类是与居民生活相关的基础性事务。如办理户籍、

---

① 一是彻底划分三级政府事权，明确各自的职责和义务；二是行政事务应优先考虑交给最能反映民意的最小行政机关——市町村政府；三是效率原则。即对于跨区域、需要协调的事务，应以效率为原则对事权进行划分。

居民登记、地理标识、开具各种证明等；二类有关居民安全、保健以及环境保护等的事务。如消防、垃圾和粪便的处理以及上水道、下水道、公园，基础设施整备等；三类是有关街区建设的事务。如城市计划以及道路、河川和其他公共设施的建设、管理等；四类是有关各种设施的建设、管理事务。如公民馆、市民会馆、保育所、小中学校、图书馆的建设、管理等。

就日本政府间事权划分来看，绝大部分公共事务是由地方政府承担的。而且地方政府承担的事务种类多、业务量大。地方执行的事务主要由"法定受托事务"、"法定自治事务"组成。地方大量的支出因承担了很多的"法定受托事务"，即那些本来应由国家承担、或者国家有必要确保妥善处理的事务，但根据有关法律或政令的特别规定，委托地方处理的事务。对"法定受托事务"，国家参与的程度很高，可以采取提出意见、劝告、要求提交资料、协议、同意、许可、承认、指示改正、代执行等参与方法。而对"法定外自治事务"，虽然国家在一定程度上应关注并负有责任，但干预的程度相对较低，除特定情况下可以采取同意、许可、批准和指示等参与方法外，一般只能采取提出意见、劝告、要求提供资料、协议、要求纠正等。

表1－1　　　　　　　　　　日本政府间的事权划分

	中　央	都道府县（地方）	市町村（地方）
安全秩序	外交、国防、司法、刑罚	警察	消防、户籍、居民基本信息（居民基本台账*）
基础设施	高速公路、国道（指定区间）、一级河流管理（指定区间）	决定国道（其他）、都道府县道、一级河流（指定区间）、二级河流、港口、公营住宅、城市规划等	城市规划事业（公园其他）、市町村道、准用河流、港湾、公营住宅、上水道、下水道
教育	大学、私立学校补助（大学）	高中、特殊教育学校、小学中学教职人员的工资与人事、私立学校补助、大学（都道府县立）	中小学校、幼儿园
社会保障福利卫生	设定社会保险、医师等执照、医药品许可执照及其他标准	生活救济（町村）、儿童福利、老人保健福利、保健所、环境规制	生活救济（市）、老人福利保健、护理保险、儿童福利、国民健康保险（事务）、垃圾与粪便处理、保健所
产业经济	货币、关税、通信、邮政、经济政策、国有林	振兴地区经济、职业培训、指导中小企业	振兴地区经济、农田利用调整

　*　包括内容有：（1）国民健康保险、国民年金被保险资格、儿童津贴资格等；（2）选举人有关资料；（3）有关课税记录；（4）学龄簿、生活保护、预防接种、印鉴证明等其他资料。

总体来看，日本中央政府、都道府县以及市町村之间的行政事务划分，并不是按政府层级进行划分，而绝大多数是以在同一事务领域发挥各层级地方政府职能的形式进行分工的。而财政支出的责任一般以"地方事务地方出资"为原则。在日本全部财政支出中，除了国防费的全部以及公债费的大部分由中央负担外，其他财政支出项目大部分由地方政府支出。对于中央和地方的"共同事务"，中央政府提供必要的经费以确保其实施。

2. 政府间支出责任划分。日本的财政支出项目按支出目的大致可分为以下十几类。以下为2016年度日本一般会计预算的财政支出构成（预算支出总额967 218亿日元）。

（1）国家机关费，主要包括国会费、司法、警察及消防费、外交费、一般行政费、征税费和其他费用。2016年度该项支出的预算额为46 494亿日元。

（2）地方财政费，包括地方财政调整费（含地方交付税交付金、国库支出金等）、还本付息补贴、其他费用等。2016年度该项支出的预算额为153 700亿日元。其中，地方交付税交付金等为152 811亿日元。

（3）防务相关费用。2016年度该项支出的预算额为50 659亿日元。

（4）国土保全及开发费。包括国土保全费、国土开发费、灾害对策费、试验研究费及其他费用。2016年度该项支出的预算额为60 718亿日元。

（5）产业经济费，包括农林水产业费、商工矿业费、运输通信费、产业投资特别会计结转、物资及物价调整费等。2016年度该项支出的预算额为27 327亿日元。

（6）教育文化费，包括学校教育费、社会教育及文化费、科学振兴费、灾害对策费等。2016年度该项支出的预算额为51 505亿日元。

（7）社会保障相关费用，包括社会保险费、生活保护费、社会福祉费、住宅对策费、失业对策费、保健卫生费及其他。2016年度该项支出的预算额为324 322亿日元。

（8）抚恤金，其中大部分为恩给费。① 2016年度该项支出的预算额为3 412亿日元。

（9）国债费，包括利息费和债务偿还。2016年度该项支出的预算额为236 121亿日元。其中，利息费支出98 961亿日元，债务偿还支出137 161亿日元。

（10）公共事业等预备费。2016年度该项支出的预算额为597 376亿日元。

（11）经济危机应对、地域活力预备费。

（12）东日本大地震灾害复原、复兴预备费。

（13）预备费。2016年度该项支出的预算额为3 500亿日元。

（14）其他。2016年度该项支出的预算额为9 459亿日元。

表1-2为2016年度日本一般会计预算主要财政支出项目构成比。

典型国家和地区政府预算制度研究丛书

---

① 日本自1923年起，对于为国家服务一定年限或做出贡献的公务员、军人、警察等发放的津贴制度。

表1-2　　　2016年度日本一般会计预算主要财政支出构成比　　单位：亿日元

主要支出项目	金额（占比，%）
国家机关费	46 494（4.8）
地方财政费	153 700（15.9）
防务相关费用	50 659（5.2）
国土保全及开发费	60 718（6.3）
产业经济费	27 327（2.8）
教育文化费	51 505（5.3）
社会保障相关费用	324 322（33.5）
抚恤金	3412（0.4）
国债费	236 121（24.4）
公共事业费等预备费	—
经济危机应对、地域活力预备费	—
东日本大地震灾害复原、复兴预备费	—
预备费	3 500（0.4）
其他	9 459（1.0）
一般会计支出总额	967 218（100）

资料来源：根据日本财务省网站公布数据整理。

从日本历年财政收支情况来看，多年来，国税和地方税在税收总收入中所占比重为6∶4，而中央财政支出与地方财政支出在国家财政总支出中所占比重则为4∶6，地方政府的收支差额部分主要是通过中央政府的转移支付得以补足的。也就是，日本中央政府和地方政府间财权与事权划分并不符合严格意义上的"财权事权相统一"原则。地方财政收支巨大差额主要是通过中央政府的转移支付加以弥补的。这种以中央政府为主导的财政支出制度，在相当长的一段时间内，对于缩小地区间财力差距、推进地区间基本公共服务均等化、推动地方公共基础设施建设、确保全国行政水平的统一等方面发挥着积极而重要的作用。需要说明的是，20世纪90年代以来，随着地方分权化改革的推进，因针对地方的转移支付支出，地方交付税、国库支出金等的削减，国税在国家税收收入中所占比重有所降低，但国税和地方税占比6∶4的格局基本没有变化。

（三）日本政府间税收权限和税种划分

税收权限和税种划分是分级财政体制的核心内容之一。它体现着分级财政的本质特征，决定着分级财政的不同类型。在日本政府间税收权限的划分上体现出较明显的中央集权特征。这在很大程度上确保了中央财政的主导地位和在宏观调控中的主导作用。

1. 税收权限划分原则。日本现行税收体系源于 1949 年的"夏普劝告"。日本的国家税收分国税和地方税两大体系，地方税又分为道府县税和市町村税。中央和地方在税源划分上主要遵循以下三个原则：一是税源划分以事权划分为基础，各级政府事务所需经费原则上由本级财政负担。二是便于全国统一税率和征收的大宗税源归中央，征收复杂的小宗税源划归地方。例如，土地、房产相关税收，其税额与当地的地价密切相关，不可能全国按统一标准征税，因而划归为最基层的市町村税。三是涉及收入公平、宏观政策的税种划归中央。地方税以受益原则为依据，主要实行比例税率或轻度累进税率。例如，中央与地方都对个人和企业的所得征税，但中央的所得税、法人税的累进性强，地方的所得税累进性弱。

2. 国税、地方税。日本实行分税制财政体制，按税种划分国税和地方税。其中，国税属于中央政府，地方税属于各级地方政府（分为道府县税和市町村税）。就日本国税和地方税的划分原则来看，除了考虑有利于税权和事权统一、合理引导地方政府行为、发展地方自治事业和便于税收征管外，分税所遵循的一个重要标准是：将那些基于"能力原则"课征的税收划给中央，将那些基于"利益原则"课征的税收划归地方。所谓基于"能力原则"的税收，主要是指以个人、法人的收入、财产所得为课税对象的税种。这类税收具有再分配效应，而且对经济景气状况也有自动稳定的作用。中央掌握这类税收的立法和征收权，可以有效地运用于政府宏观调控。所谓基于"利益原则"的税收，主要是指那些对事业、土地、房屋、车辆、折旧资产等能够带来收益的客体为课税对象的税种。这类客体通常被认为是受益于当地公共服务。对这类客体征收的税收划归地方，既便于征管又可以稳定地方政府收入。

日本现行税制中共计 47 种税，其中，国税主要包括：所得税、法人税、继承税、赠与税、消费税、酒税、挥发油税、烟税、汽车重量税、石油气税、航空燃料税、电力资源开发促进税、关税等。一直以来，所得税类（包括所得税、法人税等）是中央的主体税种。1989 年引入消费税后，间接税所占的比重逐步提高。如今，国税中直接税和间接税所占比重为 6∶4。就国税的特点来看，税源广泛、收入弹性大、调节作用强以及增长性较好的税种在国税中占有重要地位。由于中央政府占有广泛的税源，不仅满足了中央政府执行全国性公共事务的需要，也保障了对地方政府行为的有效引导和控制。同时，有利地保证了国家经济产业政策和宏观调控政策的顺利实施。

地方税作为地方政府的自主财源，是指地方政府为了支付政府所需要的一般经费而从当地居民中收取的税金。根据其是否规定有使用用途，可分为普通税①和目的税。② 根据其所属政府层级分为都道府县税和市町村税。就地方税种的设定来看，一般由中央政府规定标准税率和税率的变动幅度，地方政府在一定范围内自主选择权，如果不按照《地方税法》规定的标准税率征收，则须上报中央政府。

---

① 不特别规定用途的税种。
② 为实现某种政策目标，就其用途给予特别规定的税种。

以下根据地方税的所属层级，就都道府县税和市町村税不同税种进行介绍。都道府县税包括：住民税、事业税、地方消费税、不动产取得税、地方烟税、高尔夫球场使用税、汽车税、矿区税、狩猎税、固定资产税、汽车取得税、轻油交易税等。其中，住民税、事业税为都道府县的主体税种，课税对象为个人和法人所得。属于市町村的税种有：市町村住民税、固定资产税、轻型汽车税、市町村烟草税、矿产税、特别土地保有税等。其中，市町村住民税和固定资产税是市町村的主体税种。

总体来看，在地方税收体系中，代表性的地方税有都道府县、市町村两级政府都征收的住民税，都道府县级政府征收的事业税和地方消费税（1997 年 4 月起征收），市町村级政府征收的固定资产税。日本国税和地方税的具体划分见表 1-3。

表 1-3　　　　日本国税、地方税的税种划分

税　种	国　税	地方税
所得课税	所得税（个人所得税）、法人税、地方法人特别税、复兴特别所得税、地方法人税	住民税、事业税
资产课税等	继承税、赠与税、印花税、注册许可税、	不动产取得税（不动产购置税）、固定资产税、城市规划税、水利收益税、共同设施税、宅地开发税、特别土地保有税、法定外普通税、法定外目的税、国民健康保险税
消费课税	消费税、酒税、烟税、烟特别税、挥发油税、地方挥发油税、地方道路税、航空燃料税、石油气税、石油煤炭税、汽车重量税、电力资源开发促进税、关税、吨税、特别吨税	地方消费税、地方烟税、高尔夫球场使用税、汽车取得税、轻油交易税、汽车税、轻型汽车税、矿区税、狩猎税、矿产税、澡堂税

资料来源：根据日本财务省网站公布数据整理。

3. 国税、地方税在国家税收中的比重。就日本国家税收的构成来看，第二次世界大战后至 20 世纪 60 年代中后期的 20 多年间，转移支付前国税和地方税在国家税收中的占比大致为 7∶3。此后，国税占比份额持续下降，地方税占比份额上升，90 年代中后期以来至今，国税和地方税在国家税收中的占比基本维持在 6∶4。再就转移支付后国税和地方税在国家税收中的占比情况来看，50 年代大致为 6∶4，此后，随着中央转移支付规模的持续增大，国税在国家税收中的占比不断下降，2010 年甚至降至仅占国家税收的 3 成左右。2011 年以来，国税在国家税收中的占比又有所上升，近年来国税和地方税在国家税收中的占比基本维持在 4∶6。

2. 国税部分，除一般国税外，还包含计入特别会计的国税以及日本专卖公社的缴纳金；2015 年度地方税当初预算额，为根据《地方财政计划》的规划金额加上规划外税收收入预计额之和。

表 1 - 4　　　　　　　　　日本国税、地方税在国家税收中占比
（转移支付前后对比）
单位：亿日元

年度	国　税				地方税				国家税收总额
	金额		占国家税收比重（%）		金额		占国家税收比重（%）		
	转移支付前	转移支付后	转移支付前	转移支付后	转移支付前	转移支付后	转移支付前	转移支付后	
1950	5 702	(4 617)	75.2	(60.9)	1 883	(2 968)	24.8	(39.1)	7 585
1955	9 363	(7 542)	71.1	(57.2)	3 815	(5 636)	28.9	(42.8)	13 178
1960	18 010	(14 538)	70.8	(57.1)	7 442	(10 914)	29.2	(42.9)	25 452
1965	32 785	(25 123)	67.9	(52.0)	15 494	(23 156)	32.1	(48.0)	48 279
1970	77 732	(58 548)	67.5	(50.8)	37 507	(56 691)	32.5	(49.2)	115 239
1975	145 043	(109 051)	64.0	(48.1)	81 548	(117 540)	36.0	(51.9)	226 591
1980	283 688	(203 478)	64.1	(46.0)	158 938	(239 148)	35.9	(54.0)	442 626
1985	391 502	(288 694)	62.7	(46.2)	233 165	(335 973)	37.3	(53.8)	624 667
1990	627 798	(451 860)	65.2	(47.0)	334 504	(510 442)	34.8	(53.0)	962 302
1995	549 630	(407 207)	62.0	(45.9)	336 750	(479 173)	38.0	(54.1)	886 380
2000	527 209	(368 005)	59.7	(41.7)	355 464	(514 668)	40.3	(58.3)	882 673
2005	522 905	(332 569)	60.0	(38.2)	348 044	(538 380)	40.0	(61.8)	870 949
2010	437 074	(228 479)	56.0	(29.3)	343 163	(551 758)	44.0	(70.7)	780 237
2011	451 754	(252 183)	56.9	(31.8)	341 714	(541 285)	43.1	(68.2)	793 468
2012	470 492	(278 931)	57.7	(34.2)	344 608	(536 169)	42.3	(65.8)	815 100
2013	512 274	(312 406)	59.2	(36.1)	353 743	(553 611)	40.8	(63.9)	866 017
2014	556 106	(358 771)	60.6	(39.1)	362 294	(559 629)	39.4	(60.9)	918 400
2015	581 455	(400 432)	60.3	(41.5)	383 226	(564 249)	39.7	(58.5)	964 681

注：1. 表中数据，2014 年度前为决算额，2014 年度为决算估算额，2015 年度为当初预算额。
资料来源：日本总务省网站公布数据整理。

3. 国税（　）内部分为转移支付后金额。即扣除地方让分与税、地方财政平衡交付金、地方交付税、临时地方特例交付金、临时地方财政交付金、特别事业债偿还交付金、临时冲绳特别交付金、地方让与税（含消费税让与税部分）以及地方特例交付金（2007～2009 年度实施的临时性措施）后的国税收入总额；地方税（　）内部分为转移支付后金额。即加上地方分与税、地方财政平衡交付金、地方交付税、临时地方特例交付金、临时地方财政交付金、特别事业债偿还交付金、临时冲绳特别交付金、地方让与税（含消费税让与税部分）以及地方特例交付金（2007～2009 年度实施的临时性措施）后的地方税收入总额。

4. 由以直接税为主向直接税、间接税并重的税收体系转变。第二次世界大战后日本建立起了以直接税为主的税收体系。直接税在日本国家税收总额中所占比重由 20 世纪 50 年代初的 60% 左右上升至 90 年代初的近 80%。1989 年开征消费税后，

间接税所占比重逐渐增大，由 90 年代初的约 20% 上升至目前的 33% 左右。具体来看，目前国税中直接税、间接税所占比重大致为 6∶4；地方税中直接税、间接税所占比重大致为 8∶2。可见，以直接税为主体的税收结构在地方税收体系中体现得更为明显。国税中直接税有：所得税、法人税、地方法人特别税、复兴特别所得税、地方法人税、继承税、赠与税等；地方税中直接税有：住民税、事业税、不动产取得税、固定资产税、特别土地保有税、法定外目的税、国民健康保险税等。

按照课税对象的性质，日本一般将税种划分为所得课税、消费课税和资产课税等三大类。以 2014 年度决算为例，所得课税中国税占比为 62.1%，地方税占比为 37.9%；消费课税中国税占比为 77.2%，地方税占比为 22.8%；资产课税等中国税占比 21.3%，地方税占比为 78.7%（见表 1-5）。

表 1-5　　　　直接税、间接税在日本国家税收中所占比重　　　　单位:%

年度	国家税收总额		国　税		地方税	
	直接税	间接税	直接税	间接税	直接税	间接税
1950	62.5	37.5	55.0	45.0	85.0	15.0
1955	59.7	40.3	51.4	48.6	80.2	19.8
1960	61.1	38.9	54.3	45.7	77.6	22.4
1965	65.1	34.9	59.2	40.8	77.5	22.5
1970	70.0	30.0	66.1	33.9	78.3	21.7
1975	74.1	25.9	69.3	30.7	82.6	17.4
1980	75.8	24.2	71.1	28.9	84.2	15.8
1985	77.6	22.4	72.8	27.2	85.6	14.4
1990	79.3	20.7	73.7	26.3	89.9	10.1
1995	74.4	25.6	66.1	33.9	88.0	12.0
2000	70.0	30.0	61.3	38.7	83.0	17.0
2005	69.5	30.5	60.3	39.7	83.3	16.7
2010	68.7	31.3	56.3	43.7	84.5	15.5
2011	69.0	31.0	57.2	42.8	84.5	15.5
2012	69.7	30.3	58.7	41.3	84.6	15.4
2013	70.6	29.4	60.8	39.2	84.7	15.3
2014	67.6	32.4	56.8	43.2	84.5	15.5
2015	66.2	33.8	56.8	43.2	80.8	19.2
2016	66.6	33.4	57.2	42.8	81.2	18.8

注：1. 表中数据为转移支付前国税、地方税税收额。其中，2015 年度前为决算额，2015 年度为决算估算额，2016 年度为当初预算额。

2. 国税部分，除一般国税外，还包含计入特别会计的国税以及日本专卖公社的缴纳金；2015 年度地方税当初预算额，为根据《地方财政计划》的规划金额加上规划外税收收入预计额之和。

资料来源：日本总务省网站公布数据整理。

表1-6　　　　　　2014 年度日本各类税收的占比情况　　　　　单位:%

税　种		所得课税	消费课税	资产课税等	合计
国　税		62.1	77.2	21.3	61.1
地方税	道府县	18.8	19.0	3.0	16.6
	市町村	19.1	3.8	75.7	22.3
	小　计	37.9	22.8	78.7	38.9
合　计		100.0	100.0	100.0	100.0

资料来源：日本总务省网站公布数据整理。

三、日本政府间转移支付制度

中央集中型财政管理体制下，日本政府的财源主要集中在中央政府。长期以来，日本中央、地方税收入分配比例为 6∶4。而就日本政府间事权划分来看，绝大部分公共事务是由地方政府承当的。而且地方政府承担的事务种类多、业务量大。就地方政府自主财源和事权划分来看，势必存在巨大的资金缺口。另一方面，由于各地经济发展不平衡，有相当部分地方政府仅靠地方税等地方自主财源难以满足其支出需求。这就需要中央政府通过财政转移支付形式以保证那些入不敷出的地方政府能够取得必要的财源，向辖区居民提供全国统一标准的公共产品和服务，并促进各地区经济及社会事业的均衡发展。地方交付税、地方让与税、国库支出金是日本政府间转移支付制度的三种主要形式。其中，地方交付税属于无条件拨款，即一般性转移支付。地方让与税、国库支出金则属于有条件拨款，即专项转移支付。与其他发达国家相比，日本的政府间转移支付无论在规模上，还是在调整地区间财力差距上都非常突出。政府间转移支付作为"附加条件的地方政府财源"，是日本中央政府实现国家统治和对地方进行政策诱导的重要手段。根据日本财务省公布数据显示，日本每年中央财政收入的约 45% 通过转移支付等形式下拨给地方政府。而转移支付资金额占到地方财政收入的近 1/3。

总体来看，政府间转移支付制度对于促进日本政府间协调配合、平抑地区经济发展不平衡、推动地方经济发展等方面发挥着重要作用。而作为地方分权化改革重要措施之一的"三位一体"改革（2002～2006 年），旨在通过转移支付制度改革，即通过削减和废止国库支出金、改革地方交付税等措施，减少和废除专项财政拨款，从而减少中央对地方政府的财力控制，提高地方财政运行的自主性和灵活性，以增进地方行政的自立。据统计，2002～2006 年间，向地方下移税源有 3 兆日元。而同时削减国库支出金和地方交付税分别为 4.7 兆日元、5.1 兆日元。上述改革使得日本中央、地方财政收支结构发生了一定变化，但对地方经济发展的冲击尚有待观察。

（一）地方交付税

所谓地方交付税，是指某些税种由中央统一立法征收，然后再按一定比例在中央和地方之间进行分配。地方交付税是日本中央政府向地方政府实施财政转移支付的主要方式，目的在于实现地区间的财政均衡以及确保行政运营过程中所需财源。通过这一制度安排，大城市等富裕地区的税源得以向人口过疏地区或经济欠发达地区重新分配，以缩小因税源不均而导致的地方政府之间的财力差距。

地方交付税制度萌芽于 20 世纪 20 年代，1954 年作为正式制度确立。地方交付税额与 5 种国税收入联动，目前具体税种的交付比例是：所得税、酒税的 32%、法人税的 34%（2007 年度前为 35.8%）、消费税的 29.5%，以及烟草税的 25% 划为地方收入（《地方交付税法》第 6 条）。如上所述，地方交付税额与 5 种国税按一定比率联动。但在实际执行中，当出现地方财源不足等情况时，可根据《地方财政计划》① 采取交付税借款、交付税结转、交付税特例增额或特例减额等措施。因此，地方交付税的实际金额有时并非与国税的一定比率完全一致。

就地方交付税的类别来看，地方交付税总额的 94% 为"普通交付税"，用以公平地弥补地方政府的财源不足部分；其余 6% 为"特别交付税"，作为弥补因灾害或地区特殊情况而造成的以"普通交付税"难以维持行政运营时的财源。"普通交付税"的计算方法是：按照一定的方法（由法律、政令等所规定）计算出来的"基准财政需求额"和"基准财政收入额"之间的差额（财源不足额），原则上作为该地方政府的"普通交付税"额。"特别交付税"为"普通交付税"没有涉及的特殊财政需求（如自然灾害、歉收等特殊情况下的临时性支出）而设置的，是对"普通交付税"的补充。"特别交付税"于每年 12 月先行拨付总额的 1/3，再于下一年度 3 月支付剩余的 2/3。

所谓"基准财政需求额"，是指地方政府提供标准公共服务所需经费的总额，是按一定的计算方法对各个行政项目进行计算而得出的，用以反映各地方政府的实际财政需要。具体方法是：将都、道、府、县中以人口为 170 万的行政单位以及市、町、村中人口为 10 万人的市作为"标准团体"，参考《地方财政计划》来确定标准地方政府的税收额。在此基础上，综合考虑各地方政府的人口、面积、地区特点等因素并对税收额进行调整，最终决定每个地方政府的"基准财政需求额"。具体计算公式为：基准财政需求额 = 测定单位的数值 × 单位费用 × 修正系数。其中，测定单位的数值是与提供必要的公共服务成正比的指标，如人口、面积、道路长度等；单位费用是每个测定单位提供必要的公共服务所需的费用；修正系数是根据不同的地区、环境等，对单位费用的调节（如积雪地区费用会增高）。

所谓"基准财政收入额"，是根据地方政府最近的税收收入等推测出来的该地方政府所应有的一般财源收入额中的一定比例（都道府县为 80%，市町村为 75%）。"基准财政收入额"是用来测定地方政府财源规模的指标。计算公式为：基准财政收入额＝计入率×（标准地方税收入＋地方让与税＋交通安全对策特别转移支付金）。其中，计入率都道府县为 0.8，市町村为 0.75。将"基准财政收入额"限定在地方政府应有财政收入额的一定比例内，其理由在于：仅依据"基准财政需求额"无法准确把握所有地方政府的实际财政需要。而如果按照地方政府一般财源收入额的 100% 推算地方政府"基准财政收入额"的话，很有可能出现地方政府难以确保为实施独自政策所需要的财源。同时，地方政府自身将失去增加自主财源的积极性。这是因为，自主财源的增加部分与"普通交付税"的减少部分相一致，增加自主财源则无利可得。对于"基准财政收入额"高于"基准财政需要额"的地方政府（如东京都）则无须拨付"普通交付税"，这类地方政府被称为"不交付团体"。

　　地方交付税最初是以解决地方财政困难为目标的应急性措施，在发展和演进的过程中，逐渐过渡到调节地区间财力差距的手段，最终转向以均等化为理念的财力均衡制度。地方交付税的主要特点有：一是交付税总额与所得税、法人税、消费税、酒税、烟税等国税建立有联动机制，规范、透明，且具有一定的弹性。二是中央分别对道府县与市町村两级地方政府直接确定补助额。三是按照各地方政府"基准财政收支额"确定交付税额。道府县按标准收入的 80%、市町村按标准收入 75% 作为基准收入，并作为补助基础。既考虑了地方政府非均等化范围的支出需求，又可以调动地方政府增收的积极性。四是地方交付税作为地方政府的一般财源，由地方政府自主支配，中央政府不加任何附带条件和用途的限制。五是虽然交付税没有指定专门用途，也不附加其他条件，相当于无条件补助，但交付税的分配办法需经常调整。由于中央所能支付的交付税总额是由共享税的法定分享比例决定的，为此，交付税总额同各地方政府的财源缺口额不一定相一致。因此，通常需要对分配办法做出调整。如果交付税额小于财源缺口总额，需要压缩各地方政府的"基准财政需求额"；如果交付税额大于财源缺口总额，则把多出部分编入原 6% 的"特别交付税"中。总之，地方交付税具有补足地方政府财源不足的功能，同时具有财政调节功能，即缩小因地区间税源差异带来的财力差距，以实现财力横向分布的均等化，从而使地方政府达到中央规定的公共服务水平。

　　接受地方交付税的地方自治体被称为"交付团体"，不接受地方交付税的地方自治体则被称为"不交付团体"。表 1 - 7 为 2014 年、2015 年度日本地方交付税的交付情况。2015 年度，全国 47 个都道府县中只有东京都为"不交付团体"；全国 1 718 个市町村中，只有 59 个为"不交付团体"。

表 1 - 7　　　　　2014 ~ 2015 年度日本地方交付税的交付情况　　　　单位：亿日元

年度	交付额			交付团体		不交付团体	
	总额	都道府县	市町村	都道府县	市町村	都道府县	市町村
2014	158 724	84 533	74 191	46	1 665	1	54
2015	157 495	83 705	73 790	46	1 659	1	59

资料来源：根据日本总务省网站公布数据整理。

（二）地方让与税

所谓地方让与税，即那些原本应属地方政府的财源，但出于征收的便利性等技术上的原因和消除税源的地区偏差，而由中央政府统一征收并根据一定标准（如公路总里程、面积等）返还给地方由地方政府支配使用。地方让与税是介于地方税与地方交付税之间的中介性财源。例如，中央政府对汽油等挥发油征收的地方道路税，作为地方道路转让税转让给都道府县和市町村。目前，地方让与税共有6种：地方挥发油税（含地方道路税）的全部、石油气税的1/2、航空燃料税的2/13、汽车重量税的1/3、特别吨位税的全部和地方法人特别税的全部。

建立地方让与税制度，主要是为了充实地方修建公路、港口、机场等基础设施的财源。前三种税是作为道路修筑和维修经费的财源而转让给地方政府的，转让金额依据道路的总长度和面积等客观标准来确定，与征收地点无关。航空燃料税是对飞机所有者装入飞机的燃料征收的税金。航空燃料税是转让给与机场有关的地方政府用于维修机场和有关设施以及防止飞机噪音等。特别吨位税是对海运船舶在进入日本商港时按纯吨位计征的吨税的附加，特别吨位税全部转让给商港所在地（征收地），即港口所在地的市町村，并不指定专门用途。地方法人特别税是在2008年税制改革时，因降低了法人事业税税率，为协调地区间的税源偏差而设置的新税种。其全额返还给地方政府（都道府县）。

目前，地方让与税所占份额并不高，约占地方一般会计收入的1%，年度金额在2.5万亿日元左右。表1-8为2015年、2016年度地方让与税的交付情况。

表1-8　　　　　　2015~2016年度日本地方让与税的交付情况　　　　单位：亿日元

年度	地方挥发油税	石油气税	航空燃料税	汽车重量税	特别吨位税	地方法人特别税
2015	2 747	95	2 644	155	124	21 027
2016	2 578	93	2 626	149	125	18 751

资料来源：根据日本总务省网站公布数据整理。

（三）国库支出金

国库支出金和地方交付税不同，地方交付税属于不指定专门用途的一般性补助金。而国库支出金则是中央政府根据特定目的和在一定条件下拨给地方政府的专项补助金。国库支出金的用途由中央指定，地方没有自由裁量权，资金的使用要受主管部门监督、指导，同时受中央会计检查院的审计，一旦发现挪用，中央可以收回资金或进行其他处罚。国库支出金的支付范围，涉及地方财政支出中的工资、差旅费、设备费、融资资金、工程承包费、补助等诸多方面，内容复杂，存在多种分类。根据中央与地方的责任共担原则，国库支出金分为三类：一类国库负担金。即在中央与地方共同承担的事务中，全部由地方负责办理，中央按自己应当负担的份额拨给地方的经费。具体分为法定义务经费、公共事业经费和救灾费等。二类是国库委托金。即本应由中央承办，但因发生在地方，按照效益原则而委托地方承办的事务，由中央负担其全部费用。如国会议员选举事务经费、自卫队驻扎费等。三类是国库补助金。即中央对地方兴办的事业项目认为有必要予以奖励和资助而拨给的资金。例如，下水道等基础建设补助金等。国库支出金作为被交付给特定事务项目的特定财源，不能用于其他目的。其设立的主要目的在于：贯彻事权和财权相统一原则，实现地区间财政均衡目标。同时通过补助金的形式对地方政府行为加以诱导。从三类资金的构成来看，国库负担金大致占60%，国库补助金和国库委托金占40%。近年来，国库支出金的规模呈缩小趋势，在地方财政收入中占15%～20%左右，主要分配在教育、就业、灾害救济等领域。表1-9为2012～2013年度日本国库支出金的给付情况。

表1-9　　　　2012～2013年度日本国库支出金的给付情况　　　单位：亿日元

| 项　目 | 2013年度 | | | | | | 2012年度 | |
| | 都道府县 | | 市町村 | | 总额 | | | |
	金额	占比(%)	金额	占比(%)	金额	占比(%)	总额	占比(%)
义务教育费负担金	14 618	19.8	—	—	14 618	8.9	15 300	9.9
生活保护费负担金	1 422	1.9	26 438	29.0	27 861	16.9	27 638	17.8
儿童保护费等负担金	1 023	1.4	4 838	5.3	5 861	3.5	5 853	3.8
残疾人自立支援给付费等负担金	729	1.0	9 265	10.1	9 994	6.1	9 254	6.0
私立高等学校等经常费资助费补助金	1 078	1.5	—	—	1 078	0.7	1 094	0.7
儿童现金给付交付金	—	—	14 365	15.7	14 365	8.7	14 761	9.5
公立高等学校授课费不征收交付金	2 180	3.0	133	0.1	2 312	1.4	2 356	1.5
高等学校等就学支援金交付金	1 395	1.9	—	—	1 395	0.8	1 346	0.9
普通建设事业费支出金	11 591	15.7	6 247	6.8	17 838	10.8	12 953	8.3
灾害恢复事业费支出金	3 859	5.2	1 808	2.0	5 667	3.4	5 908	3.8
失业对策事业费支出金	—	—	—	—	—	—	—	—

续表

项　目	2013 年度						2012 年度	
	都道府县		市町村		总额			
	金额	占比（%）	金额	占比（%）	金额	占比（%）	总额	占比（%）
委托金	1 305	1.8	958	1.0	2 264	1.4	2 267	1.5
其中：普通建设事业	77	0.1	41	0.0	119	0.1	98	0.1
灾害恢复事业	8	0.0	10	0.0	18	0.0	8	0.0
其他	1 220	1.7	907	1.0	2 127	1.3	2 162	1.4
财政补助金	36	0.0	50	0.1	85	0.1	90	0.1
国有提供设施等所在市町村资助交付金	0.3	0.0	345	0.4	345	0.2	335	0.2
交通安全对策特别交付金	375	0.5	273	0.3	648	0.4	678	0.4
电力地域对策交付金	929	1.3	344	0.4	1 272	0.8	1 249	0.8
特定防卫设施周边整备调整交付金	—		203	0.2	203	0.1	210	0.1
石油储藏设施地域对策等交付金	55	0.1	—		55	0.0	55	0.0
社会资本整备综合交付金	10 312	14.0	8 219	9.0	18 530	11.2	12 030	7.7
地域自主战略交付金	—		—		—		5 070	3.3
地域活力临时交付金	7 523	10.2	6 198	6.8	13 721	8.3	—	—
东日本大地震复兴交付金	538	0.7	3 969	4.3	4 507	2.7	13 127	8.5
其他	14 832	20.0	7 665	8.5	22 497	13.6	23 696	15.2
合计	73 799	100.0	91 318	100.0	165 118	100.0	155 271	100.0

资料来源：根据日本总务省网站公布数据整理。

　　以 2013 年度为例，该年度日本国库支出金的决算额为 165 118 亿日元，占地方财政收入的 16.3%。就国库支出金的内容来看，占比最高的生活保护费负担金为 27 861 亿日元，占国库支出金总额的 16.9%，其次为社会资本整备综合交付金 18 530 亿日元（同 11.2%）、普通建设事业费支出金 17 838 亿日元（同 10.8%）、义务教育费负担金 14 618 亿日元（同 8.9%）、儿童现金给付交付金 14 365 亿日元（同 8.7%），上述支出占到国库支出金总额的 56.5%。再就不同层级政府国库支出金的构成来看，拨付给都道府县的国库支出金中，义务教育费负担金、普通建设事业费支出金的规模和在国库支出金总额中的占比较高，分别为 14 618 亿日元（占比

19.8%）和 11 591 亿日元（占比 15.7%）。拨付给市町村的国库支出金中，生活保护费负担金、儿童现金给付交付金和残疾人自立支援给付费等负担金的规模和在国库支出金总额中的占比较高，分别为 26 438 亿日元（占比 29.0%）、14 365 亿日元（占比 15.7%）和 9 265 亿日元（占比 10.1%）。

第二节　日本中央财政收支概况

一、日本中央及地方财政收支概况

日本实行复式预算制度，中央预算包括"一般会计预算"、"特别会计预算"和"政府关联机构预算"以及财政投资贷款计划四大类。其中，以"一般会计预算"和"特别会计预算"为主。而通常意义上所说的中央财政收支是指"一般会计预算"。与中央预算类似，日本地方预算包括一般会计预算和特别会计预算。而通常意义上的地方财政收支是指地方政府一般会计预算。

日本虽然实施的是地方自治体制，但从财政管理体制来看，地方"自治"的程度并不高，被形象地形容为"三分自治"。即地方财政收入中地方固有收入（地方税等）仅占3成，其余7成主要依赖于中央政府的转移支付。一直以来，日本中央、地方财政支出比大致保持在4∶6。以2014年度决算额为例，该年度中央和地方财政支出分别占国家财政总支出（1 678 478 亿日元）的41.7%和58.3%。①

日本中央和地方财政的支出内容及重点受各自事权的影响而有所不同。在不包括国债还本付息、对地方财政的转移支付的"中央一般性财政支出"中，社会保障关系费、国债费和国家机关费，这三项支出占其支出总额的一半以上。其中，社会保障关系费支出额最高，是日本中央财政支出的重点。在不包括地方公债还本付息支出的"地方一般性财政支出"中，地方财政支出的重点主要是土木费、教育费、民生费，这三项支出占其支出总额的一半以上。这突出反映了地方财政以民生支出为主的特点。

二、日本中央财政收支概况

日本中央预算包括一般会计预算、特别会计预算和政府关联机构预算以及财政投资贷款计划四大类。其中，以一般会计预算和特别会计预算为主。而通常意义上所说的财政收支是指一般会计预算。

表 1-10 所示 2000 年度以来日本中央财政收支情况。就财政收入来看，一般会计预算与特别会计预算财政收入合计由 2000 年度 4 214 767 亿日元增加至 2014

---

① 这里的中央财政支出和地方财政支出是指包括一般会计预算和特别会计预算在内的净支出，不包括中央对地方的直接支出和地方对中央的直接支出。

年度的 5 105 101 亿日元。扣除"重复金额"等部分，一般会计预算和特别会计预算合计净收入 2000 年度为 2 251 394 亿日元，2014 年度为 2 389 124 亿日元，没有太大增长。与此形成鲜明对比的是，政府关联机构收入由 2000 年度的 73 961 亿日元减少至 2014 年度的 17 991 亿日元，减少至约 1/4。三者合计净收入 2000 年度为 2 269 669 亿日元，2014 年度为 2 404 074 亿日元。就财政支出来看，一般会计预算与特别会计预算财政支出合计由 2000 年度的 3 950 970 亿日元增加至 2014 年度的 5 073 081 亿日元。扣除"重复金额"等部分，两者合计净支出 2000 年度为 1 994 664 亿日元，2014 年度为 2 373 927 亿日元，增长了 1.2 倍。同样与此形成鲜明对比的是，政府关联机构支出则由 2000 年度的 76 613 亿日元减少至 2014 年度的 23 370 亿日元，减少至约 30%。三者合计净支出 2000 年度为 2 109 018 亿日元，2014 年度为 2 394 255 亿日元。总体来看，无论是一般会计预算，还是特别会计预算，2000 年以来其收支规模变化并不大，而政府关联机构预算收支则大幅缩减。这与 2000 年以来政府关联机构改革，主要是与多个金融机构（银行、公库）裁撤合并、业务整合有关。

表 1-10　　　　2000 年度以来日本中央财政收支情况　　　单位：亿日元

		2000 年	2005 年	2010 年	2011 年	2012 年	2013 年	2014 年
财政收入	一般会计收入总额	849 871	821 829	922 992	924 116	903 339	926 115	958 823
	特别会计收入总额	3 364 896	4 491 502	3 813 656	4 000 200	4 083 946	4 084 831	4 146 278
	（其中：重复额等）	1 963 373	2 558 909	2 469 641	2 597 447	2 574 236	2 582 023	2 715 977
	政府关联机构收入总额	73 961	50 728	21 996	18 428	19 132	17 102	17 991
	（其中：重复额）	55 686	30 177	4 369	3 677	3 872	3 265	3 041
	净收入额	2 269 669	2 774 973	2 284 635	2 341 619	2 425 686	2 442 761	2 404 074
财政支出	一般会计支出总额	849 871	821 829	922 992	924 116	903 339	926 115	958 823
	特别会计支出总额	3 186 885	4 119 442	3 670 738	3 848 851	3 940 945	3 866 300	4 114 258
	（其中：重复额等）	1 948 664	2 544 719	2 443 074	2 570 213	2 556 626	2 562 396	2 699 153
	政府关联机构支出总额	76 613	46 781	31 353	26 130	27 033	25 099	23 370
	（其中：重复额）	55 686	30 177	4 369	3 677	3 872	3 265	3 041
	净支出额	2 109 018	2 413 157	2 177 641	2 225 207	2 310 820	2 251 853	2 394 255

注：以上各年度数据均为当初预算额。
资料来源：根据日本财务省公布数据整理。

三、日本中央一般会计预算收支情况

在日本，通常意义上所说的财政收支是指"一般会计预算"收支。如表 1-11

所示，日本中央一般会计预算的支出规模，20 世纪 70 年代中期之前增幅较大，甚至达到年增幅 20% 以上。之后其增幅放缓，特别是 90 年代中期之后，年度增幅大致维持在 2%~3%，有些年份甚至为负增长。究其原因，主要在于地方交付税等增幅的降低。另一方面，从公债发行额来看，20 世纪七八十年代，公债的年度发行额增长迅速。而 80 年代中期至 90 年代初期，公债的年度发行额大幅降低，由 1985 年的约 11 兆日元降至 1990 年的 5.6 兆日元。90 年代中期至 2010 年之间，公债的年度发行额持续快速增长；近两年的年度发行额维持在 42 兆日元左右。随着年度公债发行额和公债累计额的持续增长，国债费占年度一般会计预算支出的比重持续上升，由 1970 年的 3.7% 上升至 2014 年度的 24.3%（见表 1-11）。

表 1-11　　　　　　　　日本中央一般会计预算收支基本指标

年度	一般会计预算支出增幅（%）	地方交付税等增幅（%）	税收占比（%）	国债费/一般会计预算支出（%）	公债发行额（亿日元）	公债累计额（亿日元）	公债累计额/GDP（%）
1970	18.0	24.7	87.3	3.7	4 300	28 112	3.7
1975	24.5	30.3	81.5	4.9	20 000	149 731	9.8
1980	10.3	23.8	62.0	12.5	142 700	705 098	28.4
1985	3.7	9.0	73.4	19.5	116 800	1 344 314	40.7
1990	9.6	14.3	87.6	21.6	55 932	1 663 379	36.8
1995	-2.9	3.6	75.7	18.6	97 469	2 251 847	44.6
2000	3.8	10.4	57.3	25.8	326 100	3 675 547	72.0
2005	0.1	-2.5	53.5	22.4	343 900	5 269 279	104.3
2010	4.2	5.5	40.5	22.4	443 030	6 363 117	132.5
2011	0.1	-4.0	44.3	23.3	442 980	6 698 674	141.5
2012	-2.3	-1.1	46.9	24.3	442 440	7 050 072	149.2
2013	2.5	-1.2	46.5	24.0	428 510	7 514 623	155.2
2014	3.5	-1.5	52.1	24.3	412 500	7 804 477	156.0

资料来源：根据日本财务省公布资料整理。

表 1-12 所示，2013~2015 年度日本中央一般会计预算财政收支主要指标。近两年来，随着经济景气的逐渐恢复和缩减财政赤字等"财政健全化"改革的推进，税收收入占比有所上升，同时公债收入占比有所下降。根据 2015 年度预算案，公债收入占收入总额的比重降至 38.5%。而在一般会计预算财政支出中，基础财政收支对象经费，即社会保障相关费用、地方交付税交付金、公共事业相关经费等刚性支出占到 7 成以上，国债费支出约占 3 成。但公债依存度已由最高时 2009 年的 51.5% 降至 2015 年度的 38.30%。

表 1 – 12　　2013 ~ 2015 年度日本中央一般会计预算财政收支主要指标 单位：兆日元

收支构成	年度	2013		2014		2015	
		金额	占比（%）	金额	占比（%）	金额	占比（%）
收入总额		100.5	—	98.1	—	95.9	—
税收		43.1	46.5	50.0	50.1	54.5	56.8
公债收入		42.9	46.3	41.3	42.1	36.9	38.5
支出总额		97.1	—	105.7	—	95.9	—
国债费		22.2	22.9	23.3	22.0	27.8	29.0
基础财政收支对象经费		68.4	70.4	70.4	66.6	72.6	75.7
基础财政收支差		−23.2		−18.0		−13.4	
公债依存度（%）		46.30		43.00		38.30	

注：1. "基础财政收支对象经费"作为衡量一年度政策性经费的主要指标，是指一般会计预算财政支出中扣除国债费的经费部分。

2. 2013 年度数据为该年度末的决算预计额，2014 年、2015 年度为当初预算额。

资料来源：根据日本财务省公布数据整理。

（一）中央一般会计预算支出结构分析

社会保障相关费用、国债费、地方财政费（以地方交付税等形式向地方政府的转移支付等）、国土保全及开发费、文化教育费是日本中央一般会计预算支出中最主要的几项支出。

就日本中央一般会计预算支出结构来看，20 世纪 70 年代占比较大的支出为地方财政相关费用、公共事业相关费用、社会保障相关费用、文化教育费等。之后，随着社会经济的发展，财政支出的重点发生了重大变化。自 80 年代起，社会保障相关费用支出跃居一般会计预算支出首位。与此同时，国债费支出开始增加。2000 年度中央一般会计预算支出中占比较大的支出排序为：国债费、社会保障相关费用、地方财政费和国土保全及开发费用支出。值得一提的是，2000 年之前国土保全及开发费用支出规模较大，且一直呈增长趋势。2000 年之后其支出规模逐渐缩小，近年来趋于稳定，2014 年降至 60 170 亿日元。其在中央一般会计预算支出中的占比基本上稳定在 6% 左右。这是因为，日本经济高速发展时期，倡导国土均衡发展，注重发展地方经济，用于国土开发的支出较多。随着各地开发建设的逐步成熟，社会基础设施建设已不再是国家建设的重点。20 世纪 90 年代后期，地方政府兴建公共事业的目的开始转向拉动经济发展。但随着之后新公共管理运动的兴起，政府开始注重行政效率和政府资金投入绩效等问题，国家财政更多地用于社会保障等关系到国民生活福祉方面，国土保全及开发费用得以压缩。而国债费支出规模的增加和比重的不断上升，则反映了日本财政的持续恶化，公共债务的还本付息支出成为年度财政支出的主要项目。

表 1－13   日本中央一般会计预算支出情况（按支出目的划分）   单位：亿日元

年度 类别	2000	2005	2010	2011	2012	2013	2014	2015	2016
总额	897 702	867 048	967 284	1 075 105	1 005 366	980 770	958 823	996 633	967 218
国家机关费	48 762	44 578	47 990	53 065	45 318	49 173	45 686	51 404	46 494
其中：国会费	1 509	1 278	1 488	1 387	1 324	1 313	1 366	1 359	1 377
司法、警察及消防费用	14 434	14 130	14 757	17 170	15 456	14 616	14 805	15 458	15 133
外交费用	8 736	8 274	8 776	8 489	8 316	8 577	6 924	9 244	7 460
一般行政费	15 234	12 698	14 179	17 731	12 526	16 576	14 406	17 186	13 816
征税费	8 018	7 914	8 066	8 071	7 485	7 383	7 974	7 946	7 964
其他费用	831	285	724	217	210	709	211	212	746
地方财政费	158 494	175 047	188 106	194 709	169 005	175 754	162 397	168 942	153 700
防卫相关费用	49 585	49 190	48 061	51 193	48 356	48 762	48 950	51 822	50 659
国土保全及开发费用	98 063	75 647	61 848	81 074	68 916	61 553	60 170	65 136	60 718
其中：国土保全费	18 783	14 010	8 487	10 028	11 310	9 071	9 699	10 556	10 081
国土开发费	73 353	55 432	50 222	42 487	53 693	49 005	47 563	50 722	47 797
灾害对策费	4 395	4 038	1 443	25 553	2 476	2 107	735	1 747	735
其他费用	1 533	2 167	1 696	3 007	1 437	1 369	2 173	2 111	2 106
产业经济费	41 488	30 593	38 541	71 992	45 584	34 789	28 220	32 742	27 327
其中：农林水产费	12 402	11 728	16 582	24 231	17 845	16 674	14 756	17 124	14 511
工商矿业费	19 884	10 589	18 720	43 863	22 957	15 045	10 574	12 720	10 124
交通运输费	3 437	2 799	2 435	2 692	3 059	2 163	1 966	2 006	1 886
物资及物价调整费用	4 170	3 692	804	1 206	1 722	907	924	892	806
编入工业投资特别会计	1 595	1 786	—	—	—	—	—	—	—
文化教育费	66 470	58 491	55 378	61 665	61 071	54 491	52 011	52 495	51 505
其中：学校教育费	55 875	48 011	42 637	45 057	45 565	41 253	39 688	39 775	39 239

续表

年度 类别		2000	2005	2010	2011	2012	2013	2014	2015	2016
	社会及文化教育费	1 599	1 415	1 444	1 514	1 570	1 443	1 496	1 459	1 456
	振兴科学费	8 978	9 051	11 291	12 517	13 923	11 782	10 825	11 239	10 807
	灾害对策费	18	14	6	2 577	15	13	3	23	4
社会保障相关费用		197 930	222 253	292 862	319 166	300 005	299 992	310 414	327 556	324 322
其中：社会保险费		114 826	161 268	214 548	221 363	225 399	224 531	233 947	239 220	242 498
	生活保障费	14 837	19 738	24 599	27 323	28 092	28 133	29 222	28 751	29 117
	社会福利费	41 430	19 429	21 734	22 916	22 013	23 683	26 210	36 734	30 945
	住房保障费	13 213	8 308	2 277	3 042	1 501	1 573	1 543	1 883	1 516
	失业保障费	810	406	3 353	4 679	2 093	1 701	292	225	247
	卫生保健费	10 517	8 584	9 531	6 990	6 220	5 809	4 933	6 600	5 948
其他		2 297	4 521	16 821	32 854	14 688	14 563	14 267	14 142	14 052
抚恤金		14 248	10 685	7 136	6 421	5 697	5 029	4 435	3 920	3 412
国债费		214 461	196 203	202 360	202 693	215 453	218 107	232 702	229 070	236 121
公共事业等准备金		5 000	—	—	—	—	—	—	—	—
应对经济危机、增加地区活力准备金		—	—	9 997	—	9 100	—	—	—	—
东日本大地震重建复兴准备金		—	—	—	5 657	—	—	—	—	—
公积金		2 000	3 000	3 000	3 500	3 500	3 000	3 500	3 500	3 500
其他		1 202	1 360	12 006	23 969	33 362	30 119	10 340	10 046	9 459

注：2015 年度之前数值为决算额，2015 年度为决算预计额，2016 年度为预算额。

资料来源：根据日本财务省公布数据整理。

（二）日本中央一般会计预算收入构成分析

税收、其他收入、公债收入是日本政府财政收入的三大构成。就不同收入的规模及占比来看，税收收入是中央财政收入的主体，其规模在 1995 年达到 519 308

兆日元。之后受经济低迷、减税政策等的影响，税收收入有所降低，2013 年降至 430 960 亿日元。2014 年因消费税税率的提高，税收收入又有所增加。税收收入在一般会计预算收入中的占比也由 20 世纪 60 年代的 85% 以上降至 2013 年度的 46.5%。与税收收入形成鲜明对比的是，债务收入自 20 世纪 70 年代以来一直呈快速增长趋势。1965 年公债收入为 1 972 亿日元，占比仅为 5.2%，2013 年增加至 428 510 亿日元，占比达 46.3%。这说明，目前日本中央财政收入的约 1/2 来源于公债的发行。其他收入主要包括使用费、手续费、杂费等，其规模自 50 年代以来一直呈增长趋势，2012 年达 137 815 亿日元。近年来，其规模有所降低，2014 年降至 46 313 亿日元。其他收入在一般会计预算收入中所占比重最高时达 30% 左右。60 年代中期以来，其占比逐年下降，2014 年降至 4.8%。

表 1 - 14　　　　　　　日本中央一般会计预算收入的构成

构成		1955 年	1965 年	1975 年	1985 年	1995 年	2005 年	2011 年	2012 年	2013 年	2014 年
税收	金额（亿日元）	7 960	30 496	137 527	381 988	519 308	490 654	428 326	439 314	430 960	500 010
	占比（%）	(70.7)	(80.8)	(64.0)	(70.7)	(64.5)	(55.1)	(38.9)	(40.8)	(46.5)	(52.1)
其他收入	金额（亿日元）	3 304	5 263	24 402	34 857	73 794	86 658	130 989	137 815	40 535	46 313
	占比（%）	(29.3)	(13.9)	(11.4)	(6.5)	(9.2)	(9.7)	(11.9)	(12.8)	(4.4)	(4.8)
公债收入	金额（亿日元）	—	1 972	52 805	123 080	183 959〈28 511〉	312 690	427 980[11 250]	474 650《25 842》	428 510《26 110》	412 500
	占比（%）	(—)	(5.2)	(24.6)	(22.8)	(22.8)	(35.1)	(38.9)	(44.0)	(46.3)	(43.0)
合计	金额（亿日元）	11 264	37 731	214 734	539 926	805 572	890 003	1 099 795	1 077 620	926 115	958 823
	占比（%）	(100.0)	(100.0)	(100.0)	(100.0)	(100.0)	(100.0)	(100.0)	(100.0)	(100.0)	(100.0)

注：1.（ ）内为构成比。

2. 2012 年度之前为决算额，2013 年、2014 年度为预算额。

3. 公债收入中不包含减税特例公债、复兴债和年金特例公债。〈 〉部分为 1995 年度为弥补因实施减税措施而导致的税收减少而发行的减税特例公债。[ ] 部分为 2011 年度为东日本大地震复兴政策而筹集财源发行的复兴债。《 》部分为 2012 年、2013 年度为实现筹集基础年金国库负担的 1/2 的财源而发行的年金特例公债。

资料来源：根据日本财务省公布数据整理。

第三节　日本地方财政收支概况

日本是实行地方自治的单一制国家，行政机构分为中央、都道府县和市町村三级，与此相对应有三级财政。按照一级政府一级财政的原则，各级政府都有独立的财政权限，包括预算权、征税权和举债权等。在预算管理上，各级政府负责管理本级预算，中央政府对地方财政的预算管理主要是通过编制"地方财政计划"对地方财政运营给予引导。具体表现在对转移支付资金的分配和地方债发行的许可上（现已改为协议制），而且主要由负责地方事务的总务省与财务省共同负责管理。本节在介绍日本的地方财政制度及财政权限的基础上，就日本地方财政的收支情况进行分析。

一、日本的地方财政制度及财政权限

根据《地方财政法》规定：各地方公共团体彼此独立，建立自主自律的财政管理体系，既不能违反国家政策，也不能给其他的地方公共团体造成不良影响。同时，中央政府也应在保证地方财政管理自主性，不妨碍地方财政自律性的基础上，帮助和促进地方财政管理的健全，禁止中央政府施行将负担转嫁给地方公共团体的措施。中央和地方财政管理在整体上应能协调地促进社会发展和增益国民福利。

如前所述，日本地方政府作为综合性行政主体，在所辖区域拥有全面的行政权限。因此，日本地方政府基本上具有自主运营财政的全部权力，但同时通过各种制度安排以保持其与中央政府财政运营之间的平衡并保证其财源。

（一）地方财政计划

编制"地方财政计划"始于 1948 年，全称为"地方政府的财政收支总额的预算额"，是由内阁府每年制定的有关下一年度地方政府财政收支的预算计划。"地方财政计划"在提交国会的同时须公开发表（《地方交付税法》第 7 条）。以年度"地方财政计划"为基础，各级地方政府分别制定和编制各自预算。"地方财政计划"的体系结构是：对整个地方财政收支进行估算，通过对收支状况的估计，来验证其能否确保地方政府根据法令执行的行政事务和提供一定水平的行政服务时所必须的财源。如果财源不足，为确保地方政府充足的财源，中央政府将考虑修订地方税制度或提高地方交付税率等。而地方政府则通过"地方财政计划"来了解与国家经济、财政政策保持协调的全国规模的地方财政状况，并以此作为各自财政运营的指南。

虽然"地方财政计划"具有保障地方公共团体财源的功能，但有时候并不能十分准确地反映地方公共团体的实际财政管理和运营状况。其主要原因在于：一是"地方财政计划"不是实际的收入和支出预算，而是对一般情况下收支总额的估计。其中，如对地方交付税和国库支出金等转移支付资金、超过国家公务员水平的职员工资、税收收入，以及退休补贴等，都无法准确估计。二是"地方财政计划"是单一会计年度的收支预算，并且建立在零基预算基础上，即前一年度的事业费节余以及剩余收入金额没有计入，并且单一会计年度中地方税的自然增收以及地方交付税、国库支出金、地方债务等的补充追加部分也没有计入。

总体来看，"地方财政计划"的编制主要是为了国家编制预算而实施的，这是因为，地方公共团体在编制预算时，在参照省厅要求和国家预算编制方针的基础上，还需单独估算其财政收入，优先考虑年度经常性经费支出，同时还需考虑投资性经费支出等。而对于地方交付税，国家要求不能把国家预期的增减率直接反映在地方政府财政收入预期中。也就是说，"地方财政计划"作为国家对地方财政的宏观管理，也可作为地方政府微观管理的重要参考，但各地方政府本着慎重的态度自我管理。

以年度地方财政计划为基础，为达到地方财政收支平衡而实行的财源政策，日本称为"地方财政对策"。"地方财政对策"作为地方财源的制度性保障，主要为应对年度社会经济形势变动和国家政策措施的调整而制定和实行，对地方财政的顺利运行有重要意义。当地方财源不足时，通过调整地方交付税（如修改返还税率，增加地方交付税额度）、使用地方交付税特别会计借款、增加地方债发行等形式，以维持地方财政运转。

（二）日本地方政府的财政权限

财政权限在各级政府间的划分，是分级财政的核心内容。现代社会中，政府财政权限的内容可归纳为预算权、征税权和举债权等三个主要方面。

1. 预算权。分级预算是分级财政的主要方式和调整，也是分级财政的重要约束机制。日本的预算体系与其政权结构相适应，也分为三级，即中央预算，都道府县预算和市町村预算。都道府县预算和市町村预算统称地方预算，这两级政府的预算权限大致相同。如前所述，日本的中央预算，分为三大部分，即一般会计预算、特别会计预算和政府关联机构预算。一般而言，中央预算完全由中央政府及国会编制、审批和执行，也就是说中央预算的预算权全部在于中央，与其他各级政府无关。日本地方政府具有完全独立的预算和预算权，可自主编制和执行本级财政预算。

根据《地方自治法》相关规定：地方政府（地方公共团体）在编制、执行预算方面程序大致与国家预算相同。普通地方公共团体的行政首长负责编制每年度预算，在年度开始之前必须通过议会的决议。议会议长在预算决议通过 3 天内将其送达行政首长。普通地方公共团体的行政首长在接到送达的前款规定预算时，如果确认没有进行再次审议或采取其他措施的必要，都道府县必须立即将其向总务大臣报告。根据《地方财政法》第 30 条规定，内阁每年应向国会报告地方财政状况。市町村必须立即向都道府县知事报告，并将其要旨向居民公布。日本地方预算分为一般会计预算和特别会计预算。《地方公营企业法》（第 24 条）则规定：地方公营企业的管理者编制预算案，经地方公共团体长官调整后向议会提交。表 1－15 为大阪府预算编制时间及相关流程。

表 1-15　　　　　　　　　大阪府预算编制时间及流程

时　间	具体流程
每年 11 月中旬，各部局向总务部长提交预算案	由财政课与各部局进行协调，就提交预算案中有关各事业项目的内容、实施的必要性、经费细目等进行仔细研究，汇总报告。财政课长在听取汇总报告后，结合市的具体财政状况，审核预算案，并划分出"列入预算内容"、"保留内容"以及因存在一定问题而不被列入预算的"零审核"，于年度末或第二年度初在各部局内部提出。
每年 1 月上旬，各部局进一步核实财政课长审核的预算案	每年 1 月上旬，对于财政课长审核的预算案，各部局如有异议，可向总务部长提出"恢复申请"。结合财政课长审核的宗旨，进一步核实是否有必要"恢复申请"。对于被认定为"保留内容"的，如果认为有必要列入预算，也需提出"恢复申请"。
每年 1 月中旬，根据"恢复申请"内容，总务部长编制审核预算案	每年 1 月中旬，根据"恢复申请"的内容，总务部长按照财政课长审核同样的程序，编制审核预算案。以总务部长内部提出的形式通知各部局。如果还存在异议，各部局向知事提出"恢复申请"。
每年 2 月中下旬，由知事最终向府议会提交预算案	知事对于整个预算案，包括"恢复申请"部分，结合辖区的财政状况，以及与府议会各派讨论的结果等，最终向府议会提交。并就预算案在府议会上进行说明的同时，向辖区公民及媒体等报道机构公布预算案。
备注	内部提出预算案后，对于制度性修正、单价修改，以及因新的统计表明需要对使用的单价、基础数值变更时，可提出"调整申请"，增减预算额或调整财源明细。
备注	因自然灾害等的发生，有必要对预算编制进行变更时，可提交追加申请。当然，也可更换或撤销追加申请。

资料来源：根据日本国大阪府官网公布资料整理。

2. 征税权。根据日本宪法规定：地方公共团体拥有宪法上规定的自治权的课税权，并通过课税权来自主筹集其财源，这一原则被称为自主财政主义。日本在征税权划分方面遵循的原则是：既要保证地方政府拥有适当数量的自主财源，并使地方政府能够利用税收手段对本地区经济社会发展状况进行必要的、有效的调节控制，又要防止地区间税制结构及税负、征收方法等差别太大，否则将影响地区间商品流通及其他经济交往对国家整体利益产生损害。以这一原则为基础，中央税的征税权集中在中央，而地方税的征税权则采取法律限制下的地方分权形式。地方税中的主要税种及其标准税率由国家在《地方税法》中做统一规定或限制，即所谓的法定税。同时地方可在法律允许的范围内，自主选择税种和确定税率，即所谓的法定外税。法定外税的新设或变更需事先得到自治大臣或都道府县知事的许可，现改为总务大臣或都道府县知事的协议制，在一定程度上扩充了地方公共团体的课税自主权。

3. 举债权。日本地方政府在独立行使预算权的同时，在编制和执行预算时也担负相应的责任，即自求预算的平衡。当由于某些原因导致预算支出大于收入，预算收支难以平衡而出现赤字时，只能由本级政府设法予以弥补。各级政府弥补财政赤字的最主要手段便是举债，尤其是发行地方公债。同时在各级政府所兴办的公共事业中，有一些特殊项目适于以举债方式来建设。因此，日本允许地方政府拥有一定的举债权。但地方政府的举债权受法律的严格限制，同时接受中央政府的监督和控制（发债许可制度，后改为发债协议制度。）。根据《地方自治法》（第 214 条、第 230 条）规定：除年度预算支出额、连续经费、结转费外，普通地方公共团体的债务行为必须在预算中作为债务负担行为予以规定。普通地方公共团体可依法根据预算规定发行地方债。而且预算中必须规定地方债举债目的、限额、方式、利率及偿还方式等。也就是说，地方政府举债及地方债是以预算的形式纳入地方财政管理的。

二、日本地方财政收支概况

日本地方财政也包括一般会计预算和特别会计预算。通常意义上的地方财政收支是指地方政府一般会计预算收支。日本地方政府一般会计预算收入包括：地方税、地方让与税、地方特例交付金、地方交付税、国库支出金、地方债、其他收入等。表 1－16 为 2013 年、2014 年度日本地方财政收入构成情况表。地方税是地方财政的第一大收入来源，约占年度地方财政收入的 35% 左右。其次为地方交付税，约占年度地方财政收入的 17%。国库支出金为第三大收入来源，约占年度地方财政收入的 15%。地方债为第四大收入来源，约占年度地方财政收入的 11%。

表 1－16　　日本 2013 年、2014 年度日本地方财政收入构成（决算额）单位：亿日元

项　目	2013 年度		2014 年度	
	额度	占比（%）	额度	占比（%）
地方税①	353 743	35.0	367 855	36.0
地方让与税②	25 588	2.5	29 369	2.9
地方特例交付金③	1 255	0.1	1 192	0.1
地方交付税④	175 955	17.4	174 314	17.1
一般财源＝①＋②＋③＋④	556 541	55.0	572 729	56.1
一般财源＋临时财政对策债	616 920	61.0	627 377	61.5
国库支出金	164 470	16.3	154 619	15.1
地方债	122 849	12.2	115 185	11.3
其他	167 138	16.5	178 301	17.5
合计	1 010 998	100.0	1 020 835	100.0

资料来源：根据日本国总务省网站公布资料整理。

就日本地方财政支出的结构来看，按支出目的划分，包括：总务费、民生费、卫生费、劳动费、农林水产业费、商工费、土木费、消防费、警察费、消防费、灾

害恢复费、公债费等。按支出性质划分为：义务性经费（包括：人员经费、扶助费、公债费）、投资性经费（包括：普通建设事业费、灾害恢复事业费、失业对策事业费）和其他经费（物件费、维修费、補助费等、转入金、公积金、投资及资本金、贷款）。表1-17为2013年、2014年度日本地方财政支出结构表。以2014年度为例，该年度地方财政支出总额985 228亿日元，其中，支出比重较高的项目包括：民生费、教育费、公债费、土木费和总务费。

36

表1-17　　2013年、2014年度日本地方财政支出结构（决算额）　　单位：亿日元

项　目 \ 年度	2013 决算额	2013 占比（%）	2014 决算额	2014 占比（%）
总务费	100 006	10.3	98 700	10.0
民生费	234 633	24.1	244 509	24.8
其中：灾害救助费	10 083	1.0	5 555	0.6
卫生费	59 885	6.1	61 434	6.2
劳动费	6 209	0.6	4 244	0.4
农林水产业费	35 009	3.6	33 486	3.4
商工费	59 157	6.1	55 095	5.6
土木费	121 252	12.4	120 505	12.2
消防费	19 931	2.0	21 273	2.2
警察费	30 964	3.2	31 970	3.2
教育费	160 878	16.5	166 581	16.9
灾害恢复费	8 824	0.9	7 349	0.7
公债费	131 271	13.5	133 655	13.6
其他	6 101	0.7	6 427	0.8
支出总额	974 120	100.0	985 228	100.0

资料来源：根据日本国总务省网站公布资料整理。

第四节　日本政府间财政关系的调整与财政健全化改革

20世纪90年代以来，日本经济长期不振。而通过加大财政投资、增发国债、减税政策等经济刺激计划又使得日本的政府债务规模空前膨胀。在此背景下，中央、地方财政收支的不对称、财政恶化、地区间差距问题日益显著。为此，日本政府力图通过推进市町村合并、向地方转移财源等地方分权化改革措施，以调整政府间财

政关系；与此同时，着力削减财政赤字的同时重振经济，以实现"财政健全化"（重建财政）。

一、中央及地方财政收支的不对称与财政的恶化

在中央集权型财政体制下，长期以来，日本中央政府掌握国家60%以上的财力。而就日本政府间事权划分来看，绝大部分公共事务是由地方政府承当的。地方政府的实际财政支出占国家财政总支出的约60%。这就需要中央政府通过"地方交付税"、"国库支出金"、"地方让与税"等转移支付形式在全国范围内进行再分配，从而有效地缩小地区间的财力差异，保证那些入不敷出的地方政府能够取得必要的财源，向辖区居民提供全国统一标准的公共产品和服务，并促进各地区经济及社会事业的均衡发展。据日本财务省公布数据显示，日本每年中央财政收入的约45%通过转移支付等形式下拨给地方政府。转移支付资金额占到地方财政收入的近1/3。而就日本三种主要转移支付形式来看，特别是最主要的两项目转移支付"地方交付税"和"国库支出金"，2014年度分别占地方财政收入的17.1%和15.1%。"地方交付税"作为一般性转移支付形式，从制度设计上来看，是与所得税、法人税、消费税、酒税、烟税等5种国税收入联动，按法定分享比例交付给地方的。"国库支出金"则是中央政府根据特定目的和在一定条件下拨给地方政府的专项补助金。主要用于地方政府承办或委托地方承办的特定事务项目。"国库支出金"虽然作为特定事务项目的特定财源，资金的使用要受主管部门监督、指导，同时受中央会计检查院的审计，地方没有自由裁量权。但由于地方政府承办或委托地方承办的特定事务项目相对固定且具有连续性，因此，获得"国库支出金"具有相当大的预期性。

日本地方政府通常将"地方交付税"、"国库支出金"作为固定收入来源之一纳入年度预算编制。这在很大程度上使得地方政府对来自中央的转移支付形成强烈依赖。从而影响地方政府自主性的有效发挥。同时，导致中央政府在财源保障、财政宏观调控功能方面面临巨大压力。

（一）中央、地方财政的急剧恶化

20世纪90年代以来，一方面，因泡沫经济破灭而导致日本政府出现大量不良债权，财政收支持续恶化；另一方面，为了刺激经济景气的恢复，日本政府多次实施积极财政政策，加大对公共事业项目的投资，以带动就业和消费需求。但由于国民对未来政府增税的预期和对经济的不乐观，并没有达到预期目标。消费低迷、企业投资消极现象蔓延；而经济的不景气则导致税收的减少，政府入不敷出，只能加大国债的发行量，政府债务急剧膨胀。2010年，日本年度国债发行额达151.5兆日元，国债收入占财政收入的近5成（48%）。多年来，日本致力于重建财政并力图逐步缩减国债的年度发行额，但效果并不明显。2014年、2015年度日本国债发行额仍高达177.7兆日元和170兆日元，国债依存度（建设国债+特例债/一般会计财政

支出额）分别为 36.5% 和 35.6% 。而就国债余额来看，自 20 世纪 90 年代以来其规模持续扩大，从 1990 年度的 166.3 兆日元增至 2000 年度的 367.6 兆日元，2010 年度增至 663 兆日元，2015 年度增至 812 兆日元，占到 GDP 的 161% 。根据 2016 年度预算，日本的国债余额将达到 838 兆日元，占 GDP 比为 161% 。日本的国债规模远超过马斯特里赫特条约中规定的 60% 的国债负担率警戒线。庞大的国债规模日益成为日本政府的负担。

自 20 世纪 90 年代中期以来，日本的地方财政和国家财政一样，深受经济低迷、税收减少以及减税政策等的影响，财力不足问题迅速扩大。而为了弥补地方财政的不足并配合经济刺激计划的实施，日本各地不断增发地方债，地方政府债务余额随之迅速增加，近年来大致维持在 200 兆日元左右，较 1991 年增长了 2.9 倍。2015 年日本地方债务余额为 199 兆日元，占到 GDP 的 40% 。相当于全年地方一般财源（包括地方税、地方交付税等用途没有特别规定的财政收入）的约 2.5 倍。

中央、地方财政收支结构的严重失衡导致日本政府利用财政手段调控宏观经济的功能日益下降。而沉重的政府债务最终只能通过增税由国民负担，这必然引起企业和居民的增税预期和不安心理的加重，从而影响到投资及消费的扩大，制约宏观经济的发展。

（二）地方政府间财力差距明显，出现地方财政破产实例

历史上，日本地区间经济发展水平、财力差异就比较大。这也是日本转移支付规模大的主要原因。在日本，"财力指数"通常用来衡量地方政府的财力，并作为中央向地方进行财政援助的重要指标。其计算公式为，过去 3 年间"基准财政收入额"/"基准财政需求额"的平均值。如果"财力指数"大于 1.0，则表明该地方政府财力充足，无须接受地方交付税等转移支付资金，属于"不交付团体"。如果"财力指数"小于 0.4，则属于过于偏远地方公共团体。地方政府财力差距产生的原因主要是因为地方税，特别是地方两个法人税（法人事业税、法人住民税）、地方消费税大多集中在大城市。

就 2005 年、2010 年、2014 年度都道府县层级地方政府"财力指数"变化情况来看，根据财力的不同分为四类，第一类，指数为 0.500 ~ 1.000；第二类，指数为 0.400 ~ 0.500；第三类，指数为 0.300 ~ 0.400；第四类，指数为 0.300 以下。其中，"财力指数"超过 1.00 的只有东京都。2005 年、2010 年、2014 年度都道府县平均"财力指数"分别为 0.43、0.49 和 0.473。这一"财力指数"进一步佐证了日本地方政府对中央转移支付依赖程度之高。就近 10 年的数据来看，第一类、第二类、第三类地方政府的个数有所增加，第四类地方政府的个数明显减少。这说明，部分财力薄弱的地方政府的财政状况有所改善。但四类地方政府的平均"财力指数"变化并不大，这说明近 10 年来日本地方政府的财政状况并没有得到根本改善（见表 1 – 18）。2006 年夏，北海道夕张市因隐性债务问题暴露而使得财政危机表面化，不得不申请成为"财政再建团体"，并宣布财政破产。夕张市财政破产事件的发生促使日本政府将地方财政风险的早期预防问题提上议事日程。

表1-18　　　　　　　　日本都道府县的"财政指数"排名

排名	第一类（0.500~1.000）						第二类（0.400~0.500）					
	2005年度		2010年度		2014年度		2005年度		2010年度		2014年度	
	县名	指数	县名	指数	县名	指数	县名	指数	县名	指数	县名	指数
	平均	0.65	平均	0.64	平均	0.665	平均	0.47	平均	0.43	平均	0.439
1	爱知县	0.89	神奈川县	0.94	东京都	0.925	三重县兵库县	0.49	石川县香川县	0.47	冈山县	0.484
2	神奈川县	0.82	千叶县	0.77	爱知县	0.921	宫城县京都府广岛县	0.48	长野县富山县	0.46	福岛县	0.469
3	大阪府	0.71	大阪府埼玉县	0.76	神奈川县	0.917	滋贺县	0.45	福岛县	0.45	长野县	0.454
4	千叶县埼玉县静冈县	0.65	静冈县	0.71	千叶县	0.764	岐阜县	0.44	山口县	0.44	石川县	0.446
5	茨城县	0.55	茨城县	0.64	埼玉县	0.755	冈山县	0.42	奈良县	0.42	香川县	0.443
6	福冈县	0.54	兵库县京都府	0.61	大阪府	0.738			爱媛县福井县	0.41	富山县	0.437
7	栃木县	0.53	福冈县	0.60	静冈县	0.691			新泻县山梨县	0.40	新泻县	0.413
8	群马县	0.51	栃木县	0.59	茨城县	0.619					山口县	0.409
9			广岛县群马县滋贺县	0.58	兵库县	0.604					奈良县	0.401
10			三重县	0.57	福冈县	0.596						
11			宫城县岐阜县	0.52	栃木县	0.594						
12			冈山县	0.51	群马县	0.575						
13					广岛县	0.566						
14					三重县	0.561						
15					宫城县	0.559						
16					京都府	0.553						
17					滋贺县	0.529						
18					岐阜县	0.510						

典型国家和地区政府预算制度研究丛书

排名	第三类（0.300~0.400）						第四类（0.300以下）					
	2005年度		2010年度		2014年度		2005年度		2010年度		2014年度	
	县名	指数	县名	指数	县名	指数	县名	指数	县名	指数	县名	指数
	平均	0.36	平均	0.33	平均	0.359	平均	0.26	平均	0.27	平均	0.256
1	长野县 石川县	0.40	北海道	0.39	北海道	0.398	山形县 大分县	0.30	长崎县	0.30	冲绳县	0.296
2	福岛县 香川县	0.39	熊本县	0.37	爱媛县	0.396	佐贺县	0.29	冲绳县 鹿儿岛县 秋田县	0.29	秋田县	0.280
3	新潟县	0.38	大分县	0.35	山梨县	0.372	和歌山县	0.28	鸟取县	0.26	鸟取县	0.243
4	富山县 山口县	0.37	和歌山县	0.33	福井县 熊本县	0.369	青森县 岩手县 鹿儿岛县 冲绳县	0.27	高知县 岛根县	0.24	高知县	0.233
5	北海道 奈良县	0.36	山形县 佐贺县 青森县	0.32	大分县	0.343	宫崎县	0.26			岛根县	0.229
6	山梨县	0.35	岩手县 宫崎县	0.31	山形县	0.324	秋田县 长崎县	0.25				
7	福井县 爱媛县	0.34	德岛县	0.30	岩手县	0.318	鸟取县	0.24				
8	熊本县	0.33			青森县	0.317	高知县	0.22				
9	德岛县	0.31			佐贺县	0.312	岛根县	0.21				
10					和歌山县	0.307						
11					鹿儿岛县	0.306						
12					宫崎县	0.304						
13					长崎县	0.301						
14					德岛县	0.300						

资料来源：根据日本总务省网站公布资料整理。

二、日本政府间财政关系的调整

(一) 地方分权化改革

20 世纪 90 年代中期以来，日本政府陆续出台了多部法律以促进地方分权，此次"地方分权化改革"被称为继明治维新、第二次世界大战后改革之后的"第三次改革"。此次改革旨在推动权限的下放，以便提高地方政府的行政、财政能力并建立和完备相关行政体制。改革主旨是：进一步明确中央政府与地方政府的作用分工，在充分发挥地方政府自主性和自立性的基础上，限制中央政府的干预等。主要改革措施包括：一是废除了长期以来实行的"机构委任事务"，进一步明确了地方政府的行政事务（含"法定委托事务"和"自治事务"）。当中央与地方政府之间发生争议诉讼时，"国家地方诉争处理委员会"负责调查、调停等；二是将地方债审批制度改为协议制度；三是重新审定了"必置规制"，废除或放宽了过去中央以法令硬性规定的有关地方政府人员配置、组织构成等的规定，以尊重地方政府的自主性组织权并推动行政工作的综合化和高效化；四是放宽了"核心市"的批准条件，建立了"特例市制度"，鼓励"广域联合"，促进市町村的自主合并等。

(二) 市町村合并

作为地方分权化改革的重要一环，20 世纪 80 年代末日本政府开始推进市町村的合并。这一时期的市町村合并被称为"平成大合并"。就"平成大合并"的时代背景来看，主要有以下几点。一是地方分权化时代潮流的背景下，一方面由于经济的长期低迷，受税收减少等因素影响，日本地方政府的财力减弱，需要通过减少地方行政经费等形式以解决地方财政危机；二是随着人口的减少，以及因汽车的普及而出现的居民生活圈的扩大等现象，为顺应时代发展需要并保持地方的可持续发展，有必要建立规模相对较大的地方自治体。

为推进市町村合并，1995 年日本政府根据《地方分权总括法》对《市町村合并特例法》进行了修订，新设了根据居民直接申请和提议设置"合并协议会"的制度，以促进以居民为主导的合并之路。其次，扩充了以"合并特例债券"为核心的财政支援措施；再次，放宽了政令指定城市等的要件以及町、村变为市的要件，特别是在人口数方面的要求。同时，行政权限将转移和下放给新成立的政令指定城市、中心核心城市、特例城市。为此，2001 年 3 月总务省特别设置了"市町村合并支援本部"，以加速推进合并议程。市町村合并在 2003 ~ 2005 年间达到顶峰，市町村的数量由 1999 年度的 3 232 个减少到 2006 年度的 1 820 个。2005 年日本政府出台了《市町村合并特例等相关法律》（简称《新合并法》），提出推进"由国家、都道府县政府推进的具有特色的合并"取消了"合并特例债"等财政援助措施，此后合并的进程有所放缓。2010 年《新合并法》修订，删除了"由国家、都道府县政府推进的合并"相关规定，放宽"市"的成立要件等特例规定也被废止，正式终结了由政府主导的市町村合并。截至 2014 年 4 月，日本市町村数目减少至 1 718 个。

表 1-19　　　　　　　　日本市町村数目的变化　　　　　单位：个

时间	市	町	村	合计	备　注
1945 年 10 月	205	1 797	8 518	10 520	
1953 年 10 月	286	1 966	7 616	9 868	《町村合并促进法》实施（1956 年废止）
1956 年 4 月	495	1 870	2 308	4 668	《新市町村建设促进法》实施
1980 年 4 月	651	2 001	601	3 253	旧《合并特例法》修订
1995 年 4 月	663	1 994	577	3 234	旧《合并特别法》修订
1999 年 4 月	671	1 990	568	3 229	《地方分权总括法》出台
2002 年 4 月	675	1 981	562	3 218	《地方自治法》等的修订
2004 年 4 月	695	1 872	533	3 100	旧《合并特别法》修订
2005 年 4 月	739	1 317	339	2 395	新《合并特例法》出台
2010 年 4 月	786	757	184	1 727	新《合并特例法》修订
2014 年 4 月	790	745	183	1 718	

资料来源：根据日本总务省官方网站公布数据整理。

（三）向地方转移财源

为了理顺中央与地方的财政关系，日本对财税体制进行了改革，目的之一在于向地方转让财源。改革措施包括：一是修订了地方税法，废除了法定外普通税许可制度等；二是实行"三位一体"改革等，缩减地方交付税、国库支出金等财政转移支付资金；三是国家将部分税源（征税权）转交给地方，加大地方自行收税的比重，以便抵消对地方转移支付金额的减少。与此同时，为了鼓励市町村合并，还推出了以"合并特例债"为核心的财政援助措施。所谓"合并特例债"是指为筹措因实施合并计划事业项目等所需经费，以合并后 10 年为限，作为其财源而发行的地方债券。筹措资金可以充当事业费用的 95%，本利偿还的 70% 可在以后年度以普通交付税形式偿还。"合并特例债"的发行在一定程度上加大了地方政府发债的自主性。

三、财政健全化改革

纵观历史，日本在控制政府债务、防范财政风险方面，主要是通过财政改革来达到"重建财政"的目的。采取的政策措施包括以下几种类型：一是减少公债的年度发行额，缩减公债规模；二是改革税制；三是通过行政改革（包括政府机构的缩编、放松管制、国营企业民营化、地方分权等），削减公共支出，减轻政府负担；四是降低国民福利待遇，如提高医疗、养老金保险的个人负担比率等。

早在大平正芳内阁时期（1978～1980 年），日本政府就提出了"重建财政"的概念，其目的在于缩小财政赤字。1980 年度预算中开始压缩公债的发行额，将税收的自然增收优先用于填补国债的减少部分。同时，设定"概算要求基准"，硬性规定该年度的一般行政经费较上年度的增长率保持为零。大平内阁之后的几届政府都致力于削减财政赤字。如 1983 年度预算设定了"负概算要求基准"，硬性规定该年度的一般行政经费低于上年度的水平（负增长）。1983 年"新经济计划"再次提出：在 1990 年度摆脱对"特例国债"的依赖并减少对整个公债的依存度。其后，中曾根内阁时期（1983 ~ 1987 年）对国铁、电话电信公社、烟草专卖公社三家国营企业进行了民营化改革。竹下内阁时期通过了消费税法案等。经过 20 世纪 80 年代以来财政重建的多重努力，1990 年度日本首次停发赤字国债，财政重建的目标基本实现。但这一成绩的取得与 20 世纪 80 年代泡沫经济带来的"税收增加"等因素密不可分。

此后，随着泡沫经济的破灭，日本再次从财政平衡转向积极财政，开始加大公共投资。从 1994 年度起，日本又重新开始发行赤字国债。到 1995 年度，国债余额达 225 万亿日元，创历史新高。面对泡沫经济破灭后日本财政状况不断下滑的局面，桥本内阁成立之初的 1997 年，提出了包括财政结构改革在内的"六大改革"方针。为了坚定改革决定，推动国会通过了《推进财政结构改革特别施法》。该法案要求在 2003 年将中央和地方财政之和与国内生产总值之比控制在 3% 以内。但其后迫于各方的压力，桥本内阁最终又重新回到扩张性财政政策。其后上台的小渊内阁为了实现经济的"再生"，财政政策由"改革优先"转向"景气优先"，为此，冻结了桥本内阁的《推进财政结构改革特别施法》，实施了更大规模的经济刺激对策，财政压力持续增加。由于日本政府在 1990 年代连续采取了财政刺激景气的做法，到 2001 年度末日本中央政府和地方政府长期债务余额达到了 666 万亿日元。

小泉内阁执政初期提出结构性改革并反对通过财政支出刺激景气的做法。但由于财政支出的刚性问题始终无法解决，于 2002 年年底只得放弃"国债发行额不超过 30 万亿日元"的承诺。尽管小泉内阁时期在邮政、道路等国营企业民营化改革方面有所突破，但总体来看改革推进缓慢，财政危机也没有得到根本性缓解。此后的历届日本政府，特别是民主党执政期间，为实现财政健全化，在地方分权化改革、提高消费税税率、推进中期预算制度的实施等方面有所进展。

近年来，日本政府提出在重建经济的同时实现财政健全化目标。根据 2013 年 8 月 8 日内阁会议决议通过的《中期财政计划》，今后 10 年间（2013 ~ 2022 年度）实现名义 GDP 平均值达 3% 左右，实际 GDP 达 2% 的经济增长目标。以民用为主导带动经济的可持续增长。在财政健全化目标方面，一是在国家和地方的基础财政收支方面，2015 年度财政赤字占 GDP 的比重较 2010 年度减半；二是到 2020 年度基础财政收支实现盈余。具体措施包括：各年度预算中，财政支出方面，尽量减少浪费以控制基础财政收支对象经费。降低基础财政收支对象经费在 GDP 中的占比；财政收入方面，通过推动经济增长以带动税收的增加，使税收占 GDP 的比重得以增长。推进社会保障与税收一体化改革，力图通过制度改革以实现增加收入并减少支出，以确保其财源。

第二章

日本政府预算制度概况

■ 本章导读

　　政府预算管理体制是确定中央和地方以及地方各级政府之间预算收支范围和管理权限的一项根本制度，是中央与地方政府财政分配关系的集中表现形式。一国的政府预算制度，与该国的政治体制、经济发展阶段、历史文化传承等有着密切的联系。本章在归纳总结日本政府预算制度发展演变历程及近年来的改革动向的基础上，就日本现行政府预算的构成、政府预算的基本原则及相关制度，以及预算法律体系做了概括总结。

第一节　日本政府预算制度的发展演变及改革动向

一、日本政府预算制度的发展演变

所谓预算是指中央及地方政府确立的关于年度收支的计划。日本近代意义的预算建立于明治维新政府时期。1874 年，根据大藏大辅（现财务省）大臣井上馨、原大藏省官员涩泽荣一提出的《财政制度改革倡议书》，大藏省事务总裁（现财务省事务次官）大隈重信公布了年度"财政收支预计统计表"，这是日本最早的预算。之后，根据 1882 年（明治 14 年）颁布的《会计法》，1884 年确定了现在仍在执行的"4 月 1 日至翌年 3 月 31 日"为一个会计年度的、以大藏省（现财务省）为核心的财务行政制度，并于 1890 年颁布的《明治宪法》中加以确认。但这时的财政制度，形式上是立宪，实质上还是王权财政、专制财政。议会受天皇及政府双重制约，其财政控制权是有限权力。

第二次世界大战后，根据 1947 年新宪法，日本先后出台了《财政法》、《会计法》、《预算决算及会计令》等法律法规，据此确立了现代意义的财政制度和预算管理体制。之后，虽有过一定的改革和调整，但这一预算管理体制一直延续至今。概括起来，第二次世界大战后日本的预算管理体制具有以下特点。

一是确立了财政议会主义原则，即处理国家财政的权限，必须根据国会的决议行使。议会对财政权的控制是财政民主主义的核心，也是议会权能的集中体现。在日本国会常会①的 150 天里，预算案是先行审议的重要议案，通常占用一半左右的时间。国会临时会议，也可以在发生异常灾害需要编制补充预算等情况下召开。日本议会对财政权的控制主要体现在以下几个方面：（1）租税法定主义。新课租税或现行租税，必须以法律或法律规定之条件为依据。税收原则上不具有期限，是否采取永久税主义，由法律另行规定；（2）政府发债必须经国会议决。这是因为，政府负债最终将由国民负担，因此国债的发行必须经过国会议决；（3）内阁每年编制的预算，必须提交国会，经国会审议才能生效。预算的修正、追加等，也需经国会审议和批准。同时，财政政策的制定、税制的修订，乃至国家发展战略等的制定必须经国会讨论通过；（4）对"预备费"的设置及支出进行决议和事后承认权。为了弥补难以预期的预算不足，根据议会决议设置有"预备费"，由内阁负责其支出。而对于"预备费"的支出，内阁须于事后取得国会的承认；（5）对皇室费用的决议权，即皇室一切费用必须列入预算，并经国会决议；（6）对国家收支决算的审查权，即国家的收支决算每年须经会计检查院审计，内阁于下年度连同审计报告一并提交国会；（7）听取关于国家财政状况的报告权，即内阁须定期，至少每年一次向

---

① 日本国会会议有三种，即国会常会、特别会议和临时会议。

典型国家和地区政府预算制度研究丛书

国会及国民报告国家财政状况。

二是确立了会计检查院的独立审计地位。会计检查院与国会、最高法院一样，作为独立机构，在财政上享有"特殊待遇"，具有较高的预算自主权，即独立编制预算的权力。一般政府部门编制的预算必须首先提交给财务大臣，而这三个机构的预算则是直接提交给内阁；如果内阁要对这三个机构的预算予以削减，必须连同详细的收支预算提交国会，由国会处理。"预算自主权"有效地保障了上述机构切实履行职能，防止内阁从预算方面对其工作进行干预。根据宪法和《会计检查院法》规定，决算由财务大臣编制，内阁必须在下年度11月30日前将决算送交会计检查院。凡政府一切收支须接受会计检查院审计。内阁须将决算和审计报告一并提交国会审议。

三是限定了对公有财产的利用限制。国家或地方公共团体所有的公有财产，必须公正管理、民主支配。同时，日本宪法规定：公款以及其他国家财产，不得为宗教组织或团体提供方便和维持活动之用，也不得供不属于公共机构的慈善、教育或博爱事业支出或利用。禁止向宗教组织或团体支出公款，以确保国家与宗教的分离。同时，排除公共权力对私人慈善或教育事业的自主性进行干涉，以保持慈善或教育事业的自主性。

四是实行复式预算制度，将政府一切收支活动纳入预算管理。日本政府预算包括三种类型：一般会计预算、特别会计预算和政府关联机构预算。另外，还包括与一般会计预算一并提交的政府投融资计划。上述预算几乎包含了日本政府所有的职能活动，使政府的职能活动与预算支出统一起来。一般会计预算主要管理政府的一般性财政收支，以税收、国债收入等为财源，为中央政府的行政管理、社会保障、教育、公共投资等活动提供财力保障；特别会计预算主要是按规定设置的分类管理的事业型预算，具体内容随着政府职能的变化而变化；政府关联机构预算是管理由中央政府提供全部资本金的一些融资性机构的预算（类似我国的政策性银行）；财政投融资计划则是以政府信用为基础筹集资金，采取投资（出资、入股等）或融资方式将资金投入企业、单位和个人的政府金融活动，反映了日本政府掌握有偿性财政资金收支情况的计划。

日本在编制政府预算时，强调预算编制的收支统一性和预算的完整性。在财政年度结束之后，各部门要向财政部递交一份收入和支出相对应的总会计报表。日本预算编制的一个重要原则是总额预算主义原则。即要求政府全部的收入和支出必须计入预算。具体有两方面的要求：一是要求计入全部的收入和支出项目，不允许只计入收支相抵后的差额；二是要求预算编制须细化，对收入和支出列示到能反映实际境况的科目为止，对于公共支出则要求列到具体项目。在复式预算制度下，日本政府的经常性预算与资本性预算的收支情况清晰明确，有利于对国家整体财政状况的准确把握，从而提高政府的宏观调控能力。

总体来看，第二次世界大战后日本政府预算制度的发展演进历程大致可概括为以下几个阶段。

第一阶段（1945~1947年），旧体制的延续。

这一时期，根据明治宪法规定，都、道、府、县知事由天皇政府任命，市长由天皇政府的内务大臣决定，町、村长由知事批准任命。天皇政府在地方上还建立了各种组织，严格控制对地方居民的征税、征粮、征兵、物资分配等。地方政府在政治、财政、文化等方面几乎没有自主权。

第二阶段（1947～1993年），"三分自治"阶段。

根据1947年颁布的新宪法，日本出台了《财政法》、《会计法》、《预算决算及会计令》等法律法规，据此确立了现代意义的财政制度和预算管理体制。《地方自治法》（1947年）和《地方公务员法》（1950年）则规定了实行地方自治制度的基本原则。在此基础上，《地方财政法》（1948年）、《地方税法》（1950年）等就地方政府财政管理权限等作出了明确规定。同时也在很大程度上扩大了地方政府的财源。如新设了"道府县民税"，并把原来由中央政府征收的地税、房税、营业税三种税收交由地方政府征收，并作为地方政府兴办各项事业的经费。同时，《教育委员会法》（1950年）和《警察法》（1950年）等法律进一步明确了中央和地方政府的事权划分。

1949年，日本政府接受美国教授卡尔·夏普的建议，即所谓的"夏普税制改革"。期间，新设了"市町村民税"、"固定资产税"、"附加价值税"三个地方税。1950年，中央政府决定向地方政府拨发"地方财政平衡交付金"。1954年5月，"地方财政平衡交付金"更名为"地方交付税"。即将国税中的所得税、法人税、酒税三种税收的32%让给地方政府征收。另外，国家每年向地方政府拨付"国库支出金"，用以资助地方政府进行交通建设、义务教育、社会福利等事业项目的支出。"国库支出金"约占地方政府财政收入的1/3左右。1952年8月《地方公营企业法》出台，把交通、医院、自来水、煤气等公用事业交由地方公营企业经营。经过上述一系列改革，形成了日本地方自治的初步基础。

但就行政体制本身来看，虽然实行的是地方自治制度，但中央集权特征明显，中央通过各种形式对地方政府行为实施控制。中央干预方式由第二次世界大战前的主要通过"人"的控制（中央任命次国家级行政单位的长官）转向"财"的调节。财政管理体制方面也构建起了中央集权与地方自治相结合的财政分权体制。中央政府设置了专门机构—总务省（原自治省），既作为地方利益代表，反映地方的合理利益要求。同时又代表中央统辖、控制地方政府，成为中央与地方的联系纽带。同时，日本中央政府通过税收立法权和课税否决制度、[①] 许可或认可制度、[②] 在地方设立派出机构并实行"机构委任事务制度"[③] 等制度安排，实际上对地方事务进行

---

① 根据相关税法规定，地方政府的税种开征权不仅受到严格控制，对地方税的税率也有限制。地方政府不能独自决定税率，中央政府规定税率的上限，并制定有标准税率作为参考。其目的在于约束地方政府采用统一的税率，防止出现税率混乱，导致全国不同地区的税收负担失衡。

② 如地方债发行审批权（2011年改为协议制）。根据《地方自治法》的规定，需要上级政府认（许）可的事项有561项，其中都道府县级379项，市町村级182项，分别占都道府县和市町村事务的70%～80%和30%～40%。

③ 即地方政府的首长根据法律代替中央政府或其他地方政府管理或执行的事务。该制度被认为是日本中央集权型行政体系的核心部分。

较大程度地调控和干预；通过地方交付税、地方让与税、国库支出金等转移支付形式，实现对地方财源的分配。上述制度措施体现出日本财政管理明显的中央集权特征。而且，由于地方财政收入中地方固有收入（地方税）仅占3成，其余7成依赖于中央政府的转移支付（补助金和地方交付税等），地方政府自主财源有限，地方政府也被形象地形容为"三分自治"。

第二次世界大战后相当长一段时间内，中央集权型政府间财政关系对于缩小日本地区间财力差距、推进地区间基本公共服务均等化、推动地方公共基础设施建设、确保全国行政水平的统一等方面发挥着积极而重要的作用。但是，中央集权型行财政管理制度在发展过程中也暴露出诸多问题。主要表现为：中央政府干预过多、管理过细，弱化了地方政府独自进行地区发展的意愿从而严重限制了地方自治的空间和活力；国家行财政的不效率导致地方行财政的不效率，结果使得财政支出膨胀，中央和地方政府规模日益扩大，财政赤字居高不下；由于责任所在不明确，使得地方政府对中央政府产生极大的依赖，从而造成财政错觉。地方政府"寻租"行为与财政资金浪费现象较为普遍；过分重视全国的统一性、公平性，忽视了地区间的多样性和差异性等。这在国库支出金、地方交付税等转移支付制度方面表现出的尤为突出。

第三阶段（1993~2002年），推进地方分权改革，地方政府基本实现自主自立。

20世纪80~90年代以来，推进地方分权、扩大地方自治成为世界主要国家行财政管理体制改革的潮流。而经历泡沫经济破灭后的日本不仅面临着经济增长乏力的困境，在行财政管理方面存在的问题也开始暴露。日本式中央集权体制、中央政府主导的行财政管理体制虽然在实现全国范围最低保障等方面发挥了巨大的作用，但随着时代的发展，"制度性疲劳"凸显。原有预算体制下政府赤字膨胀，导致中央政府在财源保障、财政宏观调控功能方面面临前所未有的挑战。此外，老龄化、少子化社会的到来，国内产业空心化以及人口、产业、金融、信息、文化等向东京过度集中形成的"东京一极化"，带来诸多社会经济问题，促使日本求变求新。

在此背景下，20世纪90年代中期以来，日本政府陆续出台了多部法律以推进地方分权。此次地方分权化改革被称为继明治维新、第二次世界大战后改革之后的"第三次改革"。分权化改革的主要目标是：由"中央政府主导、纵向分割的行政体系"转向尊重地域多样性的"居民主导、体现个性的综合行政体系"。主要措施包括：中央行政机构将部分权力和财源转移给地方政府，旨在松绑中央对地方的束缚以促进地方政府的自主自立。习惯上，此次地方分权化改革也被称为"第一次地方分权化改革"。

1993年6月，日本众参两院通过了"关于推进地方分权的决议"，政府内部开始探讨有关推动地方分权的政策；1995年在总理府设置了作为调查审议机构的"地方分权推进委员会"，① 专门向政府提出地方分权的具体方针和建议；同年修订了《合并特例法》（这里指旧《合并特例法》。该法制定于1965年，于2005年3月底废止），除了将法律有效期延长10年外，还创设了"居民提案制度"等；1998年5

月，内阁会议决议通过"地方分权推进计划"；1999 年 7 月，出台了《关于推动地方分权相关法律建设的法律》(2000 年 4 月起实行，简称《地方分权总括法》，全部由 475 个相关法案组成)，并根据该法对《地方自治法》及其相关法律进行了修订。修订内容包括：一是进一步明确了中央政府与地方政府的作用分工，重新审视了中央政府的干预等。其基本原则是：中央政府主要承担在国际社会中的国家事务，以及那些以实行全国性统一规定为宜的事务等。而有关居民日常生活方面的行政事务则尽量由地方政府来承担。中央对地方的干预应限定在法律或是法律基础上的政令所认可的范围内。同时，干预应限制在其基本形式的最小程度内，必须顾及地方政府的自主性和自立性。二是废除了长期以来实行的"机构委任事务"，在总理府设立了一个新机构"国家地方诉讼争议处理委员会"。"机构委任事务"废除后，地方政府的行政事务被调整分类为"法定委托事务"和"自治事务"。所谓"法定委托事务"，是指由法律或政令规定的、由地方政府依据法令执行的事务中的本应属于中央政府或都道府县政府职能范围内的事务，并且中央政府或都道府县政府必须确保对这些事务的正确处理。具体包括护照的签发、国道的管理、国家指定统计事务等；所谓"自治事务"，是指除"法定委托事务"以外的地方政府事务。具体来说，就是历来的地方政府行政事务以及原"机构委任事务"中被归类为地方政府事务的内容。"国家地方诉讼争议处理委员会"的职责在于：当中央与地方政府之间发生争议诉讼时，将站在公平、中立的立场进行调查、调停等。"机构委任事务"的废除，减少了中央对地方的行政控制，进一步扩大了地方自主权限，从而改变了原有的中央与地方政府间的主从、上下关系，形成对等、协作关系。三是强化了地方政府的自治责任，提升地方政府在条例制定、自主课税等方面的权限，扩大了地方议会及其行政长官的职责。如废除了法定外普通税许可制度，改为协议制；将地方债审批制度改为协议制度，放宽地方债的发行条件；允许地方政府就地方交付税的计算提出质疑。四是重新审定了"必置规制"，即废除或放宽了过去中央以法令硬性规定的有关地方政府人员配置、组织构成等的规定，以尊重地方政府的自主性、组织权并推动行政工作的综合化和高效化。五是放宽了"核心市"① 的指定条件，建立了"特例市"制度，② 鼓励"广域联合"③ 等。

---

① 根据 1994 年 6 月对《地方自治法》进行部分修订，开始实行"核心市制度"。人口在 30 万人以上且面积在 100 平方公里以上的城市可提出申请，经政令批准后成为"核心市"。"核心市"的事务权限得到了强化，能够处理政令规定的行政事务。该制度旨在强化在地区中发挥中心城市作用的"市"的功能，使其在与居民日常生活密切相关的领域提供相应的行政服务。

② 自 2000 年 4 月 1 日起实行。人口规模在 20 万人以上的城市提出申请，经政令批准后成为"特例市"。"特例市"能够处理与"核心市"同样的行政事务。该制度的目的在于以市、町、村为对象实行权限下放。

③ 根据 1994 年 6 月对《地方自治法》进行部分修订，在实行"核心市"制度的同时实行"广域联合制度"。即普通地方政府以及特别区（是指东京都的区，如千代田区、新宿区等。现有 23 个特别区）通过协议制定有关规约而建立"广域联合"，共同进行规划并有计划地实施。"广域联合"属于"地方政府联合会"的一种类型。都道府县加入的"广域联合"能够从中央政府直接接受权限或事务委任，而其他"广域联合"能够从都道府县直接接受权限或事务委任。同时，为了提高权限委任的实效性，"广域联合"可以向中央政府等提出权限或事务委任的要求。该制度旨在对地方政府所面临的多样化广域行政需求作出切实有效应对。同时，对接受中央政府的权限委任进行相应的体制建设。

为了减少市町村合并阻力，除上述法律制度建设外，还在预算等方面出台多项促进政策。如作为特例，地方交付税的合并计算替换期延长至 15 年，[①] 以缓冲合并后因辖区规模增大而出现的交付税减少问题；允许发行"合并特例债"（属于地方债）以筹措合并后新的建设项目所需资金；为缓和因合并带来的议员人数减少的问题，采取任期的特例延长、放宽议员养老金的领取资格等措施，将因合并对议员产生的不利影响降到最低。

在政府的大力推动下，期间，市町村大量合并。截止到 2002 年 4 月，日本市町村数目降至 3 218 个。"第一次地方分权化改革"使日本中央和地方政府间关系迈向了新的里程碑。摆脱了过去中央主导和对地方在权限和资源上的钳制，废除了中央行政机关得以进行积极干预的"机构委任事务"。自此，无论是地方政府的固定行政事务或是中央的委托事务，中央政府仅有监督权，而不能以指导方式变相统辖地方政府。同时，为了落实地方优先原则和就近原则，地方分权改革重视对市町村政府的权限下放，让基层地方自治体能够拥有足够的权限处理最贴近民众生活的公共事务。而市町村合并的推动，则旨在推动权限的下放，以便提高地方政府的行政、财政能力并建立与之相适应的行政管理体制。可以说，通过"第一次地方分权化改革"，日本地方政府才真正意义上实现了自立自主。

第四阶段（2002 年至今），实行"三位一体"改革和市町村合并等，进一步推进地方分权化改革。

进入 21 世纪后，随着福祉国家理念的深入，日本地方自治体承担的行政事务越来越多，使得地方政府的财政赤字规模越来越大，而财政收支缺口的增大，则导致地方自治体不得不依赖于中央，从而严重影响到地方自主权的发挥。另一方面，由于城乡之间差距的拉大，使得地方自治体之间的行政能力出现较大差异。偏远或落后地区必须依靠中央协调。充分的财政权是保障地方政府维持其自主性的关键所在。

在此背景下，2002 年日本政府推出了"骨太方针"，提出推行"三位一体"改革，即缩减并逐步废除国库支出金、重新调整并削减地方交付税、向地方转移税源等三项制度改革同时推进的中央与地方财政关系的改革，以强化地方自治体的财政能力。自 2004 年起，日本中央政府陆续将部分财源转交给地方。主要措施有：2004年撤销了关于固定资产税限制税率的规定等，在一定程度上扩大了地方政府的地方税征管权限；2007 年改革所得税制，将原所得税（国税）的部分税收转为住民税（地方税），向地方转移税源达 3 兆日元。但由于当时的日本政府债务规模已经很高，中央对地方的财源下放有限，加之日本政府将原本健全地方自主能力的地方财政改革视为拯救中央财政危机的药方，权限下放后地方自治体却面临财源紧缩的困境。而且，由于税源转移主要是依照人口规模和收入所得进行分配的，因此导致部分农村及偏远地区自治体产生严重的财政赤字危机。

---

① 根据旧《合并特例法》规定，合并后 10 年内，在给合并地方自治体拨付地方交付税时，按合并前相关市町村的普通地方交付税合计金额支付。

与"三位一体"改革相配套的是市町村合并的推动。历史上，日本曾多次推行过市町村合并。市町村合并原本的目的在于强化市町村财政基础并配合地方广域行政。而"三位一体"改革下的市町村合并，最主要的目的在于强化市町村的行政效率。2004年日本出台了《关于市町村合并特例等的法律》（简称《合并新法》，2005年3月底随着旧《合并特例法》废止而实施），《合并新法》在保留"特例市"制度、议员任期特例延长等规定的同时，废止了"合并特例债"的发行，新设了"合并特例区"制度，要求各都道府县分别制定"有关推进市町村合并的构想"，进一步推动市町村合并；2006年出台了《地方分权改革推进法》，成立了"地方分权改革推进委员会"（成立于2007年，2010年废止。），在内阁设立了"地域主权战略会议"（2009年），并据此出台了"地方分权改革推进计划"（2009年）和"地域主权战略大纲"（2010年）等。在上述推动政策下，这一时期大量市町村合并。据统计，2002～2010年间，日本市町村数目由3 218个减少至1 727个。

2010年对《合并新法》进行了大幅修订，并将法律有效期延长了10年。同时，删除了"特例市"制度和关于国家、都道府县推动市町村合并的规定。立法目的也由原来的"推进合并"改为"顺利合并"。自此，市町村合并推进运动告一段落。习惯上，2002年以来的地方分权化改革也被称为"第二次分权化改革"。截止到2014年4月，日本市町村数由2002年的3 218个减少至1 718个。

总体来看，20世纪90年代以来的日本推行的地方分权化改革成效显著，地方政府的自主权得以扩大。日本的财政管理体制也由原来的典型的中央集权型逐步过渡为"集权和分权的结合"。近年来，为改变东京都一级集中（社会功能过分集中于东京）的现状，构建富有个性的地区社会以及应对高龄少子化社会问题等，日本政府提出了"建设能使国民有充裕感的地方分权型社会"，地方分权的趋势依然延续。

二、近年来的改革动向

近年来，针对经济低迷、政府债务膨胀（包括国债和地方债）、高龄少子化背景下社会保障费用支出持续增长等社会经济形势，日本政府对预算制度进行了改革。改革的主要内容如下：

（一）改过去"财务省主导"的预算编制为"内阁主导"

预算关系到国家各项政策的实施，因此，从组织管理来看，应由内阁行使管理权。而一直以来，日本的预算基本是由大藏省负责的。大藏省作为政府组织之一，由其全面负责预算是不恰当的。为此，2001年日本对中央省厅进行了改革，大藏省改为财务省，同时在内阁增设了常设机构"经济财政咨询会议"。这一改革的目的之一就是将过去"财务省主导"的预算编制改为"内阁主导"。"经济财政咨询会议"作为内阁常设机构，由内阁总理大臣担任议长，由10名议员组成，其中4名来自民间。"经济财政咨询会议"设立之初,仅被看做单纯的"审议会"。小泉内阁时期发生重大变化,2002年预算编制过程中,"内阁主导"就在一定程度上得以体现。从职能分工来看,"经济财政咨询会议"确定大致框架,财务省则具体负责预算的编制。而且在预算案确立阶段,"经济财政咨询会议"还参与相关会议和相关省厅的协调工作。

(二) 改革政府会计制度

第二次世界大战后,日本建立起了以收付实现制为核算基础的政府会计制度。20世纪80年代,随着政府活动范围的持续扩大以及行政的多样化、复杂化,收付实现制政府会计制度的弊端逐渐显现。90年代以来,日本政府会计制度改革的主要措施为:借鉴权责发生制的企业会计制度编制国家机构和地方公共团体的资产负债表,简明地公开国家的财政状况。具体来看,分别于1998年和2000年度决算中开始编制并公开了联结一般会计预算与特别会计预算等的国家资产负债表、联结特殊法人等的资产负债表;从确保特别会计财务内容透明度的角度出发,2002年6月出台了《新的特别会计财务报表编制标准》,要求各特别会计单位,适时编制并公开新的财务报表;为了提高特殊法人等有关业务的说明责任,从2000年度决算开始,要求各对象法人开始编制并公开包括行政成本财务表、资产负债表、损益计算表、现金流量计算表等在内的行政成本计算财务报表;为明确独立行政法人的财政状况和运营状况,有利于评价独立法人的业绩,基于企业会计和独立行政法人会计基准,独立行政法人于2001年度决算中开始编制财务报表;为明确因财政投融资事业的实施而导致将来国民负担的增加问题,作为财政投资融资制度改革的重要一环,于1999年度开始要求各机构在一定的条件下核算并公开将来投入补助金的总额现值;为了能全面反映地方政府的财务状况,2008年总务省要求地方政府会计核算中部分引入权责发生制,以中长期视角进行财务管理;政府资产负债表不仅要体现"流量"资产,还应反映"存量"资产。为此,要求地方政府以《新地方公共会计范本》为范本编制财务报表并整理地方固定资产台账。同时,要求地方政府清理闲置资产加以有效利用或变卖。① 要求整合业绩不良的公营部门资产,将公立医院、公交等地方公营企业会计核算也纳入预算管理等。通过上述改革,地方政府的总资产、负债等实际财务状况得以有效反映,提高了中央政府的宏观决策和财政风险的防范能力。经过20多年的制度建设,随着各地新的财务核算制度的普及和相关体系的建设,日本逐步统一各类范本,全面实施权责发生制政府会计制度。

(三) 推进行政体制改革,统合特别会计预算。

进入21世纪,日本政府出台了《关于推进实现精简而高效政府的行政改革的法律》(2006年法律第47号,简称《行政改革推进法》),以全面推进行政体制改

典型国家和地区政府预算制度研究丛书

---

① 根据《有关经济财政运营和结构改革的基本方针2006》,将压缩国有资产约140兆日元,以变卖资产收入作为债务偿还的财源。目标是到2015年年末国有资产额占GDP的比重削减一半。

革。改革具体内容包括：改革政策性金融机构，合并了多个机构；重新调整独立行政法人，废除了原有 31 项特别会计法，统合特别会计预算，制定了有关特别会计的总体法律《有关特别会计的法律》（2007 年法律第 23 号），将 31 项特别会计合并、缩减为 15 项（截止到 2014 年度），以提高其运营效率；推进工资制度改革，国家公务员总数净减 5% 以上；改革国有资产管理制度，促进国有资产的转让，重新调整机构资产负债表的制定标准，加强负债管理等。

（四）改革预算编制，提高预算透明度，引入中期预算。

根据《地方自治法》及其实行令等相关规定，为了使财政能健康运营、相关事务能按计划且有效率地执行，日本于 1965 年出台了《关于预算的编制与执行的规则》（经多次修订沿用至今）。之后，各地方政府就预算的编制与执行纷纷出台相关法规。《关于预算的编制与执行的规则》主要就预算编制的报告体系、执行方针及计划、财政收入状况变更报告、财政支出执行状况报告、财政收支出纳报告等做出规定。同时，就预算报告体系及相关说明书、支出负担行为整理区分表、支出负担行为特别整理区分表等做了规范性规定。2009 年民主党执政后，10 月召开了"有关预算编制的检讨会"，提出了预算制度改革的方向。2010 年 4 月发表了《中期财政运营检讨会论点整理》。提出：实行跨年度的自上而下的预算编制，提高预算编制的透明度和公开度，使预算编制标准化并实现财政健全化。2009 年 10 月 23 日内阁通过《关于预算编制等的改革》决议案，要求从以民为本、实现适应时代发展的合理、有效的行政这一观点出发，恰当地执行预算。该决议案要求政府相关部门应统一就预算执行情况相关信息进行公开，使来自外部的监督和信息能够被有效利用。在提高预算执行效率的同时，以提升政府的信赖度。

为强化预决算执行信息的公开，内阁官房（相当于国务院办公厅）国家战略室于 2010 年发布了《关于充实预算执行信息公开的指南》。该指南要求政府各行政机关在预算编制和执行时，应站在纳税人的角度，保证预算编制的透明性和效率，强化有关预算执行的信息公开，便于国民监督可能存在的浪费，从而最终改善政府行政管理。该指南要求在总务省的指导下，中央政府部门构建统一的政府综合电子窗口 e – Gov 和政府统计信息公开窗口 e – Stat，以强化政府公开信息查阅的路径。2013 年 6 月 28 日内阁决议案《为提高行政透明度的预算执行》，要求各省厅应统一就预算执行等信息公布，使外部查证和积极利用相关信息成为可能。在提高预算执行等效率的同时，提高对行政的信赖。该决议案就预算概要、预算执行、公布方法等有关预算信息公开的具体做法等做出了明确规定。

与此同时，2010 年 6 月内阁决议通过了《财政运营战略》，提出了财政健全化目标。决定从中长期视角出发编制年度预算，并决定编制《中期财政框架》，就以后 3 年财政收支做出规定。每年滚动修订。

第二节　日本现行政府预算的构成

日本实行复式预算制度，中央预算分为"一般会计预算"、"特别会计预算"和"政府关联机构预算"三大类。同时，还有与"一般会计预算"同时提交的"财政投资贷款计划"。上述几类预算几乎涵盖了日本政府的所有收支活动，这就使得政府的职能范围与预算支出紧密统一起来，只要属于政府行为就须接受预算的约束和指导。由于日本预算编制以"收支平衡"为基本原则，因此每年的预算总是平衡的。当财政年度结束时，各部门须向财务省递交一份收入和支出相对应的政府总会计报表。政府总会计报表采用总额预算主义原则。即一是要求计入全部的收入和支出项目，不允许只计入收支相抵后的差额；二是要求对收入和支出列示到能反映实际情况的科目为止，如在公共支出中要求列到具体项目。

一、一般会计预算

一般会计预算也称一般账户预算，主要管理中央政府的一般性财政收支，以税收、税外收入、国债收入等为主要财源，满足国家的司法、治安防卫、教育卫生、公共事业、社会福利等方面的支出需要。反映的是中央政府在行政管理、社会保障、教育、公共投资等国家基本职能活动方面的支出情况。因此，在日本，通常情况下所讲的预算指的是一般会计预算。需要说明的是，日本的一般会计预算有别于我们通常所说的"经常预算"。理论上的"经常预算"是以税收等正常收入为财源，而日本一般会计预算的收入包括国债收入，在支出方面除了包括一般行政经费外，还包括诸种特别会计拨款、对地方政府的补助和国债偿还支出等。

日本一般会计预算的编制和执行以政府部门为单位。一般会计预算支出不同分类。按政府政策目标分类，可分为国家机关费、地方财政费、防卫关系费等；按经济性质分类，可分为人员经费、差旅费、补贴委托费等。

表2-1为2000年至今日本一般会计预算支出（按支出目的划分）情况。从支出内容来看，排在前3位的是社会保障相关费用、国债费和地方财政费。其中，社会保障相关费用呈逐年递增趋势，且今后随着老龄化进程的发展，有继续增长趋势。近年来，国债费年度支出基本保持在21兆～23兆日元。而以地方交付税交付金为主的地方财政费，在2011年达到194 709亿日元。近两年随着地方交付税等转移支付制度的改革而有所降低，2014年为162 397日元。

表 2-1　日本一般会计预算支出情况（按支出目的划分）

单位：亿日元

	2000 年	2005 年	2006 年	2007 年	2008 年	2009 年	2010 年	2011 年	2012 年	2013 年	2014 年
总额	897 702	867 048	834 583	838 042	889 112	1 025 582	967 283	1 075 105	1 005 366	980 770	958 823
国家机关费	48 762	44 578	45 087	45 705	45 158	54 257	47 989	53 065	45 318	49 173	45 686
地方财政费	158 494	175 047	168 176	149 554	157 030	165 962	188 106	194 709	169 005	175 754	162 397
防卫相关费用	49 585	49 190	48 913	48 624	48 385	48 402	48 061	51 193	48 356	48 762	48 950
国土保全及开发费用	98 063	75 647	70 037	66 772	65 813	79 096	61 848	81 074	68 916	61 553	60 170
产业经济费	41 488	30 593	28 057	32 188	40 860	81 465	38 541	71 992	45 583	34 789	28 220
文化教育费	66 470	58 491	51 557	52 988	54 179	60 185	55 378	61 665	61 071	54 491	52 011
社会保障相关费用	197 930	222 253	219 721	224 232	239 085	303 839	292 862	319 166	300 005	299 992	310 414
抚恤金	14 248	10 685	9 981	9 481	8 514	7 866	7 136	6 421	5 697	5 029	4 435
国债费	214 460	196 203	189 151	204 676	199 401	192 515	202 360	202 693	215 453	218 107	232 702
公共事业等预备费	5 000	—	—	—	—	—	—	—	—	—	—
应对经济危机、增加地区活力预备费							9 997		9 100		
东日本大地震重建复兴预备费								5 657			
预备费	2 000	3 500	3 500	3 500	3 500	3 500	3 000	3 500	3 500	3 500	3 500
其他	1 202	1 360	1 404	1 322	28 186	29 494	12 005	23 969	33 362	30 119	10 340

注：除 2014 年度外，其他年度均为修正后的预算额。

资料来源：根据日本财务省公布数据整理。

典型国家和地区政府预算制度研究丛书

二、特别会计预算

特别会计预算也称特别账户预算，是国家在基本事务之外，在经营特定事业或占用、运用特定资金时，为区别于其他一般账目，按国家法令规定设置或者各地方政府经本级议会批准设置的将特定收入用于特定目的的国家事业项目支出预算(《财政法》第 13 条)。特别会计预算的目的是保证特定事业项目的资金供给及运营，通过明确的会计核算，实现行政成本的效率化。随着国家职能的复杂化和多样化，出于特定目的的特别会计预算支出在财政支出中所占的比重也越来越高，已经远远超出一般会计预算支出规模。

2007 年日本制定了有关特别会计的总体法律——《有关特别会计的法律》(2007 年法律第 23 号)，废除原有的 31 项特别会计专门法，合并、缩减为 17 项。截至 2015 年，日本特别会计数还有 14 个。分属厚生劳动省、财务省、农林水产省、经济产业省、国土交通省、总务省、复兴厅等多个中央部门掌管。

表 2-2　　　　　　　　　日本特别会计数的变化　　　　　　　　单位：个

年度	1990	1995	2000	2005	2010	2011	2012	2013	2014	2015
特别会计数	38	38	38	31	18	17	18	18	15	14

资料来源：根据《有关特别会计的法律》等相关资料整理。

表 2-3　　　　　　　　日本特别会计预算的种类和内容

事业特别会计（共 9 项）	企业特别会计（1 项）	国有林野事业债务管理特别会计
	保险事业特别会计（4 项）	地震再保险特别会计
		劳动保险特别会计（包括工伤保险核算、失业保险核算等）
		贸易再保险特别会计
		年金特别会计（厚生保险与国民年金）
	公共事业特别会计（1 项）	完善社会基础设施特别会计（城市开发资金、治水、道路、港湾与机场建设）
	行政特别会计（3 项）	食品稳定供给特别会计（完善农业基础与粮食管理）
		汽车安全特别会计（汽车损害赔偿保险与汽车安全检查）
		专利特别会计
资金运营特别会计（共 2 项）	财政投融资特别会计（财政融资与产业投资）	
	外汇资金特别会计	

续表

其他（共4项）	整理划分特别会计（2项）	地方交付税以及地方让与税分配金特别会计
		国债整理基金特别会计
	其他（2项）	能源对策特别会计（含能源需求供给核算、电力开发促进核算）
		东日本大地震复兴特别会计

资料来源：根据日本财务省主计局资料整理。

根据《有关特别会计的法律》相关规定，目前日本的特别会计包括：交付税及让与税配付金特别会计、地震再保险特别会计、国债整理基金特别会计、财政投融资特别会计、外汇资金特别会计、能源对策特别会计、劳动保险特别会计、年金特别会计、粮食安定供给特别会计、贸易再保险特别会计、特许特别会计、汽车安全特别会计、东日本大地震灾后复兴特别会计等15项（2014年）。特别会计又可分为三大类型，即事业特别会计、资金运营特别会计和其他特别会计。

特别会计预算作为国家特定事业项目支出预算，属于分类管理型事业预算，其内容因各时期政府职能的变化而变化。目前，特别会计预算大致分为以下三大类。

1. 事业特别会计预算。是指经营特定事业的预算，包括企业特别会计（1项）、保险事业特别会计（4项）、公共事业特别会计（1项）、行政事业特别会计（3项）。其中，保险事业特别会计预算是指管理政府社会保险业务的特别会计预算。即地震再保险特别会计、劳动保险特别会计、贸易再保险特别会计、年金特别会计（厚生保险与国民年金）。行政事业特别会计是指从事特定产品、业务管理或调节供求关系的特别预算，包括食品稳定供给特别会计、汽车安全特别会计和专利特别会计3项。

事业特别会计预算按照其性质又可分为两种类型。一类是有收益的特别会计预算，原则上实行自负盈亏、独立核算，无须从一般会计预算中拨款；另一类是没有收益的特别会计预算，因其经营事业项目大多属于公共事业或与公共事业紧密联系，为此，其资金很大一部分来自一般会计预算的拨款。

2. 资金运营特别会计预算。是指管理中央政府融资贷款的特别预算，包括财政投融资特别会计和外汇资金特别会计2项。

3. 其他特别会计预算，包括3项。整理划分特别会计预算（2项）和能源对策特别会计。其中，整理划分特别会计预算是指管理中央政府特殊资金的特别会计预算，包括国债整理基金特别会计预算、地方交付税以及地方让与税分配金特别会计预算。

就按日本特别会计预算的规模来看，2016年度当初预算支出额为403.9兆日元。除去各会计间的重复计算部分，纯支出额约201.5兆日元。表2-4为日本特别会计预算主要经费支出情况（按支出目的划分，决算额）。2008年至今，特别会计预算的支出总额基本呈增长趋势，但增幅不大。由2008年的3 709 416亿日元增至2014年的4 114 258亿日元。就支出项目来看，其内容与一般会计预算支出项目基本类似，排在前三位的支出有国债费、社会保障相关费用、地方财政费，其次为产业经济费、国土保全及开发费、国家机关费等。

表 2-4 日本特别会计预算主要经费支出情况
（按支出目的划分，决算额）

单位：亿日元

	2008 年	2009 年	2010 年	2011 年	2012 年	2013 年	2014 年
总额	3 709 416	3 656 047	3 680 361	3 981 292	3 950 130	3 883 153	4 114 258
国家机关费	14 751	14 413	11 154	8 372	13 039	13 001	12 096
国会费	—	—	—	—	5	2	2
司法、警察及消防费	1 697	1 684	1 573	—	423	197	158
外交费	—	—	—	—	7	—	—
一般行政费	13 053	12 729	9 580	8 372	12 564	12 787	11 936
征税费	—	—	—	—	41	15	—
地方财政费	167 415	176 673	206 113	216 925	211 132	220 783	198 527
地方财政调整费	166 378	175 598	205 064	215 895	210 142	219 871	197 709
其他	1 037	1 075	1 049	1 030	990	912	818
防卫相关费用	—	—	—	—	1 036	1 256	371
国土保全及开发费	60 167	57 936	38 296	37 857	54 218	50 850	13 446
国土保全费	12 243	14 337	8 875	9 185	12 801	9 594	388
国土开发费	44 407	39 477	25 541	24 543	34 778	28 241	5 173
灾害对策费	51	34	33	296	1 943	6 661	5 066
试验研究费	16	15	13	12	42	34	27
其他	3 450	4 074	3 833	3 822	4 655	6 321	2 792
产业经济费	31 026	35 392	28 335	29 342	30 608	28 770	16 798
农林水产业费	28 257	30 370	25 934	24 931	21 318	20 925	11 489
商工矿业费	2 769	5 021	2 401	4 411	9 156	7 595	5 241
运输通信费	0	0	0	0	134	250	68
教育文化费	—	—	—	—	3 042	2 496	1 408
学校教育费	—	—	—	—	2 164	1 807	984
社会教育及文化费	—	—	—	—	40	36	40
科学振兴费	—	—	—	—	691	301	190
灾害对策费	—	—	—	—	147	352	195

续表

	2008 年	2009 年	2010 年	2011 年	2012 年	2013 年	2014 年
社会保障相关费用	784 145	821 558	846 451	857 760	849 825	835 441	849 636
社会保险费	731 260	760 441	764 604	773 884	780 956	770 236	785 385
社会福利费	—	—	—	—	106	81	99
住宅对策费	—	—	—	—	1	3	1
失业对策费	46 640	54 506	64 157	64 706	48 573	47 671	48 225
保健卫生费	1 387	1 715	—	—	392	101	131
试验研究费	—	—	—	—	26	11	10
灾害对策费	—	—	—	—	4 173	2 023	913
其他	4 857	4 897	17 690	19 169	15 598	15 315	14 872
国债费	2 464 099	2 296 444	2 306 258	2 620 549	2 589 637	2 572 791	2 821 650
复兴加速化、福岛再生预备费	—	—	—	—	—	1 500	6 000
预备费	9 843	9 924	18 497	10 485	21 649	7 126	6 936
其他	177 970	243 705	225 258	200 002	175 943	149 138	187 390
其他行政费	10 104	10 819	9 643	11 205	10 077	13 004	12 401
其他	167 866	232 886	215 615	188 797	165 866	136 134	174 988

注：2013 年度之前为修正后的预算额，2014 年度为当初预算额。
资料来源：根据日本财务省公布数据整理。

三、政府关联机构预算

政府关联机构预算，是指政府相关机构的财务预算。所谓政府关联机构是指依据法律设立的、中央政府提供全部资本金的法人，主要从事事业性项目的经营，或者融资性业务。执行政府关联机构预算的主体包括公社、公库和特殊性银行三类机构。如日本进出口银行、日本开发银行、中小企业金融公库等。

政府关联机构预算设置的目的主要是为了灵活运用企业经营规则，以提高其运营效率。但为了保证公正性，其预算也必须接受国会监督。政府关联机构是根据日本的单行法设立的企业，因其资金全部由中央政府投资，故其预决算必须接受国会的审议，所以政府关联机构预算实际上相当于日本国营企业的财务收支计划。

在 2008 年 10 月之前，日本政府关联机构包括"2 行 1 金 5 库"（即 2 家银行、1 家金库、5 家公库），即日本政策投资银行、国际协力银行、商工组织中央金库、国民生活金融公库、中小企业金融公库、农林渔业金融公库、公营企业金融公库、冲绳振兴开发金融公库。2008 年 10 月之后，上述政策性金融机构已根据《行政改革推进法》（2006 年法律第 47 号）进行改革，国民生活金融公库、中小企业金融公库、农林渔业金融公库、冲绳振兴开发金融公库和国际协力银行政府的开发援助（ODA）职能以外的机构已合并为一个新的政策性金融机构。同时废除了公营企业金融公库，日本政策投资银行和商工组织中央金库实现完全民营化。

表 2-5　　　　　　　　　日本主要政府关联机构支出情况（预算额）　　　　单位：亿日元

机构名称	2007 年	2008 年	2009 年	2010 年	2011 年	2012 年	2013 年	2014 年
国民生活金融公库	1 463	737	—	—	—	—	—	—
农林渔业金融公库	934	428	—	—	—	—	—	—
中小企业金融公库	7 128	3 816	—	—	—	—	—	—
公营企业金融公库	3 584	1 653	—	—	—	—	—	—
冲绳振兴开发金融公库	293	253	236	213	199	186	168	155
日本政策投资银行	3 081	1 465	—	—	—	—	—	—
国际协力银行	7 176	3 036	—	—	—	—	—	—
株式会社日本政策金融公库	—	7 597	19 893	30 087	24 891	18 511	17 341	14 040
面向国民的一般业务		764	1 638	1 556	1 309	1 236	1 113	1 085
面向农林水产从业者业务		437	785	725	674	653	591	572
面向中小企业者业务		522	1 040	1 029	898	920	816	766
信用保险等业务		2 836	9 110	14 952	12 838	12 557	12 282	9 522
国际协力银行业务		3 009	6 243	7 438	7 216	—	—	—
危机应对业务		31	1 077	4 375	1 918	3 095	2 512	2 068
促进驻留军再编金融业务		—	—	4	6			
特定事业等促进业务		—	—	9	32	49	27	27
独立行政法人国际协力机构有偿资金协力部门	—	571	1 132	1 053	1 040	1 057	1 008	1 119
株式会社国际协力银行	—	—	—	—	—	7 279	6 582	8 056
合计	23 658	19 555	21 261	31 353	26 130	27 033	25 099	23 370

资料来源：根据日本财务省公布数据整理。

　　就日本政府关联机构支出规模来看，2009 年之前支出规模有所削减，2010 年开始又有所增加，2014 年为 23 370 亿日元。主要支出机构为株式会社日本政策金融公库和株式会社国际协力银行。其中，株式会社日本政策金融公库的业务范围涵盖最广，包括：面向国民的一般业务、面向农林水产从业者业务、面向中小企业者业务、信用保险等业务、国际协力银行业务、危机应对业务、促进驻留军再编金融业务、特定事业等促进业务等。其支出规模最多，几乎占政府关联机构支出总额的一半。其次，较大规模支出的是株式会社国际协力银行，约占政府关联机构支出总额的1/4。

四、政府投资贷款计划

政府投资贷款计划，也称财政投融资，是反映日本政府掌握有偿性财政资金收支情况的计划。其资金来源主要是政府通过举办邮政储蓄事业和其他官办保险事业所吸收的资金。日本学者将财政投融资定义为：以政府信用为基础筹集资金，以实施政府政策且形成固定资产为目的，采取投资（出资、入股等）或融资方式将资金投入企业、单位和个人的政府金融活动，是政府财政活动的重要组成部分。

日本于1953年开始编制"财政投融资贷款计划"，1973年起提交国会审议，作为对一般会计预算的补充。由于财政投融资规模巨大，最高时相当于一般会计预算的1/2，为此也被称为日本的"第二预算"。

日本财政投融资计划的编制与每年的预算编制联系紧密，与中央财政的一般会计预算是同时编制的。每年8月31日前，政府各部门向财务省提交下一年度的概算要求书时，同时提交各部门关于财政投融资的要求。财务省经"财政制度等审议会"的审议，于9月至12月对各部门的财政投融资需求进行审查，并于12月底将财政投融资计划与预算的概算方案一同提交内阁会议讨论决定。内阁会议通过财政投融资计划草案后，与预算草案一并提交国会审议。国会表决和通过预算案后，财政投融资计划同时生效，并投入执行。在执行过程中，如果财政投融资机构提出减少资金投入，不必请求国会通过，只须财务大臣批准即可。在不超过原计划额的50%范围内，政府可在年中追加财政投融资金额，这是它与一般会计预算的重要区别，也是财政投融资制度的灵活性所在。财政投融资计划的执行情况须接受会计检查院的审计，并由财务省编入决算向国会报告。

日本财政投融资的方式分为投资和融资两类，而融资是基本和主要的方式，投资方式占的比例很小。具体而言，财政投融资主要采取贷款、股权或证券投资方式。其中，由于贷款具有有偿性、灵活性、便利性以及在激励贷款企业方面的积极作用，使得贷款成为最主要的投融资方式；股权或证券投资方式也是一种重要方式，因为在一些关系国计民生的产业和部门，如高速公路、城市自来水工程等，国家不仅要促进其发展，还要通过控股方式直接参与企业的重大经营决策。

日本财政投融资的对象可分为两大类：一是政府金融机构，这些机构得到财政投融资款项后再向民间企业贷款；二是国营或者半国营的企事业单位，即各种公团、事业团、特殊公司、工商企业等。目前，日本接受财政投融资的机构（以下简称财政投融资机构）按照性质不同，有下列4种类型：（1）特别会计预算，如2006年

典型国家和地区政府预算制度研究丛书

度有 5 项特别会计预算接受了财政投融资资金，即城市开发资金融通特别会计、石油及能源供求结构高度化对策特别会计、国立高度专门医疗中心特别会计、国营土地改良事业特别会计和机场建设特别会计；（2）金融公库和政策银行特殊法人，包括住宅金融公库等 6 家公库和日本政策投资银行、国际协力银行 2 家政策银行；（3）事业团、公团和特殊公司，包括日本私立学校振兴互助事业团、城市再生机构和东日本高速道路株式会社等；（4）地方政府，主要通过承购地方债的形式，为地方政府提供资金。

财政投融资在日本经济复兴和高速增长方面发挥了积极作用。然而，随着日本经济的渐趋成熟、金融自由化的发展，投资效率低、浪费严重等弊病日益显现。在此背景下，日本政府开始着手相关改革。20 世纪 80 年代，随着金融市场的自由化发展，要求提高财政投融资委托资金的利率、自主运用资金的呼声高涨。为此，日本政府修改了邮政储蓄和养老保险基金的相关法律。规定委托资金的利率可随市场利率变化而变化。同时允许资金用于购买外国债券。1987 年《邮政储蓄法的部分修正案》（昭和 62 年法律第 37 号），作为金融自由化对策，规定邮政储蓄可自主决定用途。2000 年，日本政府制定并通过《行政改革大纲》，提出：21 世纪日本的经济及社会要以自由和公正为目标，应重新认识以往的中央和地方组织制度，重新定位政府与国民之间的关系；从构筑新的行政体系角度出发，改革中央省厅机构，改革以财政投融资对象机构为首的特殊法人等组织形态，缩减财政投融资规模并使之合理化。

2001 年 4 月，《资金运用部资金法部分修正案》（平成 12 年法律第 99 号）的实施标志着日本财政投融资体制进入了实质性改革阶段。其改革内容主要包括：废除将邮政储蓄、养老保险基金、简易生命保险基金必须预先委托给资金运用部运作的传统做法，邮政储蓄和简易生命保险资金原则上通过金融市场流通；特殊法人等财投机构需通过发行"财投债"等形式筹集必要资金，接受市场机制的约束。当"财投债"发行困难时，可发行政府保证债来解决；引入了投融资绩效分析概念并要求财投机构及时披露经营信息，以提高财政投融资实施的效率。

日本财政投融资的资金来源，2001 年改革前后存在较大差异。2001 年之前，财政投融资的资金来源主要是"资金运用部资金"（包括邮政储蓄和养老保险基金）、简易保险资金、产业投资特别会计的出资以及政府担保债券和政府担保借款。2001 年财政投融资改革后，邮政储蓄资金和简易生命保险资金原则上通过金融市场流通。2007 年 10 月伴随着邮政民营化改革的推进，上述两项资金不再列入"财政投融资计划"，不再作为财政投融资资金使用，也不再直接向地方公共团体融资。2001 年以来，日本财政投融资的资金来源渠道主要包括：一是发行"财投债"（财投机构债简称），是指财政投融资机构通过金融市场筹集资金，即通过发行债券形式募集资金。"财投债"是 2001 年财政投融资制度改革后引入的一项制度，现在已经成为日本财政投融资机构筹集资金的最主要手段。据统计，截至 2014 年度末"财投债"余额约 99 兆日元，约占国债余额的 11%；2015 年度"财投债"的发行额约 14 兆日元（预算额），占国债年度发行总额的 8%。

由于"财投债"是以国家信用为担保的准国债，可以以较低的成本筹集到资金。因此，"财投债"成为政府特别预算、地方公共团体、公库（政策性银行）、独立行政法人等从事政府重点扶持事业项目的机构进行融资的主要途径；"财投债"不同于发行额度须经国会表决通过的国债，不适用现行有关国债固定利率结转的规定。而是引入市场原理设定利率，实施财政投融资绩效分析。根据贷款期的长短，以国债利率为基准设定贷款利率，每 10 年对利率进行一次重新核定；二是国有股的股息红利以及国际协力银行①的国库缴纳金。以国家持有的 NTT、JT 等公司的股份分红以及国际协力银行的国库缴纳金为资金来源，对于从事产业开发及贸易振兴等特别会计的投资结算给予资金援助；三是政府为相关机构提供担保。为了便于公库、独立行政法人等从金融市场顺利地为所从事事业项目筹集到资金，政府给予一定的担保。

第三节　日本政府预算的基本原则及相关预算制度

根据日本宪法规定：国家预算应当根据由国民代表组成的议会决议（第 83 - 87 条）。议会表决主义是日本预算制度的最基本原则。同时，根据《财政法》相关规定，日本预算制度需遵循的其他基本原则包括：年度收入与支出分别核算原则、预算年度独立原则、总计预算主义原则、公开性原则等。

一、日本政府预算的基本原则

（一）议会表决主义原则

日本预算制度总体原则是实行议会表决主义。即经国会、地方公共团体议会事前决议、批准后，预算才能执行。日本宪法第 7 章按照议会制民主主义对国家财政事务进行了规定。国家财政事务处理权限，应在国会决议的基础行使（第 83 条）。国家费用支出或者国家负担债务，必须依据国会决议（第 84 条）；除非经议会授权，政府不得发生国费支出，也不得承担债务（85 条）。内阁每一会计年度编制预算向国会提交，必须经国会审议并经过决议才能生效（第 86 条）；为了应对难以预见的预算不足问题，根据国会决议可设置预备费，内阁就其支出负责。所有的预备费支出，事后内阁有必要获得国会的同意（第 87 条）。

（二）单年度主义原则

日本《财政法》规定：每一会计年度的支出只能使用同一会计年度的收入，而

---

① 2008 年 10 月废止，统合于株式会社（股份制公司）日本政策金融公库。

且只能在此会计年度使用。即所谓的"预算单年度主义"。日本的会计年度为每年的 4 月 1 日至翌年的 3 月 31 日。为保证预算的严肃性和财政支出纪律,维持财政的收支平衡,原则上预算的执行不能跨年度,但如果有必要,允许支出延续至下一个会计年度执行。即在"出纳整理期"(每年 4 ~ 5 月)内允许跨年度的收入和支出。

(三) 总计预算主义原则

根据日本《财政法》规定:所有政府性收支都应纳入一个预算,收入和支出不得建立特定联系,即"总计预算主义"。具体规定为:要求计入全部的收入和支出项目,不允许只计入收支相抵后的差额;要求对收入和支出列示到能反映实际情况的科目为止,如在公共支出中要求列到具体项目,也就是要求预算编制必须细化。与此同时,预算的完整性还应体现预算的全貌,即预算的编制、审议、执行、决算的全过程。这是因为,预算不仅简单地反映在财政收支规划上,而是通过一系列执行过程,包括预备费的使用、修正预算等形式来实现政府职能。决算则是对政府职能进行事后监督的重要工具。为此,预算的全貌应涵盖编制、审议、执行、决算的全过程。

(四) 公开性原则

即要求政府每年至少一次向国会具体报告财政状况,公开发表预算、调整预算及决算资料,并向全体国民公开。不仅预算、决算公开,而且会计检查院的审计报告也应公开,接受公众监督。

二、日本的相关预算制度

(一) 裁量预算制度

裁量预算是基于行政需要的预算制度。是指根据航空、陆上运输量以及和邻国的军事力量等,在客观统计的基础上,计算出各行政部门需要的行政服务开支较上一年度的增长率,以此为标准决定各行政部门预算配额的框架。在部门预算的框架内,允许内部保留和各部门有自由裁量权的制度。实际上,因为在向各部门的预算配额内,不能列入会计年度内的支出费用,把会计年度内的支出费用和新事业项目预算分开,以标准年度的支出经费和行政开支增长率为依据,确定该年度的支出经费框架方针。对于超出框架方针的部门,根据超出金额,在削减法定人员和延长耐用年限的基础上承认超出金额。其余额将作为新事业项目预算,根据标准年度新事业项目费用和行政开支增长率分配给各部门。

实行裁量预算,其优点主要有:一是预算分配不是依据财政部门的裁量,而是根据客观统计标准进行的。这就在一定程度上弱化了既得利益者和政治压力的影响,能够向重要部门重点分配预算。二是现行预算制度下,即使各部门节约了资金但因不能内部保留,反而会使下一年度的预算减少,使得政府部门难以形成节约动机。

而裁量预算制度下，因为允许内部保留，会提高政府部门的节约意愿。三是会促使行政开支缩减的部门自动削减人员。

裁量预算制度也存在以下缺点：一是因会缩小财政部门的自由裁量权，需要财政部门的配合；二是部门会计（特别会计）的赤字，如果作为整体预算的年度支出经费化，将削弱其有效性；三是行政支出测定标准的制定和同标准制定的专业委员会人选上，难以保证公平性。

（二）跨年度预算制度

制定多个年度预算，即允许各部门单年度预算的结余资金用于该部门下一年度的新事业项目开支的制度安排。在核定多个年度预算收支时，总括预算和政策评价的联动就显得尤为重要。

跨年度预算制度的优点在于：一是由于承认内部保留，有利于各部门形成节约动机。如果与耐用年数并用，等额预算下可能完成多项新的事业项目。二是与自由裁量预算制度相比，由于财务部门有预算否决权，而结余资金则很可能得到财务部门的配合。为此，可有效地控制过度裁量预算。

跨年度预算制度的不足之处在于：一是不能改变各省厅间在预算分配方面固有的既得权益这一现状；二是减少部门的裁员将成为政治问题而难以推进；三是各部门（特别会计）的赤字一旦作为全部预算支出而经费化，其有效性将缩减；四是相对单年度预算制度的编制更费事，特别是财务部门的负担会加大，需要增加必要人手。

跨年度预算制度的实施，需要进行跨省厅综合调整，自上而下地从战略角度分配预算。为此，其在实施过程中需注意以下几点：一是即使能够确认全部成本及权责发生制下的成本，如果实务部门没有做到厉行节约，该制度引入的效果并不一定好；二是各部门在预算执行方面的自由裁量权，根据对成果的责任，可分为"量出制入"和"量入为出"；三是为了抑制增发国债，根据现行税制下的税收收入情况，应抑制年度支出规模；四是在经济景气对策方面，不能仅靠财政政策，金融政策和其他政策的综合作用也很必要。

（三）中期财政框架

日本中期预算编制历史可以追溯至 20 世纪 70 年代中期。1976 年 2 月，大藏省（现财务省）编制了《财政收支估算》（1976～1980 年度），就今后 5 年的财政收支概况进行了预测，以此作为预算审议的参考资料。《财政收支估算》是基于中期视角对财政运营进行的有益探讨。截至 1980 年度，《财政收支估算》共滚动修订了 5 次。自 1981 年度起，大藏省开始编制《财政的中期展望》，就今后 5 年的财政收支进行预估。通过对经济、财政等的中期展望，主要是对基础财政收支平衡、债务余额等进行估算，以确保经济和财政政策等的协调统一。之后，编制《财政的中期展望》形成制度，规定每年需修订并提交国会作为预算审议的参考。一直到 2002 年度《财政的中期展望》更名为《对今后年度财政收支的影响估算》

（今后 5 年）。

2002 年 1 月由内阁府下设机构——"经济财政咨询会议"主导编制、内阁决议通过了《结构改革和经济财政的中期展望》（2002～2006 年度，简称《改革与展望》），结合日本当时的经济财政形势，规定在今后 5 年内不扩大政府现有规模的前提下政府应有努力方向和改革步骤。《改革与展望》须每年修订一次，修订时须根据当时国家经济状况，重新审视财政健全化的步调。同时，作为审议《改革与展望》时的参考资料，内阁发布了《内阁府估算》，就《改革与展望》中提到的各领域具体改革的推进方法假定各种可能性，通过建立经济和财政相关性的计量模型，就各种假定可能性下宏观经济走势、中央和地方财政状况等进行了估算。2007 年 1 月，经"经济财政咨询会议"审议、内阁决议通过了《日本经济的前途与战略》（2007～2008 年），作为新编制的中期财政规划。后因 2008 年金融危机的发生而不得不废止。2010 年 6 月内阁决议通过了《财政运营战略》，提出了财政健全化目标。决定从中长期视角出发编制年度预算，并决定编制《中期财政框架》，就以后 3 年财政收支作出规定。每年滚动修订。2010 年《中期财政框架》的编制被看做是日本中期预算的正式确立。第一期《中期财政框架》（2011～2013 年）的核心内容为：自 2011 年度起的 3 年间，实现"强经济、强财政和强社会保障一体化"目标。为此，应从财政收支两个层面最大限度地推进"财政健全化"目标的实现。并就控制国债发行规模、税制改革、基础财政收支的改善目标等做出具体量化规定。2016 年是第 5 次滚动修订《中期财政框架》。

（四）参与式预算制度

在日本，一直以来，预算的编制、执行属于地方自治体的行政专有权限。中央政府通过法规、补助金等形式对地方自治体的预算加以制约。地方议会虽然说是居民的代表，但还不属于市民直接参与型预算。地方自治体能够自由编制预算的权限相对有限，而且预算编制过程复杂且不完全公开，居民对于预算的关心度较低。地方自治体在预算编制方面并没有为居民提供参与的渠道。20 世纪 90 年代后期以来，日本政府开始推进地方分权化改革。特别是 1999 年《地方分权总括法》的出台，对近 500 个法规进行了修订。中央政府与地方自治体的关系从过去的主从关系开始向对等关系转变。中央政府主导的行政管理体制开始转向居民自治。在此背景下，同时受南美及欧洲部分国家市民参与式预算潮流的影响，日本一些地方自治体，以行政首长为首开始推进市民对于预算编制过程的参与。就实施市民参与式预算的日本地方自治体来看，政府在决策的民主公开、预算编制和执行的透明度等方面确实得到了不同程度的提高。而且，市民参与式预算对于更好地经营城市、强化地方自治等方面具有积极意义。总体来看，目前日本的市民参与式预算才刚刚起步，存在因行政首长施政方针的变化而导致政策被废止的情况，参与式预算缺乏稳定性。今后，还需要地方自治体政府自身明确好职能定位，建立有效制度和机制，为市民参与预算拓展更多的渠道。

第四节　日本政府预算管理的法律体系

第二次世界大战结束后，日本于 1947 年颁布了新宪法。原明治宪法体制下的财政体制被废止。根据新宪法，日本陆续出台了《财政法》（1947 年）、《会计法》（1947 年）、《国库法》（1947 年）、《会计检查院法》（1947 年）、《国有资产法》（1948 年）等法律。同时，以地方自治为前提，出台了《地方自治法》（1947 年）、《地方财政法》（1948 年）、《地方交付税法》（1950 年）等法律，从而奠定了日本现行财政法律制度体系。

一、《宪法》中有关财政的规定

1947 年颁布的新宪法，对日本的财政制度进行了彻底的民主化改革，确定了议会表决主义原则，明确了内阁、国会、会计检查院三者在国家财政管理活动中的职责分工。

（一）将财政基本政策决定权授予国会

日本宪法明确规定：处理国家财政的权限必须根据国会的决议行使（第 83 条）。内阁没有来自国会的授权不得进行任何财政活动。这与欧美国家将财政管理权授予政府，而赋予议会财政监督权不同。日本国会强大的财政管理权主要表现在以下三个方面：第一，财政支出确定权，即国家财政支出必须经由国会决议确定，国库金的支出必须有国会的授权才能进行；第二，国家债务负担行为的确定权，即国家债务负担行为必须根据国会的决议才能进行；第三，预算的审批权，国会负责对内阁编制的预算进行审议和批准，认为其不合理时，可以通过"退回重新编制动议"命令内阁重新编制。

（二）将预算编制权授予内阁

日本实行议会内阁制，最高立法机关国会与最高行政机关内阁的关系非常密切，内阁总理大臣由国会从国会议员中选出。同时，内阁总理大臣在任命国务大臣时，其半数以上必须是国会议员。根据日本宪法的规定，内阁负责编制国家年度财政预算。内阁编制的预算应当提交国会审议通过（第 86 条）。

（三）将财政监督权授予会计检查院

日本宪法规定：会计检查院负责审查决算，内阁在向国会提交决算时必须事先经过会计检查院的审查，并应当将会计检查院的审查报告与决算一并提交国会（第 90 条）。会计检查院的组织及权限由专门法律做出规定。从宪法层面日本对会计检查院的独立地位和相应职责的明确规定，有力地保障了外部监察机关的财政监督权，这是日本政府预算管理体制的一大特色。

二、《财政法》

于 1947 年立法，后经多次修订使用至今。《财政法》作为日本财政管理的基本法，就政府预算管理的基本原则、预算的种类、预算编制与执行、决算等内容做出了规定。《财政法》确立的政府预算管理的基本原则主要有：

（一）征收法定主义原则

《财政法》第 3 条规定：税收、国家的费用征收以及法律上或者事实上由国家垄断事业收缴的专卖价格或者事业费用等，都必须以法律或者国会的决议为依据。这就是所谓的征收法定主义原则。第二次世界大战结束后，因重建经济任务重、财政吃紧，彻底贯彻该原则有一定的困难，因此，日本政府又制定了关于财政法第 3 条特例的法律，对政府在经济紧急状态持续期间，适用该原则做了例外规定。

（二）稳健财政主义原则

《财政法》第 4 条规定：中央政府的财政支出必须以公债以及借款以外的财政收入作为主要财源。从而确立了稳健财政主义原则。但为了保证一定的灵活性，该条同时规定，作为公共投资、出资以及融资的财源，可在经国会审议通过的金额范围内，发行公债或者筹措借款。现实中，由于《财政法》出台后日本经济形势不断发生变化，《财政法》确定的稳健财政主义原则并未得到彻底的贯彻执行。日本曾多次采取扩张性财政政策对国家经济运行进行调控，使得政府的债务规模日益膨胀。

（三）总计预算主义原则

《财政法》第 14 条规定：财政收支应全部纳入预算，即总计预算主义原则。总计预算主义原则有利于全面把握国家整体的财政活动情况，使得审议预算成为议会行使其财政监督权的重要手段。但是由于国家预算除一般会计预算外，还包括特别会计预算、政府关联机构预算等，期间，由于特别会计预算和政府关联机构预算数目的不断增加（最多时分别有 31 项和 8 项），并没有实现真正意义上的总计预算主义。近年来，日本政府致力于控制特别会计预算和政府关联机构预算的规模，不仅废除、合并了多个特别会计项目，还对政府关联机构进行了改革，特别会计预算和政府关联机构预算的规模得到有效控制。

三、《会计法》

于 1947 年颁布，后经多次修订沿用至今。其实施条例为《预决算及会计令》。《会计法》主要规定了国家在征收财政收入、进行财政支出以及支付、签订政府合同等活动中，应当遵守的会计基本规则。每年 7 月 31 日前必须完成上一会计年度的收支活动。期间，各省厅长官负责将其掌管财政收入缴入国库，但不能立刻使用。在收入管理方面，具体规定为：财务大臣负责管理财政收入征收、出纳的一般性事务，各省厅长官负责所掌管收入的征收及出纳事务的具体管理。出纳官或出纳员应将征缴的收入及时缴入日本银行。在支出及支出负担行为方面，要求财务省、各省厅应遵守《财政法》第 34 条相关规定执行。各省厅长官管理在其管辖范围内负责有关买卖、借贷、承包等的政府合同的签订。对于公共工程或公共服务的政府采购，原则上采取公开招标方式。对于参加竞标者应收取其预签订合同金额的 5% 以上作为保证金。如果确实没有必要，根据相关规定可只缴纳部分保证金。一旦提交投标书，投标者不得替换、变更或取消其投标书。通过公开招标决定的中标人，或者根据相关政令规定随意契约的合同人，应在合同书上具实填写合同的目的、金额、履行期限以及合同保证金等必要事项。对于工程或制造等的承包合同，为确保恰当地履行合同，根据政令规定政府相关部门应采取必要的监督措施。

四、《会计检查院法》[①]

《会计检查院法》是规定日本审计监察制度的基本法律，主要规定了用于对预算执行情况进行检查的规则，在宪法有关条款的基础上进一步明确规定会计检查院是日本最高审计机关，属于政府行政序列，依法独立开展审计监督，向国会报告工作。该法的具体内容包括：会计检查院的法律地位，检查官会议、事务总局、会计检查院信息公开和个人信息保护审查会等会计检查院的内部组织构成，会计检查院的具体职责和审计业务范围，会计检查院的检查范围、检查方法、检查报告及责任等。

五、《国库法》

于 1947 年立法，后经多次修订使用至今。《国库法》主要就国家在财政收入、财政支出以及签订政府合同等活动中，应当遵守的基本规则。

《国库法》规定：由财务大臣负责财政收入征收和收缴相关事务的综合管理，各省厅长官负责其所管财政收入征收和收缴相关事务的管理。在支出负担行为及支出上，各省厅长官负责管理其所管范围的支出负担行为和支出相关事务。各省厅长官依据其所管的支出预算安排进行支出时，不得超过认可支出计划所确定的金额，不以现金方式支出，而是开具以日本银行为支付主体的支票，或者根据财务大臣规定向日本银行开出国库内转账用的国库金转账单或支付指示单（第 3 章）。各省厅长官同时负责其所管事务中的买卖、借贷、承包及其他合同相关事务（第 4 章）。日本银行必须根据政令履行国库资金出纳事务或国债发行过程中的资金收支，以及接受交付的资金收支，办理有价证券事务的收入等。同时须接受会计检察院的审查。

---

① 详见第五章。

中央政府可以命令日本银行、处理与中央政府所有或保管有价证券相关的事务，以及支付与中央政府保管相关的现金利息（第6章）。为了确保预算严格合理执行，财务大臣可以要求各省厅报告其收支情况或资金出入库情况，或亲自对预算执行状况进行实地监督，必要时可经内阁会议决定后下达有关预算执行的指示。财务大臣也可亲自或委托各省厅长官，对工程承包合同者、物品供货者、接受补助金者以及调查、试验、研究等的受托者进行监督或要求其提交报告（第8章）。

六、税法

日本税法可以分为国内税法和国际税法。国内税法体系主要由宪法、法律、政令、省令、告示、条例等构成。日本宪法确定了"租税法定主义"的原则，即课征新的税种或变更现行税种时，必须根据法律或符合法律规定。"法律"为调整国家税收最重要的规范形式。

日本税法可以分为实体法、程序法、诉讼法及处罚法。实体法主要为有关个别税种的法律，如《法人税法》（1965年）、《所得税法》（1947年）、《消费税法》（1988年）、《挥发油税法》（1957年）等。程序法主要有《国税征收法》（1959年）、《国税违法取缔法》（1959年）和《国税通则法》（1962年）等。为了使相关税法能适应经济社会快速发展的需要，通常日本内阁会通过制定政令、相关省厅通过制定省令对税收法律的相关内容进行补充。对应各税法，日本基本上都制定有实施条例（施行政令），如《国税通则法施行令》等。有关税收方面的告示，必须根据法律或者相关政令制定，并且由财务大臣发布。根据省厅规定制定的则由国税厅长官发布。此外，国税厅通常采用通告形式对税法做统一解释，以使税务人员在税法运用上达到统一。根据《地方财政法》、《地方自治法》等相关规定：日本地方公共团体（地方政府）可以根据法令的规定和各地的不同情况制定地方税条例对本地区范围内的课税客体、税率等进行具体规定。而《行政不服审查法》（1962年，2014年重新修订）、《行政事件诉讼法》（1962年，2015年修订）等法规中，就税收征管中涉及的不服申诉、诉讼方法、纳税人救助等作出了规定。除此以外，《租税特别措施法》（1957年）等就国税有关特例作出了规定。

日本国际税法主要有租税条约和交换公文两种形式。日本与很多国家缔结有租税条约，如与美国缔结有《日美租税条约》（2003年）、《日美友好通商航海条约》（1953年）等。

七、《国有资产法》

《国有资产法》是有关国有财产的取得、维持、保存、运用以及处置的基本法。于1948年颁布，后经多次修订沿用至今。《国有资产法》是包括有关道路法、河川法等特别法的规定在内的关于国有财产的取得、维持、保存、运用以及处置的基本法，其主要内容包括：国有财产的定义、范围及其分类，不同类别的国有财产的管理及处置，国有财产的管理主体及具体职责，国有财产的登记报告制度及方式等。

（一）国有财产的内涵及分类

根据《国有资产法》规定：国有财产是指国家（指中央政府，不包括地方政府）以等价方式取得的国有资产，以及通过法令规定或捐赠而形成的国有资产。具体包括：不动产；船舶、浮标、漂浮码头、漂浮船坞及飞机；前述不动产及动产的附属品；土地所有权、土地使用权、矿业权及其他类似权利；专利权、著作权、商标权及其他类似权利；股票、新股预约权、公司债（不包括短期公司债等）、地方债、信托受益权以及出资所形成的权利等。

《国有资产法》将国有财产分为行政财产与普通财产。行政财产是指国家出于立法、司法和行政等广义行政目的所拥有、使用的国有财产。由于行政财产用于行政目的，因此不允许出售、租赁、设定抵押，但允许行政财产的目的外使用。行政财产又分为公用财产、公共用财产、皇室用财产以及企业用财产四种。公用财产是指国家用于或决定用于中央事务、事业或公务员住所的财产，如各省厅的机关大楼，公务员的宿舍等。公共用财产是指国家直接用于或决定用于公共使用的财产，如在公园、河川、道路、湖泊上由国家为公共用途提供的桥、堤坝等人工建造的财产。皇室用财产是指供皇室使用的财产。企业用财产是指供国家所有企业用的财产。普通财产是指行政财产以外的一切国有财产，即现在没有被用于公用、公共用等，且未经决定使用的国有财产。普通财产与属于私人的不动产等一样可以租赁、交换、出售、转让以及作为设定私权的对象。

（二）国有财产管理主体的界定

《国有资产法》规定：财务省是负责日本国有财产管理的职能部门。财务大臣负责对国有财产进行综合管理。国有财产的综合管理主要包括以下事务：一是制定有关国有财产管理和处置的制度；二是国有财产的统一管理和处置事务；三是对国有财产的增减、存量及现状进行统计；四是对国有财产的管理和处置进行必要的协调。各省厅长官负责管理属于其管辖范围内的行政资产和普通资产。两个以上省厅共用的行政资产，由财务大臣指定的省厅长官管理。财务局作为财务省的地方派出机构也负有相应的国有财产管理职责。都道府县和市町村政府根据《地方自治法》及有关法令规定，可以受托承担部分国有财产管理事务。

（三）国有财产登记报告制度

众议院、参议院、内阁、内阁府、各省厅、最高法院及会计检查院，作为国有财产的占有、使用单位，必须按照国有财产的分类及种类，建立国有财产台账。所谓国有财产台账是指行政机关对所管或所属的国有财产的购置、使用权转移、处置及其他变化的发生所进行的切实记录。各省厅必须就其所管的国有财产，编制反映每个预算年度内增减和预算年度末存量的报告书、存量预计报告书和无偿租赁情况报告书，提交财务大臣。财务大臣根据各省厅长官提交的报告书，编制国有财产增减及存量总核算书、国有财产存量预计总核算书和国有财产无偿租赁总核算书，提交内阁。内阁将财务大臣提交的总核算书和各省厅长官提交的报告书一并送交会计检查院接受审计，并在下一年度召开的国会例会上报告经会计检查院审查的国有财产增减及存量总核算书、存量预计总核算书和无偿租赁总核算书等。

八、《物品管理法》和《债权管理法》

继《国有资产法》颁布后，日本于 1956 年分别颁布了《物品管理法》和《债权管理法》（全称《关于国家债权管理等的法律》），这是日本对国有资产从静态管理发展到动态管理的尝试。

（一）《物品管理法》

《物品管理法》的主要规范对象为除去现金、有价证券、国有财产之外的动产。为实现对有关物品的妥善、高效供用和良好管理，《物品管理法》就有关物品的购置、保管、供用以及处置等基本事项做出规定。对于中央所有的、作为重要且由政令规定的物品，各省厅长官必须编制每个预算年度间的增减及每个预算年度末的存量报告书，并于下一年度的 7 月 31 日前交送财务大臣。财务大臣须以各省厅报送的存量报告书为基础，编制物品增减及存量总核算书。内阁须根据物品增减及存量报告书为基础，汇总每个预算年度间的物品增减及每个预算年度末的物品存量情况，在提交财政收支决算时，一并向国会报告。同时，内阁须在下一年度 10 月 31 日前，将物品增减及存量总核算书，送交会计检察院审计。

（二）《债权管理法》

《债权管理法》全称《关于国家债权管理等的法律》，该法就中央政府债权管理相关事务所必要程序、内容的变更和免除等的一般性标准，以及作为中央政府债权发生原因的合同内容等基本事项做出规定。

根据《债权管理法》规定，各省厅长官必须按照政令规定，年度末需编制本省厅所管辖事务相关的"债权余额报告书"，在下年度 7 月 31 日前送交财务大臣。财务大臣以各省厅提交的"债权余额报告书"为基础，编制"债权余额总报告书"并提交内阁审议。内阁则以"债权余额总报告书"为基础，汇总编制年度末"中央政府债权余额总表"，在提交年度财政收支决算时一并提交国会。同时，内阁须在下一年度 11 月 31 日前，将"债权余额总报告书"和各省厅提交的"债权余额报告书"，送交会计检察院审计。

九、《有关特别会计的法律》

2007 年前，日本每一个特别会计都有相应的专门法。据统计 1990 年日本有 38 个特别会计。之后，随着财政效率化、透明化改革的要求，对特别会计制度进行了改革、调整和整合，2007 年废除了原有的各种特别会计专门法，统一成一个法律，即《有关特别会计的法律》。该法律制定的目的在于区分于一般会计，并就特别会计的设置目的、应遵循的基本原则、管理及运营等作出规定。根据该法规定：特别会计相关事务和事业项目，除了部分必须由国家实施外，应移交给独立行政法人等非政府机构管理。同时，应根据社会经济形势的变化，使其运营更加效率和有效果。对于确实没有存在必要的特别会计，应统合列入一般会计。对于以税收收入为支出财源的特别会计，应先将该项税收收入纳入一般会计预算有，该项特别会计所需金额应从一般会计预算中展出，从而保证国家整体的财政状况能更好地反映在一般会计预算中。应不断细化特别会计，提高预算执行和保有资产的运营效率。应就特别会计的资产及负债等财务状况相关信息向国民及时公布。根据《有关特别会计的法律》相关规定，目前日本的特别会计包括：交付税及让与税配付金特别会计、地震再保险特别会计、国债整理基金特别会计、财政投融资特别会计、外汇资金特别会计、能源对策特别会计、劳动保险特别会计、年金特别会计、粮食安定供给特别会计、贸易再保险特别会计、特许特别会计、汽车安全特别会计、东日本大地震灾后复兴特别会计等 13 项。

十、《地方自治法》

1947 年日本颁布了《地方自治法》，规定了地方自治制度、地方财政与中央财政的关系等内容。1995 年为有计划地推进地方分权改革，日本制定了《地方分权推进法》，并成立了"地方分权推进委员会"。1999 年根据内阁会议制定的"地方分权推进计划"，出台了《关于推动地方分权相关法律建设的法律》（简称《地方分权一揽子法》）。2003 年日本据此对《地方自治法》进行了修订，修订后的《地方自治法》对中央政府和地方政府的职能作出进一步明确规定，废除了地方政府以前所承担的"机关委任事务"。[①] 地方政府的行政事务被调整分类为"法定受托事务"[②]和"自治事务"。[③]

十一、《地方财政法》

于 1948 年立法，后经多次修订使用至今。该法律制定的目的在于：通过制定与地方政府财政运行及中央财政与地方财政关系等相关的原则，确保地方政府的财政稳健性，促进地方自治的发展。该法进一步明确了地方政府的财权和事权。

---

① "机关委任事务"是指，地方政府首长根据法律规定代行本应由中央政府或其他地方政府管理的事务。

② "法定受托事务"，是指法律或政令规定由地方政府履行的本应属于中央政府或都、道、府、县政府职能范围内的事务，具体包括护照的签发、国道的管理、国家指定统计事务等。

③ "自治事务"是指除"法定受托事务"以外的地方政府的行政事务，包括历来的地方政府行政事务，以及原"机关委任事务"中被归类为地方政府事务的内容。

《地方财政法》规定：地方政府必须致力于稳健的财政运营，不得违反中央政策，不得采取有损中央财政或其他地方政府财政的措施。中央政府必须努力促进地方财政的自主且稳健运行，不得采取有损地方财政自律性的，或者向地方政府转嫁负担的措施。地方政府须根据法令规定，按合理标准计算其经费需求，并列入预算。同时，须参照各种资料正确把握财源，根据经济发展的实际状况计算其收入并列入预算。地方政府在编制、执行预算以及做出导致支出增加或收入减少的行为时，不仅要考虑本年度的财政状况，还要考虑下年度以后的财政状况，不得损害财政的稳健运行。准备金的使用和地方债的发行必须符合相关规定。

十二、《地方交付税法》

1950 年出台，后经多次修订沿用至今。地方交付税制度是日本为协调地区间财力差异而实行的财政调整制度。目的是为了保证地方政府（包括都道府县和市町村）能自主管理其财产、处理社会事务以及有效行使其行政权，而实行的财源均衡化措施。《地方交付税法》具体内容如下：

（一）关于提交相关资料的规定

《地方交付税法》第 5 条规定：都道府县知事、市町村长官必须按照总务省令规定，向总务大臣、都道府县知事提交用于计算该都道府县、市町村标准财政支出额和标准财政收入额的有关资料，计算特别交付税所用资料以及其他必要资料。并保存作为这些资料基础的台账。都道府县知事必须对提交的资料进行审查并报送总务大臣。当总务大臣提出要求时，与标准财政支出额中的经费所涵盖的地方行政有关系的中央行政机关，必须按照总务大臣的要求向总务大臣提交其所管行政范围内与交付税总额的计算或交付相关的必要资料。

（二）关于财政收支总额预计额的提出与公开义务的规定

《地方交付税法》第 7 条规定：每年度内阁必须整理记载反映下一年度地方财政收支总额预计额的相关资料，提交国会并向一般大众公开。其中，地方财政收入总额预计额应包括以下细目内容：（1）各税目的课税标准金额、税率、调查确定预计额及征收预计额；（2）使用收费及程序费；（3）发债额；（4）国库支出金；（5）杂项收入。地方财政支出总额预计额应包括以下细目内容：（1）各项支出的总额及相对上年度的增加额；（2）国库支出金配套经费总额；（3）地方债利息及本金偿还金额。

（三）关于交付税额计算所用资料的检查以及意见接受和征询等的规定

《地方交付税法》第 17 条规定：都道府县知事在计算对市町村的交付税额时，为了计算与市町村相关的标准财政收入额，向中央政府部门申请阅读或记录作为标准财政收入额计算基础的，与国税课税基础相关的所得额及课税额等相关文件时，中央政府部门应允许都道府县知事或其指定人员进行阅览或记录。总务大臣必须对都道府县及政令规定的市町村计算交付税额所用资料进行检查。都道府县知事必须对该都道府县区域内市町村（政令规定的市町村除外）计算交付税额所用资料进行检查，并将结果报告总务大臣。地方政府可以就交付税额计算方法向总务大臣提出意见。市町村提出意见时，必须经由都道府县知事。总务大臣收到申述意见，必须进行公正处理，并就处理结果向"地方财政审议会"① 报告。第19条还就交付税额计算所用数据错误等作出了规定：当交付税额计算所用数据发现错误等时，总务大臣采取措施时，必须以文书方式将理由、金额及其他必要事项通知相关地方政府。如果地方政府在提交有关交付税计算基础资料中弄虚作假，或以不正当手段获得交付税，一经发现，必须退还以不正当手段获得的超额部分的金额。同时，必须将总务大臣通知文书所记载的事项向当地居民公示。第20条就减少交付税额时的意见征询作出规定：总务大臣在作出有关普通交付税额的计算确定、特别交付税额的计算等相关决定时，必要时可征询相关地方政府的意见。如果地方政府对于作出的决定或处分提出欠公平或欠公正的异议，总务大臣应举行公开听证。如果公开听证确认申诉有正当理由的，总务大臣必须取消或变更该项决定或处分。第23条关于"地方财政审议会"的意见征询的规定：当发生以下情况时，总务大臣必须征询"地方财政审议会"的意见。（1）提出制定、修改或废除与交付税交付相关命令的方案时；（2）编制与下年度地方政府的财政收支总额预计额相关的文件草案时；（3）决定或变更应交付给各地方政府的交付税额；（4）对地方政府审查申请作出决定时；（5）要求地方政府退还交付税时；（6）对地方政府的异议申诉作出决定时；（7）作出有关削减应交付的交付税额的决定或处分时。

上述法律法规构成了日本现代财政法律体系的基本框架。除此之外，还有许多相关法律的补充或特别规定。而且，上述法律有机地联系在一起，构成了日本财政管理的法律制度体系。如对于公有物品的管理处置等，不仅须按照《物品管理法》的规定进行管理，而其中的合同手续、货款支付、出纳手续等则要按《会计法》进行管理；债权相关事务则须按《国家债权管理法》进行管理。

---

① 总务省下设审议会之一，主要职能是就地方交付税、地方让与税、其他交付金、地方公共团体下一年度收支总额预计等事项进行审议，为总务大臣提供必要咨询。

第三章

日本政府预算的编审与执行

■ 本章导读

　　根据日本宪法规定，内阁编制年度预算并交由国会审议批准。日本的会计年度为每年的 4 月 1 日至次年的 3 月 31 日。期间，财务省根据各省厅的"概算要求"以及内阁提出的预算编制基本方针完成"概算方案"，提交内阁会议决议形成最终的"预算草案"。"预算草案"经内阁提交国会审批才形成真正具有法律效力的年度预算。每年 4 月 1 日起，日本预算进入执行程序。内阁根据国会决议，对各省厅就年度收支预算、递延费以及国库债务负担行为等下达执行任务。各省厅长官全权负责预算支出的执行。第二次世界大战后，日本形成了与立宪政体相协调的财政监督、审计监督、国会监督及社会监督的多元预算执行监督体系。本章着重就日本政府预算编制程序与类型、预算草案内容与审议及批准、相关部门的职能分工等进行了概括梳理。同时，从制度体系、业务程序等角度就日本的国库制度、政府采购制度做了归纳介绍。

第一节　日本政府预算的编制程序及编制类型

一、日本政府预算的编制程序

根据日本宪法第 86 条规定：内阁编制年度预算并交由议会审议批准。日本的会计年度为每年的 4 月 1 日至次年的 3 月 31 日。期间，财务省在与各省厅协议的基础上，根据内阁会议确定的预算编制基本方针（《预算形成一般原则》）编制"概算方案"，经内阁会议决议形成最终的"政府预算草案"后提交国会审议。

（一）预算编制方针及"概算要求"的确定

内阁于每年 6 月召开会议，根据社会经济形势及国家重点发展方向等讨论下一年度的预算编制方针及"概算要求"，并在 8 月份拟定基本方针并确定预算上限，除了偿债费和地方让与税两种法定支出外，财务省以限定目标的形式官方指导各省厅做预算请求的准备工作。因为每个部门必须在"概算要求"规定的限额内提出自己的预算请求（"概算要求书"），从而有效地控制了部门出现过量请求的情况，因此，对于缩减政府支出具有重要意义。

（二）概算的编制与"概算要求书"的提交

每年 6~8 月份，各省厅开始为预算请求作准备。8 月份之前或更早时间，各省厅制定其支出和项目计划，提出预算请求。并根据内阁会议确定的预算编制基本方针（《预算形成一般原则》）和"概算要求"进行内部调整，于 8 月 31 日前，向财务省提交下一年的"概算要求书"。

（三）预算草案的编制与提交

财务省根据各省厅的"概算要求书"，汇总于 9 月上旬向内阁报告。9 月中旬至 12 月，接受各省厅关于预算请求（"概算要求书"）的说明，要求提交相关资料，或者就各经费进行审定。各省厅与财务省之间协调预算分配和预算额度。财务省预算局的预算官员和各省厅预算单位就各预算项目的细节问题展开一系列的听证会和审查。预算官员确认每一个支出项目、管理问题和将在财务省听证会期间提交同省厅代表讨论的类似问题。

12 月份内阁发布《预算形成一般原则》，决定下一年度预算编制的基本方针。[①] 财务省根据其指导方针完成"概算方案"，并提交内阁会议决议。同时向政府各部

[①]　大致于每年 12 月中旬经内阁会议通过。2002 年中央省厅改革后，改由"经济财政咨询会议"编制。内阁决议较以前也有所提前。

典型国家和地区政府预算制度研究丛书

门说明有关预算分配情况。政府各部门对财务省的"概算方案"进行研究,并与财务省就争取恢复原案进行各种交涉活动。12月底,财务大臣将最后调整而成的"概算方案"提交内阁会议决定,最终形成"政府预算草案"。一般情况下,内阁于每年1月份向国会提交下一预算年度的预算。

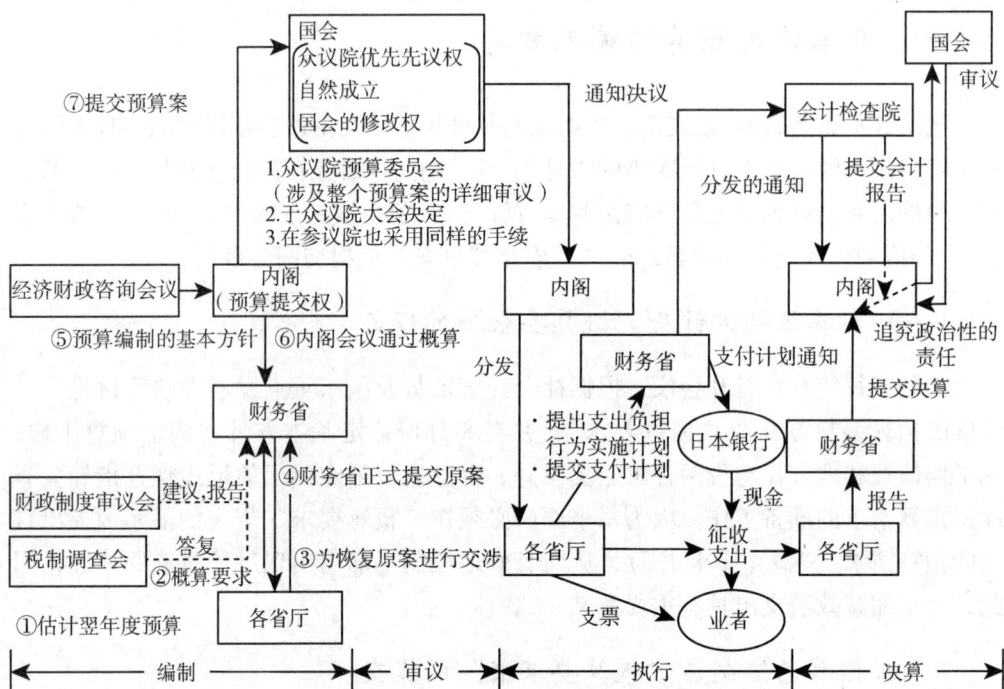

图 3 - 1　日本预算编制流程示意图

资料来源:《日本财政制度及经济财政政策走向》,财政部网站。

二、向国会提交的预算文件种类及内容

政府向国会提交的预算文件包括:(1)年度一般会计预算;(2)年度特别会计预算;(3)年度政府关联机构预算书;(4)年度预算参考报告书;(5)预算相关财政投融资计划说明书。

为便于参考,向国会提交的预算必须附以下资料:(1)财政收入预算明细书;(2)各省厅预定经费申请书等;(3)上上年度财政收支决算总计表、上年度财政收支决算估算的总计表与纯计表、本年度财政收支预算总计表与纯计表;(4)上上年度末国库的实际情况、上年度末及本年度末国库情况估算等资料;(5)上年度末国债及借款的实际情况、年度末及本年度末余额估计及按年度偿还表等资料;(6)上上年度末国有财产余额,上年度末及本年度末国有财产余额估算等资料;(7)上上年度、上年度及本年度中央政府投资的主要法人的资产、负债、损益等相关资料;(8)国库债务负担行为中,支出延至下年度以后的项目,其上年度末为止的支出额

或支出额估计、本年度以后的支出预定额资料；跨数个预算年度的项目的整体计划及其项目施行状况等相关资料；（9）跨年度经费的上上年度末为止的支出额，及其相关事业的整体计划和实施状况等资料；（10）其他有利于财政状况与预算内容明晰化的必要资料。

以上文件合编成一个预算文件汇编提交国会。以 2015 年度预算文件为例，供国会议员们审议的预算文件汇编长达 800 页以上，超过 50 万字。加上其他资料估计在 80 万字左右。

三、日本政府预算草案的内容

向国会提出的"预算草案"，包括三类预算，即一般会计预算、特别会计预算和政府关联机构预算。以上预算从内容上看主要包括：

1. 预算总则，也称预算条文，是年度预算总括性的规定。预算总则除规定年度财政预算收支总额外，还规定了国债发行额度、临时借款最高额度以及为实施预算而采取的必要措施等。这些规定构成了预算的基本框架。此外，对与预算执行有关的其他事项，如国会、法院、会计检查院、内阁及其组成部门的支出项目，政府相关机构如日本政策投资银行、各公库、存款保险机构、有关独立行政法人、有关国有公司的融资额度等也一并作出规定。

2. 年度收支预算，是预算的主要内容，包括各项财政收支的明细。收入部分表明了国民总收入的估计数，但这个数额并不意味着政府能保证征集到如此多的收入。支出部分则不同，在预算案中列示的支出才可以支出，大概的支出数是根据每一类支出的上限决定的。

3. 递延费（多年度支出），是针对工程、制造（如军舰制造）等需要几年（一般最多为 5 年）才能完成的预算，在其开工年度确定支出总额和每年度支出额，经国会审议批准后，在规定年度内不需再经国会批准便可支出的经费。这些支出一般是正在建设或生产的一些项目。近年来，递延费主要用于驱逐舰、潜水艇等国防项目的建设上。

4. 跨年度支出费（允许结转下年的支出），对由于某种原因在某一财政年度内无法全部支出的经费，可以结转至下一年度限期一年内使用。例如，容易受自然灾害等的影响，本预算年度内无法全部支出的经费项目，可以延期一年，结转至下一年度使用。跨年度支出费必须经国会批准。

5. 国库债务负担行为，是政府因签订采购合同（通常是大型工程）而承担的为期两个年度以上与合同债务负担有关的预算。这些债务负担需要事先报国会审议通过，通常只在年度预算中规定总数额，不规定以后年度的具体支出数额（此点有别于递延费）。

四、日本政府预算的编制类型

按预算编制事由区分,日本政府预算还可以分为当初预算(本预算)、修正预算和临时预算。

(一)本预算与临时预算

每年4月1日起新的会计年度,经国会决议而执行的预算为本预算,或称当初预算。因国会对预算案的否决等事由,如本预算在年度开始之前未能成立,或因众议院解散或本预算案3月底未能经议会批准通过,内阁可以先编制该年度内部分期间的"临时预算"用于填补预算的空白,并将其提交到国会批准通过。一旦该年度的预算成立后,"临时预算"则失效,被吸纳到正式预算中。基于"临时预算"的支出或债务行为,视为基于该年度预算所发生。

(二)修正预算

是指已经成立的本预算进入了实施阶段,在此年度内追加、变更的预算。根据日本《财政法》第29条的规定:依据法律或契约的规定,基于因国家债务而出现的经费不足、预算成立后发生的大规模自然灾害或经济形势的变化等事由,必须变更本预算而被认可的预算,即为修正预算。修正预算成立后,本预算和修正预算合起来,作为统一的预算执行。从理论上讲,修正预算是没有限制的,主要用于补充经费支出或是负担债务,和本预算的审议程序一样须经国会审议批准。

表 3-1　　　　　　　　　　日本 2015 年度修正预算概况　　　　　　单位:亿日元

用　途	资金需求额	资金来源
1. 为促进活跃社会的实现而采取的经济对策等	11 646	1. 税收(18 990)
2. 为促进 TPP 相关政策大纲的实现而采取的政策	3 403	2. 税外收入(-3 466)
3. 灾害恢复、防灾减灾事业	5 169	3. 上年度剩余资金的转入(22 136)
4. 加快复兴等	8 215	
5. 应对其他紧急课题	3 037	
6. 其他经费	3 560	
7. 地方交付税交付金	12 651	
小计	47 680	
8. 既定经费的削减额	-14 467	4. 公债的发行(-4 447)
其中(1)国债费	-13 343	
(2)其他	-1 124	

资料来源:根据日本财务省网站公布数据整理。

第二节　日本政府预算的审议与批准

通常，每年 1 月份，日本内阁将当年的"预算草案"提交国会，并由国会进行为期两个月的审议。"预算草案"提交的同时，还需按照不同的分类提交汇总表和分类预算表，包括按部门分类支出、按政策目的分类支出和按经济性质的分类支出等。国会可削减预算，但无权增加预算。如果对内阁提出的"预算草案"进行修改，众议院必须获得 50 名以上议员的赞成，参议院则必须获得 20 名以上议员的赞成。

一、众议院有先议权

根据日本宪法规定，众议院对"预算草案"有先议权。"预算草案"的审议、批准过程大致分为以下三个阶段。

第一阶段，众议院大会（本议会）听取财务大臣宣读预算报告阶段。内阁总理把经过内阁会议审查通过的政府下一年度"预算草案"以及相关的文件提交给国会有预算先议权的众议院审议。总理在解释施政方针后，财务大臣简要叙述"预算草案"的编制方针、内容和特点、财政货币政策、经济现状等。财务副大臣进行补充说明。

第二阶段，众议院预算委员会审议阶段。预算委员会的审议一般为期 2 周（通常约 12 ~ 15 日，总计 60 ~ 70 小时）。预算委员会是日本国会中最大的委员会，也是国会中最重要的委员会。由于日本国会实行"委员会中心主义"，因此"预算草案"在这一阶段的审议非常重要。由议长将"预算草案"提交给该委员会后，审议的过程分为若干个阶段。首先是综合审议，即对整个预算提出质询；其次是一般审议，即对"预算草案"个别项目提出质疑（此种情况要求内阁总理大臣、财务大臣以及相关官员出席会议接收质询）；再次是公听会，即召集由各党派推荐、预算委员会委员长认可的陈述人进行公述。陈述人公开陈述对"预算草案"赞成或反对意见。根据日本《国会法》规定：在预算决议时必须召开"公听会"。"公听会"大致召开一天半时间。由各党派推荐的经济学家、工会代表以及反映其他政治诉求的陈述人进行公述，并接受预算委员会委员的质疑；其次是分科会，为保证审议效果，在会中一定时间内还采取"分科会"审议的方式进行审议。即预算委员会划分若干个"分科会"，进一步听取有关大臣或政府委员对预算细目的介绍并提出质疑，然后将问答情况报告给预算委员会委员长。通常，分 6 ~ 8 个"分科会"，召开时间约 1 天半。每个"分科会"指定主查（主审议员）1 人及成员若干人。以 2015 年年初日本众议院预算委员会审议为例，具体"分科会"的情况如下：第一"分科会"，涉及皇室费、国会、最高法院（"最高裁判所"）、会计检察院、内阁、内阁府、防卫省所管及其他"分科会"所管以外事项；第二"分科会"，涉及总务省所管事项；第三"分科会"，法务省、外务省、财务省所事项；第四"分科会"，文部科学省所管事项；第五"分科会"，厚生劳动省所管事项；第六"分科会"，农林水产省、环境省所管事项；第七"分科会"，经济产业省所管事项；第八"分科会"，国土交通省所管事项。最后，在全阁僚（内阁各国务大臣）出席的本议会上，各党派代表经过讨论，陈述是否支持"预算草案"。在此基础上，众议院预算委员会对"预算草案"进行讨论、表决。如果在野党提出修正案，各党派则对修正案进行讨论，此环节执政党有时需作出一定妥协。

第三阶段，众议院全体议员大会投票表决阶段。对预算委员会通过的"预算草案"，由委员长向众议院报告审议结果。在归纳总结质疑点的基础上，各党派代表就赞成或反对陈诉意见，经讨论后表决。对"预算草案"的表决，大多以记名投票方式进行。表决通过后送参议院审议、表决。根据日本宪法规定，截止到3月2日，"预算草案"经众议院决议通过后，即使参议院未进行决议，也会在年度内自动成立。

二、参议院审议

如果"预算草案"获得众议院通过则送至参议院审议，其审议程序与众议院基本相同。作为惯例，通常在众议院通过"预算草案"前，作为预备审查参议院做主旨说明。所不同的是，参议院不设"分科会"。每年3月下旬，由众议院和参议院决议通过的"预算草案"自4月1日起生效。

需要说明的是，如果出现参议院和众议院意见不一致，则由两院召开协议会议。如协议未达成一致意见，或者参议院在接到众议院通过的"预算草案"30天内仍没有达成一致意见时，众议院的决议将代表国会的决议（《宪法》第60条），这就是所谓的众议院预算审议优先权。另外，如果到4月4日预算案还没有成立，将影响到各省厅的财政支出。为此，如果届时预算审议还未结束，须编制"临时预算"。历史上，曾发生过几次参议院否决预算案、两院未达成协议的情况。其中有名的事件是1953年的"混蛋解散"。当时，在下一年度预算案未决议前，3月14日众议院解散，直到该年7月31日预算仍未成立。为此，该年4～5月份编制了"临时预算"，此后进一步补充了"临时预算"并延长至7月末。

三、预算审批中的几个问题

1. 预备费问题。在各国的预算中，一般都设有预备费，动用预备费要经过议会审批。日本《财政法》规定，预备费由财务大臣管理。各省厅认为有必要使用预备费时，应向财务大臣呈交报告并经审核，然后请求内阁议决。内阁须将预备费办理支付报告书在下次国会常会时提交国会，请求同意。

2. 追加预算问题。在预算编制后因发生特别紧要的经费支出或债务负担等而需要追加预算时，内阁遵照预算编制程序可编制"修正预算"并提交国会。政府在预算执行中进行项目之间、部门之间的资金融通，也须经国会审批。

3. 赤字问题。根据日本《财政法》相关规定，政府可以编制赤字预算。公共事业费、政府出资及贷款等的财源，可通过发行公债和借款等形式筹措，但必须事先向国会提出其偿还计划，其余额须在经国会议决的范围内。在国库款出纳上，如有必要，政府可以发行财务省证券或从日本银行临时借款，但都须以该年度的财政收入偿还，且其最高额须经国会议决。

4. 预算审批的级次问题。各国的预算一般都是本级议会审议本级预算，但审批预算的级次不大相同。日本虽属于单一制国家，但其预算审批级次却和联邦制国家相同。日本的预算分为中央预算、都道府县预算和市町村预算三级，各级议会只负责审议本级预算。日本实行地方自治制度。国会通讨规定地方税收的种类和"标准率"，中央政府利用向地方转移支付等形式，来控制地方政府的活动。

四、相关部门的职责分工

在日本，参与国家预算编制的机构有内阁、财务省（原大藏省）以及其他大约30个省厅和机构。下面主要就内阁、国会、财务省、各省厅的具体职责分工进行介绍。

（一）内阁

根据日本宪法规定：内阁负责编制预算并提交国会审议。日本实行议会内阁制，内阁作为最高行政机关，由1府12省厅组成。各省厅的职责及内部组织构成等均由法律、内阁政令等予以规范。就内阁在预算编制中的职责来看，首先，根据经济发展预期以及国家重点发展战略等讨论下一年度预算编制的方针，确定"概算要求"和预算上限；其次，财务省"概算方案"提交内阁批准，最终形成"政府预算草案"并提交议会审议；再次，预算成立后发生特别紧急事件或为履行法律或契约规定的中央政府义务而出现经费不足时，需要增加经费支出（包括通过调整年度内部支出项目而增加的支出）或发行债务时，内阁可以根据预算程序编制"修正预算"或"临时预算"。

值得一提的是，为将"大藏省主导"的预算编制转变为"内阁主导"，2001年大藏省改名为财务省，同时在内阁增设了常设机构"经济财政咨询会议"。"经济财政咨询会议"作为内阁常设机构，由内阁总理大臣担任议长，由10名议员组成，分别是官房长官、经济财政政策担当大臣、总务大臣、财务大臣、经济产业大臣、日本银行总裁和民间人士（4名）。"经济财政咨询会议"设立之初，仅被看做单纯的"审议会"。之后在小泉内阁时期发生重大变化。"经济财政咨询会议"负责拟定国家经济财政运营与改革的基本方针、预算编制的基本方针以及经济发展战略等宏观经济政策等，为内阁会议讨论提供草案等。2002年预算制定过程中，"内阁主导"就得到一定程度的体现。从职能分工来看，"经济财政咨询会议"确定"概算要求"

的大致框架，财务省则具体负责预算的编制（"概算方案"）。而且在预算案确立阶段，"经济财政咨询会议"还参与相关会议和相关省厅的协调工作。

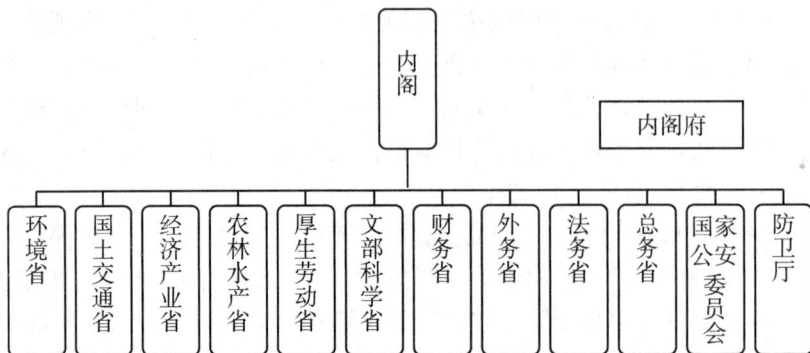

图3-2　日本内阁组织示意图

（二）国会①

根据日本宪法规定，国会负责对内阁编制的预算进行审议和批准，认为其不合理时，可以通过"退回重新编制动议"命令内阁重新编制。经内阁决议通过的"预算草案"提交国会后，经众议院预算委员会详细审议后，再接受众议院全体大会的表决。如获得通过则送交参议院审议，审议程序类似。如果参议院和众议院的意见不一致，则由两院召开协商会议。如果仍不能取得一致，则以众议院的决议为准。

（三）财务省

财务省在预算编制和预算政策制定方面具有很大的权力，财政大臣对预算负有主要责任。作为内阁的重要组成部门，财务省内设机构、职责分工等由《财务省设置法》和《财务省组织令》加以规范。日本财务省由本部及国税厅构成，其业务内容广泛。财务省的职责主要包括：（1）编制和执行预算，制定税收政策和征收管理租税等国家财务事项；（2）国有财产的管理以及国有财产增减及存量总核算书、存量预计总核算书和无偿租赁总核算书的编制；（3）财政投融资资金的管理。主要是通过发行财政投融资债（国债种类之一），从金融市场上筹集资金，对符合国家政策的重要事业进行投融资；（4）外汇、国际货币制度以及维持外汇收支平衡的事务；（5）其他事务。如监督香烟专卖、货币铸造等事务。

财务省在编制"预算草案"的过程中，其本部下设机构"财务局"发挥着重要作用。"财务局"负责编制国家预算，并为执行预算开展各种必要的调查。例如，为把握国家预算的用途、效果以及成本等进行预算执行调查，并将其调查结果反映在下一年度的预算编制中。另外，为准确把握国家的经济形势等，"财务局"还负

---

① 详见本章第二节。

责连续性地开展各种调查，如"法人企业景气预测调查"、"法人企业统计调查"等。"财务局"将经济形势报告、地区法人企业景气预测调查、地区经济调查以及地区财政经济统计年报等资料上报财务省，并定期公布。财务省依据"财务局"的报告编制"概算方案"并决定税制的调整。

（四）各省厅预算单位

在预算准备阶段，各省厅和机构各自制定并审核其支出和项目计划，并向财务省提出"预算需求"。内阁拟定预算编制方针及"概算要求"后，各省厅根据相关要求进行内部修改和调整，将修改后的预算需求（"概算要求书"）报送财务省。期间，各省厅与财务省之间协调预算分配和预算额度。财务省预算局的预算官员和各省厅预算单位就各预算项目的细节问题展开一系列的听证会和审查。

第三节　日本政府预算的执行与监督

一、执行程序及注意事项

（一）执行程序

预算生效后，内阁根据国会决议被授予执行预算的权限，内阁对各省厅长官就年度收支预算、递延费以及国库债务负担行为等下达执行任务。各省厅制定预算期内的支出计划并获得财务大臣的批准。之后，履行各自的支出义务（《财政法》第31条）。具体来看，包括以下三个程序。

首先是分配，即向各省厅负责人公开预算内容，并分配可支配的额度。预算的分配可以说是一种向各省厅负责人发出命令，要求其执行预算的行为。分配财政收支预算和跨年度经费时，需将项目细化到"目"。

其次是负担支出的行为，即签订契约。负担支出的行为在实行前必须制定实施计划，并得到财务大臣的批准。在落实支出行为进行支付时，各省厅、执行机构要同财务省签订接受支付要求的责任合同，各省厅的负责人也必须制定详细的支出计划并获得财务大臣的批准。支付计划批准后，需通知日本银行。支出必须通过日本银行开具支票来进行，一般不支付现金。如果向支票持有人支付现金，则要在日本银行的支付计划框架内进行。

再次是支出行为，即履行支出义务的行为。

预算进入执行程序后，内阁将支出预算中必要的资金分配到相关省厅用于预算执行，各省厅长官全权负责预算支出的执行。鉴于预算对分配的限制，必须按季度安排付款计划。为此，经财务省审批后，"付款计划"通知到日本银行，日本银行开具的支票数额构成实际预算支出。

（二）注意事项

在预算执行过程中，要求内阁每个季度要向国会通报预算执行情况和财政情况。除非有财务大臣的批准，各省厅长官不得将财政支出预算在预算科目之间挪用；没有国会批准，预算差额也不能在科目之间挪用。在财政年度结束后的 7 个月末，每个政府部门和执行机构都要向财务省提交一个实际支出的书面报告和账户情况的陈述。

在预算执行过程中，可以对预算做移用、流用和职能化转等调整。日本预算科目分为类、项、目。"类"是按照政府部门所分的经费，如外务省类经费、农林水产省类经费等。"项"是经国会表决，按支出目的分类的经费，如公共事业费等。"目"是项的明细，是按支出性质分类的经费，如差旅费等。所谓预算的移用，是指在执行预算时，对根据目的分成"类"的经费，允许"类"之间的移用，但必须属于在执行上有必要且在预算总则中已事先得到国会表决通过的经费。所谓预算的流用，是指对国会议决的"项"经费的流用，必须根据性质分类的变更，即行政科目的变更，且经财务大臣批准才可流用。所谓预算的职能化转，是指在预算总则中规定，根据职务权限的变更等，可以对预算组织进行变更，而不是变更预算的"项"经费。

在预算执行过程中遇到难以预知的情况时，可以动用预备费。预备费是为防止预算不足的情况，根据国会的表决确定的。它不像一般预算支出规定了经费使用目的和用途，而是一种预留基金，可以根据内阁的职责和权限支出。但是，内阁应当确认将预备费用于合理用途上，并得到国会的事后批准。如果在国会召开期间使用预备费，则属于"修正预算"，须经国会表决，这主要是出于对国会表决权的尊重。预备费也不都是未规定用途的，如"公共事业等预备费"就是一种特定预备费，在预算案中根据经济形势变化已经确定了大致用途。

预算的结转则是会计年度独立原则的例外。按照会计年度独立原则，每一会计年度的收入必须在该年度内使用，不能进行预算结转，但由于事先编制的预算有可能与实际情况不符，坚持上述原则难免缺乏效率和经济效益。因此，允许在一定情况下的结转使用，主要包括根据经费的性质就可预测结转发生并事先经国会批准的、出于无法避免的事故结转以及递延费的逐年结转等。如确有必要将预算支出经费转入下一年度使用时，相关省厅长官必须编制转入下一年度的经费计算书，且分事项说明其缘由和金额，报财务大臣批准。对于跨年度经费在每个预算年度的支出额相关的财政支出预算经费，如果在年度内没有支出完，则不受年度独立原则约束，可以在跨年度经费项目完成年度之前，依次转入下一年度使用。

另外，每一财政年度预算执行完毕后，各部门负责人必须在次年度的 7 月 31 日之前向财务省提交收入和支出的决算报告，在获得内阁会议通过之后提交会计检查院。会计检查院审计完毕后将审计报告返还内阁，由内阁会议将决算报告连同会计检查院的审计报告提交给国会审议，审议通过，完成决算。对决算中反映的资金结余，应当在扣除转入财源、地方转移支付税不足等之后，将净结余的 1/2 转为公债偿付财源，其余 1/2 转入下一年度收入。日本《财政法》对预算不足问题并没有规定，但按照稳健财政原则，《财政法》不允许出现决算不足的情况，因此，必须采取适当的措施来规避决算不足。为了解决税收不足问题，日本设置了"决算调整资金制度"，动用该项资金还不足以填补决算不足的情况下，可以允许"国债整理基金"转入。但是，来自"国债整理基金"的转入，在第二年度一定要转回，以保持"国债整理基金"的原有数额。

二、年度收支的执行

在年度收入执行方面，包括调定、缴纳通知和收纳三个阶段。有时调定和缴纳通知合并称为征收。与预算中的年度支出不同，年度收入在执行中可以局限于预算，即实际收入可多于预算数。所谓调定，是指地方公共团体就年度收入情况，在所属年度、年度收入科目、应缴纳金额、缴纳义务者等方面是否存在错误，是否存在违反其他法令或者契约的事实等进行调查，以决定应缴纳金额等；所谓缴纳通知，是指通知纳税义务人其应缴纳金额等。纳税通知书应记载所属年度、年度收入科目、应缴纳金额、缴纳期限、纳税地及缴纳请求事由等；所谓收纳，是指地方公共团体的会计管理者，接受纳税义务人缴纳的税款。

在年度支出的执行方面，包括支出负担行为、支出命令、支付三个阶段。年度支出的执行受预算限制，即不允许年度支出金额大于预算数。

三、政府预算执行的监督

第二次世界大战后，日本形成了与立宪政体相协调的财政监督、审计监督、国会监督及社会监督（主要为居民诉讼）等多元预算执行监督体系。由于审计监督和国会监督主要体现在对决算的审计和审核上，相关内容在第四章（日本政府决算与审计管理）有详细论述。这里仅就预算执行中的财政监督和社会监督进行介绍。

（一）财政监督

预算一经国会决议通过便具有法律效力。财政部门既是预算执行的一般主体，又是其他部门执行预算的监督主体，在预算执行中发挥"闸门"作用。根据《会计法》规定，在预算执行过程中，财务大臣可要求各部门提交与支出进度等有关的报告，或就预算执行情况进行现场检查和必要的指导。

财务省作为内阁的重要组成部门，其职责、内设机构及分工等由《财务省设置法》（2001 年，后经多次修订沿用至今）和《财务省组织令》（2001 年）做出具体规范。根据《财务省设置法》第 4 条规定：财务省所管事务多达 67 项。总体而言，财务省肩负着确保财政健全、实现公平合理的课税、合理运营海关业务、对国库进行管理、维持对货币的信赖以及确保外汇稳定的职责。具体而言，主要职责包括：（1）编制和执行预算，制定税收政策和征收管理租税等国家财务事项；（2）国有财产的管理以及国有财产增减及存量总核算书、存量预计总核算书和无偿租赁总核算书的编制；（3）财政融资资金的管理。主要是通过发行财政投融资债（国债种类之一），从金融市场上筹集资金，对符合国家政策的重要事业进行投融资；（4）外汇、国际货币制度以及维持外汇收支平衡的事务；（5）其他事务。如监督香烟专卖、货币铸造等事务。

其中，在预算方面主要是负责具体的预算编制、预算执行及监督，主要包括：中央政府预算、决算及国库制度的规划与立法准备，以及相关事务的统一处理；有关编制中央预算和决算的事务；有关管理中央预备费的事务；有关管理"决算调节资金"的事务；有关管理"国税收纳金整理资金"的事务；依据财政、国库相关法令规定，认可和认证各省厅预算执行的事务；有关监督各省厅出纳官及出纳员的事务；就中央预算的执行，要求相关单位提交报告，派员现场检查，以及发布指示的事务；有关管理各省厅收入的征收与入库的事务；有关物品及中央政府债权管理的综合协调事务；有关管理中央政府贷款的事务；有关政府关联机构①的预算、决算及财务等事务；有关国内税的课征与征收的事务；有关国库收支调节及其他国内资金运用、调节的事务；有关国债、地方债的事务；有关财政投融资计划的编制及财政投融资资金的管理和运用的事务，等等。

日本财务省由本部及国税厅构成。日本财务省本部由内部部局、有关设施机关及地方分支部局三部分构成。其中，内部部局设有大臣官房（办公厅）、主计局、主税局、关税局、理财局和国际局；有关设施机关包括财务综合政策研究所、会计中心、关税中央分析所和海关研修所等；地方分支部局包括 10 个财务局、1 个财务支局和 8 个海关，财务局、财务支局和海关又分别下设财务事务所（40 个）和海关支署作为派出机构，职员达 4 600 多人。具体负责中央财政支出的管理和监督工作。财务省对预算执行的监督主要体现在以下几个方面。

一是对预算分配的监督。经国会审批的预算中的细目，需要明确至具体的预算单位，并且预算以整个会计年度为对象，执行中应按时期或计划进度予以资金分配。根据《财政法》第 31 条规定：预算成立后，内阁应根据国会决议、依据各省厅长官所负执行责任对其分配财政收支预算、跨年度经费及国库债务负担行为，而且分配需要细分到"目"；该法第 34 条规定：预算分配后，各省厅长官应按照政令规定，分别确定各承担支出事项的支出额，编制支出支付计划，并报送财务大臣批准。财务大臣综合考虑国库资金、财政收入、金融状况及经费状况等，适时编制有关审批支出支付计划的方针，报告内阁会议通过。对于有关公共投资经费及其他财务大臣指定的经费，各省厅长官必须根据政令规定，编制与该财政支出预算、跨年度经费或国库债务负担行为相关的支出负担行为（指构成中央政府支出原因的契约及其他行为）具体实施计划等文件，并报送财务大臣批准。

---

① 指依据法律设立的、中央政府提供全部资本金的法人，主要从事事业性项目的经营，或者融资性业务。如日本政策投资银行、国际协力银行、商工组织中央金库等。2008 年 10 月以后，进行了包括民营化在内的全方位改革，目前指出规模最大的政府关联机构是株式会社日本政策金融公库和株式会社国际协力银行。

　　二是对预算执行及其调整的监督。预算编制受技术性、制度性和人为等因素的影响，同时，预算执行中也受到主客观因素影响，需要对既定预算在执行中的偏差予以纠正，但是如果过于放任预算执行的调整则造成对预算审批的规避，危及预算的法定效力。根据《财政法》第33条规定：预算支出不得超出国会所规定的预算目的之外，如果预算执行确实需要调整，省厅间的"类"之间进行"移用"的，需要以预算形式报经国会审议通过，由财务大臣批准后方可挪用；省厅部局之间或部局内部之间的"目"之间"流用"的，须取得财政大臣许可后方可挪用。当预算执行中遇到不可抗拒的事件时，相关省厅长官必须分事项说明理由和金额，报财务大臣批准。在财务大臣批准的额度内，可将滚动经费用于负担下一年度必须支出的债务。另外，根据《会计法》规定：为保证预算能正确执行，财务大臣要求各省厅提供收支情况表或收支预计表。可就预算的执行情况进行实地检查，或根据需要经由内阁会议决议就预算执行下达必要指示。为保证预算能正确执行，财务大臣自己或委托各省厅长官，就工程的承包合同人、物品的提供人、补助金领受人或调查、试验、研究等的委托人等，就其状况进行审计或汇报。

　　三是对预备费的监督。预算是"预先算定"的估测，为避免过于僵化以适应实际需要，日本宪法第87条规定：为补充难以预见的预算不足，国会可决议设置预备费，由内阁负责支出。预备费的支出，内阁应在事后取得国会的同意。《财政法》第35条则规定：预备费由财政大臣管理，各省厅申请使用预备费必须向财务大臣递交使用理由说明、使用金额及有关金额计算等的详细文件资料。财务大臣依据申请做必要的调整，并编制预备费使用书，除事先内阁会议决议由财务大臣指定的经费外，应提请内阁会议决议通过。第36条则规定：各省厅在支出预备费后，应向财务大臣送交预备费支出报告书。财务大臣必须根据预备费支出报告书编制预备费支出总报告书；内阁须在下一届国会例会期间，将预备费支出总报告书和各省厅的预备费支出报告书提交国会，并提请国会审议通过；财务大臣必须将预备费支出总报告书和各省厅的预备费支出报告书送达会计检察院审计。

（二）社会监督

　　根据日本《财政法》第46条规定：预算成立后，内阁必须及时将预算、上上年度财政收支决算、公债、借款、国有财产余额及其他相关财政事项，以印刷品、演讲或其他适当形式通告国民。内阁至少每个季度向国会及国民报告预算使用状况、国库状况以及其他相关财政事项。上述规定为预算执行的社会监督提供了基本的法律依据。

　　预算执行中的社会监督主要表现为居民对预算执行的监督权和诉讼权。居民诉讼是日本第二次世界大战后民主化改革的重要成果，是日本宪法中关于"国民主权原则"及地方自治中"居民自治理念"的充分体现。根据《地方自治法》第9章中关于"居民的监查请求及诉讼"相关规定：该制度设立的直接目的是防止和纠正地方公共团体职员违法或不当的财务会计行为。作为为居民提供参加地方政治与地方行政、维护地方利益的手段，是对地方公共团体财务会计运营予以监督及司法审查。

日本有关"居民的监查请求及诉讼"制度由两个阶段构成。依据《地方自治法》第242条规定：第一阶段是居民监督请求，即普通公共团体的居民如果认定普通地方公共团体的行政首长、委员会或委员以及该普通地方公共团体公务员，在政府收支活动、财产取得及管理或处置、契约缔结或履行债务等职务方面，存在违法或不当行为，包括预测该行为发生具有相当的确凿性的情况；或者认定存在违法或有不正当课征行为；或者在财产管理方面存在玩忽职守的事实时，可以附证明以上事实的书面材料，向监查委员提出监查请求。监查委员收到请求后进行监查。如果认定请求没有理由，则附理由书面通知请求人并同时予以公示；如果认定请求理由成立，则向有关主体发出劝告，要求其在一定期限内采取必要措施，并将劝告内容通知请求人并公示。情况紧急或危害重大时，监查委员可以劝告立即停止行为。由于劝告不具有强制执行力，相关主体可能不采取措施，以及请求人对监查委员的监查结果、劝告内容或相关主体的措施不服时，则进入第二阶段，即普通地方公共团体的居民可以依据《地方自治法》第242条相关规定向法院提起诉讼请求。即请求中止该执行机关或公务员的全部或部分行为；取消或确认该行政处分无效；确认该执行机关或公务员玩忽职守的事实；向该执行机关或公务员提出对相关方损害的赔偿或不正当利益的返还等。

"居民的监查请求及诉讼"制度为公民提请公诉提供了法律依据，该制度在日本预算执行监督中发挥着积极的作用。20世纪90年代，针对地方政府交际费公开及政府机关招待费、接待费等曾发生过多起居民诉讼案件。如1999年秋田地方裁判所民事一部进行过一项判决，秋田县居民以该县为原告，请求判定秋田县召开的六次恳谈会所开支的费用中有2 091 245日元餐费属于违法支出，要求时任教育长等6名被告予以损害赔偿。而秋田地方裁判所最终裁定支持原告请求，判决被告向秋田县支付相关费用及利息，并承担诉讼费。

第四节　日本的国库制度

日本中央和地方实行不同的国库管理体制。中央实行委托国库制，即中央政府委托日本银行（中央银行）代理国库业务；地方实行银行制，即地方政府通过其财务省在商业银行开立账户，将地方财政预算资金作为一般存款存入商业银行进行管理。

一、日本银行的性质和机构设置

日本银行是根据《日本银行法》成立的独立法人，其注册资金的55%由政府出资，其余45%由民间出资。日本银行成为独立于政府的机构，而非中央政府的组成机构之一，是历史的选择。第二次世界大战时期，日本超出其国力频繁发行大量带有军事目的的赤字公债，而当时又难以通过市场消化，不得不依靠以日本银行承购的方式发行国债，从而导致严重的通货膨胀，引发剧烈的社会动荡，使国民深受其害。第二次世界大战后体制下，特别强调日本银行独立于政府的属性。例如，日本金融政策的制定是由日本银行所属的"金融政策委员会"决定的。该委员会具有浓厚的民间色彩，其成员主要由专家学者和民间金融机构的代表组成。虽然委员会的成员须经财务省批准，但委员会成员主要依靠其专业知识对金融形势作出独立判断，并集体决定金融政策走向，不受政府的约束和干预。

《日本银行法》第 35 条规定：日本银行作为日本国的中央银行，根据法令规定必须经办国库金。而根据《会计法》第 34 条规定：日本银行根据政令的规定，必须经办国库金出纳的事务。日本银行接收的国库金根据政令的规定作为国家的存款。因此，经办国库、从事国库金业务是日本银行的固有业务，从事国库金事务所需的经费也由日本银行承担。

日本银行总行及分行共计 33 家。由于国库金业务涉及广大普通国民、企业及全国各地的国家机关，交易内容和种类繁多，经办件数也非常庞大，仅靠上述 33 家机构，远远不能满足业务需要，也不能保证提供方便的服务。为此，日本银行与民间金融机构、日本邮政公社等签订合同，委托这些机构代理国库金业务和国债事务。这些被委托的店铺称为"日本银行代理店"。"日本银行代理店"可以分为"一般代理店"、"收入代理店"、"收入复代理店"、"国债代理店"、"国债复代理店"和"国债本金利息支付店"等。"一般代理店"业务内容广泛，除接收、支付国库金及经办政府有价证券以外，还经办国债本金和利息的支付等，其业务内容和功能与日本银行分行基本相同。"收入代理店"则只接收国库金，不经办其他业务。"收入复代理店"是指受"收入代理店"所属金融机构的委托，经办接收国库金业务的代理店，一般与"收入代理店"具用同样功能，但日本邮政公社下的"收入复代理店"只接收违反交通规则罚款、国民养老金保险费等部分国库金。"国债代理店"和"国债复代理店"是指经办国债的本金利息支付以及其他国债事务的代理店。"国债本金利息支付店"是指经办除记名国债以外的国债本金利息支付业务的代理店。截至 2015 年年底，全日本共有"一般代理店"489 家、"收入代理店"19 282 家、"收入复代理店"21 250 家、"国债代理店"474 家、"国债复代理店"19 866 家、"国债本金利息支付店"16 家。

日本银行非常注重对代理店的严格管理，所有代理店入口处都必须挂有标明代理店的标示牌。同时，日本银行建立了"代理店检查制度"，定期派遣日本银行职员前往代理店，检查和监督代理店的业务经办情况，以及有关金融机构对代理店的管理情况，以确认代理店是否依据法律规定正确开展了被委托的国库金业务。

二、国库金与国库金业务

日本国库包含的内容非常广泛，凡国家所有或保管的财产或财产性权利，都计入国库。国库的财产有现金、有价证券、债权、物品、国有财产等各种类型。经营和管理这些财产的制度就是国库制度。国库金是指国家（中央政府，不包括地方政府）所有的国库现金和有价证券。在日本，国库金是存在日本银行，并委托其管理的。国库金业务是指日本银行收付国民与国家之间资金的事务。

国库金可以分为收支预算中的收入金、支出金及其他国库金。收入金是国家纳入预算并收入国库的国库金，包括税收、国民养老金保险费、厚生养老金保险费、劳动保险费、电波利用费等。支出金是国家支付出去的国库金，包括公共事业费、失业给付金、养老金、国库公务员工资、差旅费等。2014年度，日本国库金收入1.4亿件，1 340兆日元；国库金支出3.2亿件，1 340兆日元。其他国库金有保管金、委托保管金和财政融资资金等，又被称为"收入支出外现金"。其中，保管金和委托保管金都是国家代为保管的现金。保管金有招标保证金、合同保证金等。招标保证金是国家在进行招标时，投标人缴纳的保证金，而合同保证金是与国家缔结买卖等合同的缔约人缴纳的保证金。委托保管金有赔偿委托保管金、营业担保委托保管金等。赔偿委托保管金是指因地租、房租等债权关系发生纠纷，债务人寄存的委托保管金。营业担保委托保管金是发行预付卡等的经营机构寄存的委托保管金。财政融资资金是指将发行财政投融资债等筹措的资金向政府金融机关、地方政府等进行融资的资金。

国库金业务包括出纳业务、资金管理业务和国库管理业务三个方面。出纳业务是收付国民与国家之间资金的业务。资金管理业务是将资金收付作为政府存款收付进行会计管理的业务。国库管理业务也称计算整理业务，是指将资金的收付按照政府机构和会计管理的要求进行分类整理、统计并记录到账簿，与政府机构进行核对、确认的业务。

国库金业务大致可分为六个步骤。以个人经代理店缴纳国税为例，其具体步骤如下：（1）国家（税务署）向个人寄发"缴纳国税通知书"；（2）收到通知书后的个人到代理店窗口缴纳现金或从存款账户中转账支付，完成国税的缴纳；（3）代理店向税务署寄送国税收讫通知书，分为"收讫通知书"、"收据存根"和"缴纳书、收据证明"三联，每联都填有纳税人的住址、姓名、缴纳金额等，分别由国家、代理店和缴纳人本人保存；（4）代理店向税务署寄送"国税收讫通知书"的同时，也向日本银行报告"收到国税"，并按税务署分类的统计表寄送至日本银行；（5）代理店将收到的资金从该金融机构在日本银行的活期存款账户支付到政府活期存款账户结算；（6）日本银行将代理店寄来的统计表整理归纳，对收到的国税按税务署分类进行计算整理，将每个月的结果与各税务署进行核对、确认。

在国库金业务的处理过程中，由于代理店的权限和级次不同，从公民在窗口缴纳到结算有一个时间差。在可以直接与日本银行进行业务往来的"一般代理店"、"收入代理店"窗口缴纳的，2个工作日后账款就入账至政府存款。在需要"一般代理店"经办的"收入代理店"窗口缴纳的，要4个工作日后收入金才入账至政府存款。

为提高管理效率，减少纸质单据的使用，进入21世纪，日本银行在国库金业务方面推进电子化发展。于2000年3月发表了《国库金业务电子化方针》，并与"电子政府"相呼应,与政府机关、金融机构合作,共同推进国库金业务的电子化项目。国库金业务的电子化发展首先开始于国家支付领域。2001 年,国税退税金汇款率先实现了 MT(Magnet Tape 的略称,为一种"磁带")处理,2003 年又完成了支出金(公共事业费、失业给付金等)汇款的在线化。目前,日本已提出将原先主要依靠纸质版处理的国家公务员工资、差旅费等支付改为在线支付,国税退税在线化也在探讨当中。上述过程实现了从"政府支票现金支付→书面汇款→MT 或在线汇款"的变革过程。具体而言,国家最初的支付方式是政府机关将纸质版形式的"政府支票"寄送至国民手中,国民再将支票拿到日本银行的总行、分行或代理店领取现金;接着发展到政府机关以纸质形式"委托汇款"至金融机构的收取人账户;现在则发展到政府机关以 MT 或在线形式(电子化)"委托汇款"至金融机构的收取人账户。

在国家收纳领域,2004 年实现了收入金的电子缴纳,从而完成了"书面缴纳与人工处理→书面缴纳与 OCR(Optical Code Reader 的缩写,直译为光学式文字读取装置)处理→电子缴纳"的发展进程。具体而言,最初是政府机关以纸质形式将"缴纳书"寄至国民手中,国民到日本银行总行、分行或代理店缴纳现金,日本银行总行、分行或代理店再以纸质形式的"收讫通知书"寄至政府机关;然后发展到国民根据政府机关寄送的纸质"缴纳书"到日本银行总行、分行、代理店缴纳现金后,日本银行分行以 OCR 处理代替人工手工作业汇总收讫信息,并以电子数据形式发送至政府机关;现在发展到政府机关通过因特网获得"缴纳信息"提示后,通过因特网委托日本银行从金融机关的收取人账户转账到政府机关。2005 年,在国库保管金、寄存金、财政融资资金等收支业务方面,收入实现了电子缴纳,支出实现了线上支付。2006 年,实现了国税返还金的在线支付。全国税务署的国税返还金信息在国税厅汇总后,在线上传给日本银行。再通过全国银行系统上传至各金融机构,金融机构向收款人账户汇款。

日本银行通过积极推进国库金业务的电子化,在提高国民的方便程度和提高有关机关的办事效率等方面,取得了良好效果。首先,国民在税金、国民养老金保险费的缴纳期限前,如果工作繁忙,可以通过因特网或 ATM 机进行电子缴纳,没有必要再拿着纸质"缴纳书"去金融机构的窗口缴纳现金或者转账,即实现了国库金可以在任何时候、任何地点缴纳,为国民提供了极大的便利;其次,IT 技术的使用,使得日本银行、金融机构、政府机关等实现了无纸化、自动化办公,极大地提高了准确性和工作效率。以 2002~2003 年度为例,通过实行支出金汇款的在线化,纸张处理从 5 700 万件减少至 3 900 万件,减少了 31%。而与 2002 年度相比,2005 年度的在线处理件数增加了 4.5 倍,纸张处理件数却减少了大约一半。此后,纸张处理比率持续降低。同时,收纳的国库金作为政府活期存款计入的期间也缩短了,从通常需要的 2 个工作日减为 1 个工作日。近年来,日本银行在推动国库金业务电子化方面,重点扩大了电子化的对象范围,并致力于促进电子缴纳的利用和强化系统障碍应对功能等。

第五节　日本的政府采购制度

日本开展政府采购时间较早。日本于 1981 年加入了 GATT《关于政府采购的协定》，并于 1996 年加入了 WTO《政府采购协议》。日本根据上述协定对国内法进行了修订，将 WTO 规定的一定金额以上的合同全部作为国际采购的对象，符合条件的合同全部以英文公开内容，并完善了投诉制度等。

一、政府采购法律制度体系

日本涉及政府采购的国内法律法规有：《会计法》（1947 年）、《预算、决算及会计令》（1947 年）、《预算、决算及会计令临时特例》（1946 年）、《契约事务管理规则》（大藏省令第 52 号，1962 年）等。作为 WTO《政府采购协议》（Agreement on Government Procurement，GPA）的发起和最早签字国家之一，日本除遵守《政府采购协议》外，还以自愿性措施的形式对国内有关政府采购的法规作了规范，进一步扩大并明确了政府采购的适用范围和采购细则等。如 1980 年由内阁及大藏省分别制定的《有关货物或特定劳务政府采购程序的特例政令》和《省令》。各省厅及相关机构依据上述法规又另行制定有更为详细的规定。地方政府则根据《地方自治法》（1947 年）制定有地方政府采购相关的法律法规。为了适用 1996 年《政府采购协议》，日本出台了《地方自治法施行令特例实施细则》于 1996 年 1 月 1 日生效，用以规范地方政府签订的采购合同，使其符合《政府采购协议》要求。

日本在政府采购方面采取的自愿性措施包括：（1）采购起点金额由 GPA 规定的 13 万 SDR 降至 10 万 SDR（1 万 SDR 约 1 万 3 千美元，实践中的做法为每两年修正一次日元兑换 SDR 比率）；（2）公告投标期间由 40 天延长至 50 天；（3）每年 4 月将公开三个项目的信息，大型采购超过 80 万 SDR（13 亿日元）以上者必须在官报公告，电器电信或医疗产品超过 10 万 SDR 者必须公告，超过 10 万 SDR 者必须在各个政府采购机构窗口进行记录；（4）若采用限制性招标，则必须在签约前 20 天进行公告；属于超级计算机、电信通讯及医疗科技产品的，至少必须在 40 天前公告；（5）对超过一定金额的采购（一般产品的采购超过 80 万 SDR 的必须在 30 天前，电信通讯与医疗产品超过 385 万 SDR 的必须分别于 30 天前及 45 天前），采购机构必须向供应商征询意见，而 GPA 对此并无规定；（6）达到上述第 5 项起点金额的采购可以采用综合评估方式①决标；（7）适用自愿性措施的采购机构有：32 个中央采购实体及 70 个特殊法

---

① 综合评估的适用条件：一是采购以最低竞标价的方式不可行，即经评估中标的厂商可能无法履约；二是计算机产品超过 80 万 SDR 或电信通讯、医疗产品超过 385 万 SDR 的采购，超过标底价的。

人①实体，但不包括在 GPA 规范内的地方采购实体（共 59 个单位）；日本电信电话公司因有其专门适用的采购法规，也被排除在电信通讯产品政府采购规范名单之外；医疗产品则因其专业性与复杂性，适用的特殊法人实体仅有 19 个。

二、政府采购方式

根据日本《会计法》、《国库法》等相关规定，所谓的政府合同是指以国家为合同一方当事人订立的合同。政府合同的签订受预算等相关制度约束，国家缔结政府合同必须通过公开招标程序，包括一般公开招标以及特定情况下的选择性或限制性招标程序进行。

（一）一般公开招标（"一般竞争性契约"）

是指通过公告、接受申请等竞争招标的形式签订合同的方式。国家缔结买卖、租赁、承包及其他合同时，原则上必须采取公开招标方式。

（二）邀请招标（"指名竞争契约"）

即选择性招标，是指国家指定特定企业，让被指定企业竞争投标的方式。采用邀请招标方式主要原因包括：一是由于合同的性质或目的等，能够参加竞争者非常少，没有必要或不适合采取一般公开招标形式，或者采用一般公开招标反而会不利的情况；二是所涉合同价额少的情况以及其他政令规定的情况。

（三）限制性招标（"随意契约"）

限制性招标是指不通过竞争方式就允许与特定的私人缔结合同的方式。符合 GPA 第 15 条规定采用这一方式的前提是采购项目必须具有特殊性、专业性和复杂性，或者仅有少数特定供应商可以提供所需产品或服务，或经多轮招标后仅有部分有能力的供应商参与投标。此外，如果某一供应商的投标价格虽然最低，但经评审发现其未来履约能力可能存在一定问题，也可以采用限制性招标。采用限制性招标的原因主要有以下几点：一是没有供应商参与公开招标或选择性招标；二是如果改变供应商可能会影响现有产品或设备的兼容性；三是基于保护专利、著作权等因素仅有单一特定供应商；四是由于不快速签约则会失去签约机会或者其他通过竞争招标的方式反而不利的情况；五是由于合同金额非常小或者其他没有必要采取竞争招标形式的情形。

三、政府采购信息发布

日本政府采购信息公布的途径一般包括：召开说明会、招标公告、官方刊物公

---

① 指由政府出资的法人机构，属于"政府关联机构"。

告或官方网站公告。

（一）说明会

每年年初外务省集中召开一次说明会，国内外供应商可自由参加，在说明会上，各采购机构依次通报有关采购信息及金额 80 万 SDR 以上的采购项目。此外，各采购机构也可根据自身需要自行举办说明会，并就说明会相关事宜在官方刊物或官方网站上公布。

（二）招标公告

凡适用自愿性措施的采购单位，采购前 50 天必须在官方刊物或官方网站上公告其招标信息。公告项目必须包含：采购内容、投标商资格、取得招标说明书与投标的地点、决标方式及开标日期、地点、合同使用语言与货币种类（一般为日文与日元）等。

（三）官方刊物或官方网站

日本官方刊物有关政府采购版每日刊行，用日语和英语摘要的方式刊登各类采购信息，每周更换一次内容供外界查询。官方刊物除公告招标信息外，也刊登决标结果。政府采购活动结束后，整个采购过程及相关决策都将记录在各采购机构的采购档案文件中（这些档案的保存年限根据有关规定至少是 5 年），这些采购文件原则上对所有需要查阅的人都是开放的。

四、对供应商的资格审查

原则上，采购机构必须在官方刊物上公告其采购需求，凡具有履约能力、愿意参加投标的供应商，不论国内或国外企业（外国公司可通过其在日分公司或子公司）均可提出资格审查申请，每年 12 月至次年 2 月为定期审查期间。

采购机构必须公告下列资料信息：（1）采购机关名称及联络方式；（2）采购项目的品种和数量；（3）供应商投标期限（除非紧急采购，一般产品至少公告 30 天，电信通讯、医疗产品公告 45 天）；（4）招标会议召开的时间、地点。供应商申请资格审查时需要提交的文件包括：申请书、身份证明、营业登记与财务报表、纳税证明等相关资料。通过资格审查和认定的企业在日本政府采购相关部门均有备案。日本政府相关部门网站也公布有相关企业的资质名单。

采购机构的资格审查方式为：各采购机构依据申请者的资本额、营业额、员工人数等基本资料，以量化方式判断其履约能力并区分等级。一般得分在 70 分以上者为 A 级，50~70 分者为 B 级，50 分以下者为 C 级（采购 3 000 万日元以上者，可以在官方刊物上说明只接受 A 级供应商参与投标）。经审查符合资格的供应商，采购机构即将其列入名册。各项采购原则上以价格竞标为决标方式。为了避免低价竞标并确保中标供应商有履约能力，少数采购项目可采用综合评估方式确定中标供应商。

供应商获得中标资格的适用有效期限一般为 3 年，期限内除供应商有违法行为外，原则上不再审查其资格。期限截止后还需要重新审查、认定。

五、争端解决及其程序

由于国家处于优势的地位，为防止国家滥用这种优势使合同对方处于不合理、不利的立场，保护相对人的合法权益，日本出台相关法令对政府合同的签订加以制约。如关于防止政府合同支付拖延等的法律、关于简化、合理政府的竞争合同参加资格审查手续的协议、公共工程标准承包合同条款等。同时要求，政府合同书的格式、内容等，合同当事人不能自由决定，而必须符合相关法令规定。

（一）申诉制度

日本内阁府专门设有负责政府采购申诉的部门和机构。即"政府采购申诉处理推进会议"及其下设机构"政府采购申诉检讨委员会"，日常事务处理机构（事务局）为"政府采购申诉处理对策室"。

"政府采购申诉处理推进会议"成立于 1995 年，由内阁府事务次官任议长，各省厅事务次官任议员。其下设机构"政府采购申诉检讨委员会"由政府采购方面学者、专家和退休官员以及具备政府采购从业经验的人员等组成，目前有委员 6 名、专门委员 18 名组成，主要负责受理、处理申诉案件等。作为独立运作的中立机构，该机构主要是对政府采购情况进行评价、受理政府采购相关各方的质疑。若发现已执行的采购中有不符合 GPA 规定或其他适用规则的，则拟定建议书送政府采购机构查处。建议书涉及处理方法包括：向有关单位提出"启动新的采购程序"，不改变采购条件重新采购；对采购进行重新评价，由其他供应商执行合同；终止合同等。根据日本政府采购有关质疑的审查程序规定，政府采购有关各方应采纳"政府采购申诉检讨委员会"提出的建议，除非采购实体有合法理由，否则必须采纳；如果不采纳，应说明原因，"政府采购申诉检讨委员会"最终将相关实体所述原因的复印件及时提交给"政府采购申诉处理推进会议"进一步审理。"政府采购申诉处理对策室"作为"政府采购申诉处理推进会议"和"政府采购申诉检讨委员会"的事务局，负责日常事务的联系以及决定申诉的审议程序等。

（二）争端解决程序

原则上适用 WTO "争端谅解"和《政府采购协议》的相关规定，并明确了如下处理细则和程序：

一是磋商解决。原则上，日本提倡所有的政府采购争端案件均能通过磋商解决，秘书处负责安排双方磋商事宜。实践中，绝大多数争端案件均在提出申诉前即予磋商解决。

二是提出申诉。曾经参与某项个别或特定政府采购的当事人均可以该采购存在的问题为理由提出申诉。如认为采购规格书内容有偏袒或招标过程与决标方式不妥等。但必须在案情缘由发生后 10 天内向秘书处提出。

三是受理申诉。申诉一经受理，审议委员会将通过官方刊物、互联网等其他渠道予以公告，并邀集与该采购有利害关系的各方参与审议过程。

四是采购单位的说明。采购单位应向委员会提出报告，将其副本抄送申诉当事人及与该案有关的对象；若后者对该说明报告满意，则审议结束，否则进入下一程序。

五是委员会审议。原则上，委员会须在申诉提出的 90 天内审议议决，如果属于采购单位违反 GPA 等规定的情况，则发送建议书及审议结果至涉案采购单位查处。

六、日本政府采购概况

根据内阁官方发布的《2014 年度版日本政府采购施政与实绩》，符合政府采购条件和要求①的 152 个政府采购部门（中央政府部门 23 个、特殊法人等 40 个、独立行政法人 89 个），2013 年度政府采购商品、服务共 17 811 件，总额约 20 570 亿日元。其中，商品 12 574 件，采购金额 10 945 亿日元；服务 5 237 件，采购金额 9 625 亿日元。就采购方式来看，无论是商品还是服务采购，主要以一般公开招标为主。但在服务采购中，限制性招标所占比重较高。具体来看，2013 年度商品和服务采购中，一般公开招标（"一般竞争性契约"）分别占采购商品、服务总件数的 90.6% 和 64%，占采购总金额的 86.8% 和 51%。表 3 - 2 为 2013 年度日本政府采购概况。

表 3 - 2　　　　　　　　　2013 年度日本政府采购概况

		一般公开招标	邀请招标	限制性招标	合计
商品	件数（件）	11 392（90.6%）	30（0.2%）	1 152（9.2%）	12 574
	金额（亿日元）	9 495（86.8%）	137（1.3%）	1 313（12.0%）	10 945
服务	件数（件）	3 374（64.4%）	36（0.7%）	1 827（34.9%）	5 237
	金额（亿日元）	4 944（51.4%）	39（0.4%）	4 642（48.2%）	9 625
合计	件数（件）	14 766（82.9%）	66（0.4%）	2 979（16.7%）	17 811
	金额（亿日元）	14 439（70.2%）	176（0.9%）	5 955（28.9%）	20 570

资料来源：《2014 年度版日本政府采购施政与实绩》，http：//www. kantei. go. jp/jp/kanbou/26tyoutatu/dai2/dai2honbun. pdf。

另外，外国企业参与日本政府采购的程度并不高。以 2013 年度为例，来自国外采购的商品和服务 509 件，总金额 607.2 亿日元。占全部政府采购商品和服务件数的 2.9%，占全部政府采购金额的 3.0%。就国别来看，来自美国 197 件，金额

---

①　即适用《关于物品的政府采购手续》（运用方针）、《有关日本公共部门电器通信器械及服务政府采购的措施》、《有关日本公共部门医疗技术产品及服务的政府采购措施》等法规而采购的商品和服务。

235.0 亿日元；来自欧盟 262 件，金额 267.9 亿日元；其他国家 50 件，金额 104.2 亿日元（见表 3 -3）。

表 3 -3　　　　　　　外国企业参与日本政府采购的程度　　　　单位:%

	2011 年度		2012 年度		2013 年度	
	金额	件数	金额	件数	金额	件数
外国企业占比	3.1	3.1	3.0	3.2	3.0	2.9

资料来源：《2014 年度版日本政府采购施政与实绩》，http：//www. kantei. go. jp/jp/kanbou/26tyoutatu/dai2/dai2honbun. pdf。

第四章

日本政府决算与审计管理

■ 本章导读

政府施政始于预算终于决算，决算是政府依有关规定执行法定预算而向国会提交的事后实绩报告。决算管理和政府审计作为对政府职能事后监督的重要工具，不仅能较为准确地反映国家的收支执行情况，也有利于财政信息的公开透明，便于民众监督。同时，审计结果还用以分析和衡量政府运行的绩效与缺失，为以后年度制定政策方针、编制预算以及改进财务管理提供依据。日本是世界上少数几个实行独立型政府审计体制的国家。其国家审计机关——会计检查院，独立于国家立法、行政、司法机关之外，拥有独立地位。会计检查院除对国家收支进行审计外，还进行法定的会计检查。会计检查本着公正性、合规性、经济性、效率性、有效性等原则进行。本章在介绍日本政府决算管理、审计管理的基础上，就日本地方政府审计和独立行政法人审计做了简单介绍。

第一节　日本政府决算管理

预算是政府施政计划的收支规划，决算则是收支规划实际执行成果的总结。是将一个会计年度中收入支出的实际情况根据一定形式计算、整理、记录，形成的预算执行结果报告，是政府行为在财政上的集中体现。决算作为预算运行过程中必不可少的环节，如果仅有预算而无决算，预算执行结果就无从反映，从而无法实现对预算的监督。通过决算不仅可以反映政府的施政成果，还用以分析和衡量政府运行的绩效与缺失，为以后年度制定政策方针、编制预算以及改进财务管理提供依据。因此，各国都很重视决算管理。

一、财政收支决算的编制

日本《财政法》规定：每个预算年度，各省厅长官都必须根据财务大臣的要求，编制与其管辖范围内的财政收入和财政支出相关的决算报告，以及与中央政府债务相关的计算书，并报送财务大臣。财务大臣必须根据财政收入决算报告书，按照与财政收入预算明细书相同的项目划分，编制财政收入决算明细书。当与跨年度经费有关的项目竣工后，相关省厅长官必须根据财务大臣的要求，编制跨年度经费决算报告书，并报送财务大臣。同时，财务大臣必须根据财政收入决算明细书和财政支出决算报告书，编制财政收支决算。

就具体时间规定来看，政府各部门应于7月31日前向财务省提交收入和支出决算报告书，财务省据此编制收入和支出决算。财政收支决算的编制，必须采用与财政收支预算相同的项目划分，并明确以下各项。

（一）财政收入

包括：收入预算额、已确定征收额（关于没有确定征收的收入，在收讫后作为已缴收入调整后的金额）、已缴收入额、未缴欠损额、应缴未缴收入额等。

（二）财政支出

包括：支出预算额、上年度结转额、预备费使用额、挪用等增减额、已支出的财政支出额、转入下年度的结转额、未支出额等。

二、财政收支决算的审核与批准

日本国宪法第90条规定：国家的收支决算每年必须由会计检查院审计，内阁在下年度连同审计报告一并提交国会。根据《会计检查院法》第29条规定：会计检查院对国家或者国家出资的政府关联机构的决算、独立行政法人等的会计、国家以补助金等形式实行的财政援助的地方公共团体的会计进行审计并编制"决算审计报告"。"决算审计报告"经由内阁向国会提交。

三、政府决算管理的流程

就具体流程来看，每年11月30日前，内阁将上年度财政收支决算，并附上各省厅的财政支出决算报告书、跨年度经费决算报告书和中央政府债务计算书等送交会计检查院审计，经会计检查院审计后返给内阁。内阁在下一年度国会召开例会期间向国会提交经会计检查院审计后的财政收支决算。同时需附上会计检查院的审计报告，以及财政收入决算明细书、各省厅的财政支出决算报告书、跨年度经费决算报告书和中央政府债务计算书。每个预算年度出现收支决算结余结转为下一年度的收入。

决算被分别提交众参两院。两院各自的"决算委员会"将决算审计结果向全院大会报告。众议院审查时，由众议院院长最终对决算报告提出"通过"或"不通过"意见；参议院审查时，则由参议院委员长对决算报告提出"承认"或"对内阁进行警告"意见。两院在审查预算时，即使意见不相同也不进行意见的协调，即不是基于两议院的意志而作出的国会决定，仅是表明事后审查的意义。也就是说，决算和对决算的会计审计报告须向国会提交，但不需要国会表决。因为决算和审计是对过去事实的计数性记录，也不可能进行修改。但是，国会"决算委员会"将通过表决形式对决算作出审议，主要是基于政治高度，为明确内阁的预算执行责任而进行的审查。通常会对政府提出批评性意见等。

决算作为反映预算的执行结果，其审议结果只有反映到未来预算编制或预算执行中去才有意义。根据日本《财政法》规定：对决算中的资金结余，净结余的1/2转入公债偿付财源，其余1/2转入下年度收入。而按照收支平衡原则，《财政法》不允许出现决算不足的情况。因此，必须采取适当的措施来规避决算不足。为此，日本设立了"决算调整资金制度"。当该资金还不足以弥补决算不足时，允许"国债整理基金"转入。但是，来自"国债整理基金"的转入，在下一年度一定要转回，使"国债整理基金"保持原有数额。

第二节 日本政府审计管理

预算年度结束后，政府各部门向财务省提交收入和支出决算报告书，财务省据此编制收入和支出决算。经内阁会议决议后送交国家审计机构——会计检查院审查。会计检查院审计完毕后将审计报告返还内阁，由内阁会议将决算报告连同会计检查院的审计报告提交给国会审议，审议通过，完成决算。预算是否适当、执行是否有效等决算审计结果，将反映在下年度预算的编制和执行中，对于维持国家财政资金健康运营、提高政府财政活动的有效性和效率性至关重要。

根据日本宪法规定：会计检查院对国家收支的决算、政府关联机构、国家出资的法人、接受国家财政拨款的地方公共团体等的会计进行审计。日本是世界上少数几个实行独立型政府审计体制的国家。会计检查院有其独特的组织结构、职责权限及审计程序等。

一、日本政府审计体制的发展演进及特点

日本现行国家财政监督机构为会计检查院（Board of Audit of Japan，简称BOAJ），该机构是既独立于议会又独立于内阁的国家审计机关。纵观日本政府的审计体制，经历了一个由行政型向混合型，再向独立型转变的演进过程。

日本近现代审计制度确立于明治维新时期的 1869 年。当时负责会计检查工作的监督司，是会计官（财务省前身）的一个下设机构。之后，经过检查室、检查局等名称的变迁，1880 年开始独立于会计官，成为直属于太政官（内阁）的审计监督机构。此后，独立性得到了明显提高。但由于该机构并没有彻底从政府中独立出来，因此仍属于行政型审计体制。1889 年，在明治宪法（日本第一部宪法）的基础上，制定了《会计检查院法》。宪法明确规定会计检查院为日本的审计监督机关，直属天皇，独立于内阁，对财政实行监督。基于"天皇主权"① 之上，宪法赋予了会计检查院特殊的法律地位。即拥有不接受国务大臣命令的"特立地位"，成为可以批判有统帅权的军部的少有机关。此时日本国家审计体制可以归纳为议会型与司法型的混合体制。第二次世界大战结束后，日本修订了宪法，并于 1947 年公布了新的《会计检查院法》。新宪法废除了天皇主权原则，会计检查院不再直属于天皇，会计检查院在地位、组织、权限等各方面得以大幅改革与强化。自此，会计检查院成为既独立于内阁又独立于国会的国家审计机构。同时，加强了与国会的联系，扩大了会计检查的对象，检查结果直接向政府反映等。形成了现行的独立型国家审计监督体制。

作为日本最高国家审计机关，会计检查院的独立地位，不仅表现在有独立人事权、规则制定权、对特定事项检查权方面，还有特定的经费保障。这为日本实现独立审计创造了良好的条件。根据《财政法》第 18 条、第 19 条规定，国会、最高法院（最高裁判所）和会计检查院是 3 个特殊的预算单位，其支出由国家财政予以保障；会计检查院按照工作需要编制其部门预算，送财务省列入国家预算，与财务省和内阁可调整其他部门的预算不同，财务省和内阁要削减会计检查院提出的部门预算，必须征得会计检查院院长同意。如果财务省确实无法保证会计检查院经费预算时，应当向会计检查院院长说明并协商；双方协商后，如就经费问题仍有争议时，则提交国会决定。到目前为止，实践中尚未出现过内阁和财务省

① 天皇总揽立法、司法、行政的统治权，以及行政各部的官制、军队统帅、宣战、条约缔结等。

削减会计检查院部门预算的情况。会计检查院的独特地位还体现在：其审计权限不仅包括对内阁及其所辖各机构、国会（众、参议院），还包括对最高法院在内的所有国家机关。

第二次世界大战后几十年，随着行政活动的日益多样化，日本会计检查院的职能不断扩大。如 20 世纪 80 年代中期至 90 年代中期，针对政府施政，特别是在公用事业等方面营运的扩大和发展，在审计报告中增加了对特别事项的审计。90 年代中期以来，不仅增加了公共审计项目，如对医疗、养老等政府援助领域的审计。为了满足民众对政府信息公开透明的要求，就民众关心的问题实行特定对象审计。2005 年，根据《行政机关个人信息保护法》规定，会计检查院重组原有的"信息公开审查会"为"信息公开、个人信息保护审查会"，主要提供审计结果并作为第三方对一些提起复议、申述的审计案件进行复审。近年来，日本政府不断扩大和强化对行政改革中效率性和政府政策实施有效性的审计。

总之，日本国家审计组织和审计人员拥有较大的独立性。需要说明的是：会计检查院在地方没有设置机构，所有与国家财产相关的中央和地方的审计都由会计检查院负责。人员少、任务重已成为影响会计检查院审计监督效果的重要因素。因此，部分国会议员和学者提出"国民会计检查院运动"，① 主张会计检查院的人事自主权，建立地方会计检查院等。旨在保障和提高会计检查院的职能和权限，保证会计检查对国民负责。

二、会计检查院的组织结构、职责权限及审计程序

根据日本《会计检查院法》规定：会计检查院具有相对内阁的独立地位。（第 1 条）。除根据日本国宪法第 90 条规定进行国家收入支出决算的审计外，还进行法律规定的会计审计（第 20 条）。会计检查院向议会报告工作。会计检察院检查官由首相提名，经国会参众两院同意，由内阁任命、天皇认证产生，任期 7 年，可连任一届。会计检查院分为具有决策权的检查官会议、负责执行的事务总局以及作为第三方复审的"信息公开、个人信息保护审查会"三部分。日本会计检察院共有职员近 1 300 人，职员分为事务和技术两个系列。其中非领导职务的审计师和助理审计师（一线的审计业务人员）约 880 人。除财经、法律专业以外，约 180 名审计师来自电气、电子、机械、土木、建筑等工程专业。会计检查院的工作人员实行公务员制，按照公务员法规定的考试录用、晋升等制度执行。这些职员被录用后，还须就各学科领域进行新知识培训，在实际审计业务中积累经验。如果通过会计检查院内部的评价考试，可以提拔为调查官。一任调查官平均任期为 7~8 年。为适应职员学习的需要和提高审计能力水平，会计检查院还设置有专门的教育机构——研修所，有计划地进行在职培训和教育。

典型国家和地区政府预算制度研究丛书

104

---

① 于 1996 年 4 月发起，主要目的是确保会计检查院的权限并充分发挥其作用。

（一）组织结构

1. 检查官会议。检查官会议作为会计检查院的决策机构，主要负责制定、修改和废除会计检查院规章，编写审计报告，决定被审计单位，作出审查决定，提出意见及处理要求等。检查官会议采取合议制，由3名检查官组成，检查官会议除根据其合议进行会计检查院的决策外，还指挥监督事务总局的检查业务等。检查官是检查官会议的领导核心，由首相提名，经国会参众两院同意，由内阁任命、天皇认证产生，任期7年，65岁为法定退休年龄。在任期间如没有法定特殊事由不得免职，这在很大程度上确保其工作的独立性。检查官会议院长由3名检查官互选产生，报经首相任命。院长代表会计检查院，并且成为检查官会议的议长。事务总局的官员由检查官会议确定聘任。为保证检查官的独立性，《会计检查院法》规定：检查官不得兼任其他职务，或者成为国会议员、地方公共团体的官员、议会议员（第9条）。按照惯例，3名检查官分别是财务省代表、国会事务局代表和会计检查院事务总长。近年来，国会已削弱财务省权力，财务省不再派代表出任检查官，但新的检查官产生机制尚不明确。检查官会议根据检查官的要求或事务总长的提议，由院长主持召开。会计检查院决策时，不采取首长负责制，3名检查官地位平等，重大问题经过充分协商形成一致意见；如果不能达成一致，可以采用表决方式决定。实践中尚未出现用表决方式作出决定的情形。

2. 事务总局。事务总局作为执行机构，在检查官会议的指挥监督下负责执行审计检查业务。事务总局下设"官房"（秘书处）及5个业务局（分局）具体执行会计审计工作。"官房"主要行使总务、人事、会计等事务，类似于我国审计署办公厅。五个业务局按行业或审计对象分类设置，下辖共约50个"课"，负责检查各省、厅（即我国的部委局）及其他国家出资法人的财务收支和经济活动。事务总局设事务总长、次长各一名，由检查官会议决定，院长任免，受院长委托处理会计检查院的各种事务。事务总长负责事务总局全面工作，签署公文。事务总长必须出席检查官会议。检查官会议以检查官或者事务总长提出的文书作为议案。检查官会议的决议书等，由事务总长负责保存。各业务局设局长，负责本局全面工作。每个业务局设立"审计报告委员会"，局长任主任，各处负责人为成员。事务总局设立"审计报告协调委员会"（类似于我国审理委员会），事务次长任主任，"官房"各处负责人为成员。

3. 信息公开与个人信息保护审查会。2005年根据《行政机关个人信息保护法》，会计检查院重组原有的"信息公开审查会"为"信息公开、个人信息保护审查会"，由三名经过两院通过，会计检查院长任命的审查委员组成，办公室设立在事务总局下的官房法规科内。该审查会主要提供审计结果并作为第三方对一些提起复议、申述的审计案件进行复审。

```
                    ┌─────────────┐      ┌───────────────────────────┐
                    │  会计检查院  │──────│ 信息公开、个人信息保护审查会 │
                    └──────┬──────┘      └───────────────────────────┘
           ┌───────────────┴────────────────┐
    ┌──────┴──────┐                  ┌──────┴──────┐    ┌───────────┐
    │  检查官会议  │                  │   事务总局   │────│  事务总长  │
    └──────┬──────┘                  └──────┬──────┘    └───────────┘
           │                                │            ┌─────────────┐
    ┌──────┴────────┐                       │────────────│ 事务总局次长 │
    │ 检查官（院长） │                       │            └─────────────┘
    └───────────────┘                       │
    ┌───────────────┐                       │
    │    检查官     │                       │
    └───────────────┘                       │
    ┌───────────────┐                       │
    │    检查官     │                       │
    └───────────────┘
```

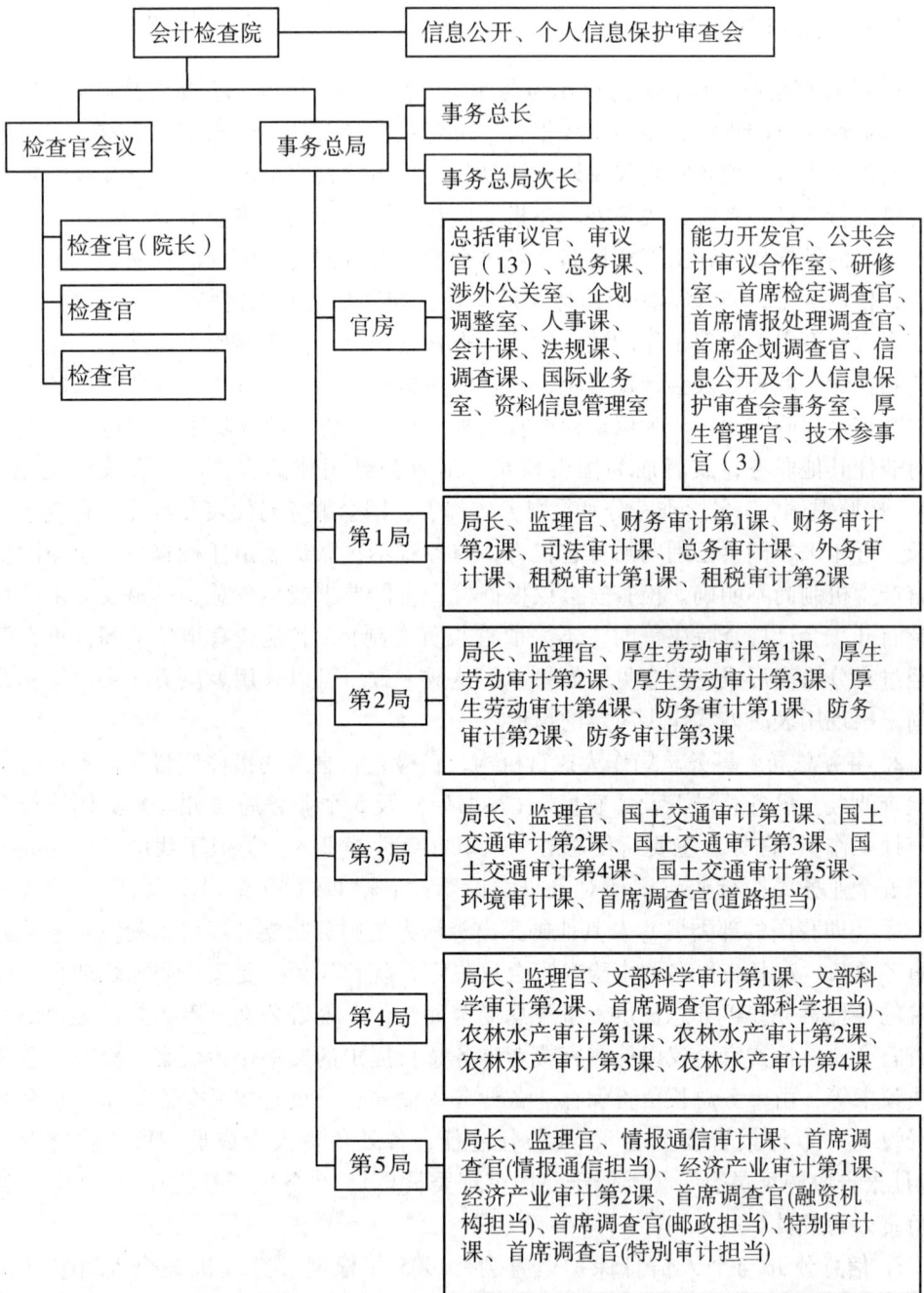

官房	总括审议官、审议官（13）、总务课、涉外公关室、企划调整室、人事课、会计课、法规课、调查课、国际业务室、资料信息管理室 / 能力开发官、公共会计审议合作室、研修室、首席检定调查官、首席情报处理调查官、首席企划调查官、信息公开及个人信息保护审查会事务室、厚生管理官、技术参事官（3）
第1局	局长、监理官、财务审计第1课、财务审计第2课、司法审计课、总务审计课、外务审计课、租税审计第1课、租税审计第2课
第2局	局长、监理官、厚生劳动审计第1课、厚生劳动审计第2课、厚生劳动审计第3课、厚生劳动审计第4课、防务审计第1课、防务审计第2课、防务审计第3课
第3局	局长、监理官、国土交通审计第1课、国土交通审计第2课、国土交通审计第3课、国土交通审计第4课、国土交通审计第5课、环境审计课、首席调查官(道路担当)
第4局	局长、监理官、文部科学审计第1课、文部科学审计第2课、首席调查官(文部科学担当)、农林水产审计第1课、农林水产审计第2课、农林水产审计第3课、农林水产审计第4课
第5局	局长、监理官、情报通信审计课、首席调查官(情报通信担当)、经济产业审计第1课、经济产业审计第2课、首席调查官(融资机构担当)、首席调查官(邮政担当)、特别审计课、首席调查官(特别审计担当)

图 4 – 1　日本会计检察院组织结构图

资料来源：作者根据日本会计检察院网站公布信息整理。

（二）职责与权限

1. 职责。会计检查院的审计目的在于：对被检查对象的经营管理、会计事务等进行日常会计检查，对经营管理进行监督；审计国家收支决算，并根据审计结果确认国家年度收支决算。会计审计的标准为财政收支的正确性、合规性、经济性、效率性和有效性等。所谓正确性和合规性，是指按照法令、预算、会计规则、会计惯例等审计有无违法性；所谓经济性，是指审计有无更少的经费而达到相同效果的方法；所谓效率性，是指审计有无相同经费获取更高效果的方法；所谓有效性，是指审计政策以及事业是否充分实现其成果。

审计事项包括必须审计事项和选择性审计事项两类。

其中，必须审计事项包括：（1）国家每月的收入和支出；（2）国家所有的现金和物品及国有资产的收付情况；（3）国家债权的盈亏或国债及其他债务的增减变化情况；（4）银行为国家承办的现金、贵金属及有价证券的收付情况；（5）国家出资本金达 1/2 以上的法人会计；（6）依照法律规定，应由会计检查院审计的会计事项。

选择性审计事项主要包括：（1）国有或国家保管的物品、有价证券、现金；（2）国营事业以外的单位为国家或国营事业办理现金、物品或有价证券的收付事项；（3）国家或国营事业直接或间接拨付的补助款、资金、资助款，或者给予贷款、补偿亏损等财政援助的单位的会计事项；（4）资本中有一部分是国家出资的单位的会计事项；（5）资本由国家或国营事业投资，并进行再投资的单位的会计事项；（6）借款本利的支付由国家或国营事业担保的单位的会计事项；（7）国家或国营事业的工程承包人及向国家或国营事业交纳物品者的合同以及与之有关的会计事项。

2. 权限。会计检查院拥有如下权限：纠正不适当的会计处理、监督经营管理，使其公正、公平、适当；发现错误，有要求改善经营管理的处置权；对是否执行了法令、制度、是否依法行政，提出意见并有处置权。具体来看，会计检查院有权要求接受审计单位按时提交会计报表或证明文件以及其他证据；有权临时派遣工作人员进行现场检查；有权要求政府机关、公共团体及其他人员提供资料和证据；有权对法令的制定、修改、废除表达意见或要求采取改进措施；在检查中，认为会计人员有违法或不当行为，有权立即向主管领导或有关人员提出处理和改进意见；对会计人员的失职或重大过失，给国家造成损失的，有权判定其是过失还是故意并认定赔偿责任（赔偿责任的认定权限）。同时，有权要求上级或其他监督者给以惩罚或处分（要求惩戒处分的权限）；① 有权将会计人员的犯罪行为报告检察厅。当然，如果当事人对上述事项有争议要求重新审计时，会计检查院必须审查并给出结论。主管省厅及其责任人则需根据会计检查院的结论，提出适当的改进措施。

（三）审计对象及程序

根据日本宪法和《会计检查院法》等法律的规定：会计检察院对国家财政收支

典型国家和地区政府预算制度研究丛书

---

① 会计检查院在认定赔偿责任时，必须由各省厅大臣或政府相关机构负责人对问题的责任人出具赔偿命令。

的决算进行审计。会计检察院对公共财政进行审计和查阅以确保国家财政充足和矫正其中的错误。会计检察院应以正确性、合规性、经济性、效率性和有效性等为原则进行审计。近年来，随着行政改革的推进，越来越强调资金使用的效率性。因此，在正确性、合规性的基础上，更强调从经济性、效率性及有效性的观点出发来体现审计的重要性。

会计检查院负责国家的全部会计事务（包括国有资产、国债等）的审计，除此之外，国家出资的政府相关机构、独立行政法人、财团法人、社团法人等法人团体以及国家提供补助金和贷款或给予财政援助的都道府县（省）、市町村（市、县、乡镇）和各类组织也在审计范围。依据《会计检查院法》、《财政法》、《会计法》、《国有财产法》、《物品管理法》等相关法律规定，被审计单位应当将有关财政收支预算执行资料、会计核算证明资料、有关重要事项和例外处理事项、签订的重要合同、发生的经济犯罪等事项报告会计检查院。预算年度结束后，财务省根据政府各部门提交的收入和支出决算报告书编制国家财政决算报告。经内阁会议决议后提交会计检查院审计。会计检查院审计完毕后将审计报告返还内阁，由内阁会议将财政决算报告连同会计检查院的审计报告提交给国会审议，审议通过，完成决算。会计检查院在向内阁送达审计报告的同时还向媒体公布，审计报告中有关被审计单位的内容也被送达相应被审计单位，由其自行纠正。会计检查院将各单位自纠情况和改善情况于下一年度汇总后向国会报告。

具体来看，会计检查院的审计程序分为以下四个步骤。

1. 审计计划。会计检查院每年大致于 12 月编制"年度审计计划"，各业务局依此计划制定各自的年度计划。各部门通过分析被审计单位的预算规模和内容、业务实绩、内控制度及其活动状况、以前审计结果、国家和国会关注重点、国会要求审计事项①等各种因素确定重点审计项目，明确具体审计观点、方法、人员配置及其他有关事项。

2. 审计实施。会计检查院实施的审计分为两类：一类是书面审计（类似于我国的报送审计）。被审计单位根据审计要求，提交包括所有会计交易的情况陈述（连同收据、发票、合同、文件、账目等资料），在规定的期限内填制报表，报送会计检查院。审计人员只需在会计检察院开展审计。据统计，2015 年度会计检查院书面审计的各类报表约 14 万册、证据资料约 4 467 万份。另一类是现场审计。会计检察院派出审计人员到被审计单位的总部或分支机构及其所属各类工程项目等现场，就账目资料等进行检查、确认。对于从国家获得各种财政拨款的地方公共团体，政府开发援助（ODA）的项目、在外使馆等，就其资金的使用是否合规也要接受现场审计。据报道，2015 年度会计检察院投入 35 200 人/天实施现场审计，被审计单位3 099 个，仅占全年所有被审计单位 9.8%。可见，日本政府审计主要采取报送审计形式。

---

① 根据 1997 年 12 月颁布的《国会法》规定，《会计检查院法》同时修改。明确规定：如有国会要求审计的情况，必须进行审计并如实报告结果。

3. 分析和审查审计结果。为确保审计质量，保证审计结果没有错误，会计检察院主要采取措施有：（1）向被审计单位提出书面质疑。对于审计中发现的会计过错或经营活动不适当，会计检察院向被审计单位有关负责人发送询征函，内容包括：会计过错的描述、审计发现问题、认为不适当经营活动的概要、审计意见及理由、尚存疑点，以及被审计单位申辩及其他事项等。被审计单位需要对问题进行确认和澄清。书面质疑的回答书和反馈意见将成为会计检查院判断事实的重要依据。（2）分析审查，做出判断。对于复杂程度较高、审计人员难以做出判断的政府行为，会计检察院邀请独立组织和专家进行审查和分析。通过分析、审查，对于被认为不适当的事实，会计检查院提出意见或要求处置，或者认为违反法令和预算等事项，将反映在审计报告中。上述审查判断最终由作为会计检查院决策机构的检查官会议决定，要求判断不得有误，慎重审议。（3）提出审计意见及处理要求。会计检查院在检查过程中如发现有不适当经营行为时，要求被审计单位迅速改正以求弥补损失。同时要究明其发生原因，以避免在其他情况下再发生同类事件。有的情况下，在究明发生原因的同时，依据法令制度要求在行政运行中加以改善，这种情况旨在表达意见并要求改进处理。上述事项，要在审计报告中以"审计意见及处理要求"的形式体现出来。

4. 审计报告的提交。根据日本宪法规定，会计检察院每年在财政年度结束后，把当年所有实施项目的审计结论制作成一份年度审计报告，连同经过审计的财政收支决算经由内阁提交国会。年度审计报告的最终完成需经过三个阶段：一是事务各局的审议；二是事务总长的审议；三是检查官会议的审议。基于预算编制参考和财政营运的考虑，每年会计检查院与财政部门会进行多次联络会，交流意见、说明情况。近年来，会计检察院提前了审计报告的提交时间，便于国会及早考虑下一年度财政预算。审计报告在送达内阁的同时，还要通过新闻媒体广泛报道，以广泛征集国民意见。

审计报告的范围非常广泛，包括社会保障、公共事业、教育与科学技术、国防、农林水产业、合作经济、中小企业、环境保护和信息通信等9大领域，主要涉及内容有：国家财政收支决算的认定；国家财政收支决算与日本银行（央行）的有关陈述是否相符；是否存在违反国家法律、政府条例、财政预算等行为；动用预留资金（预备费）有无征求国会意见、审计建议应采取的整改措施、被审计单位整改情况等。除列入计划的常规审计外，会计检察院还可以根据国会要求，对涉及公众利益事项开展"特别审计"，可以随时提交"特别审计报告"。2015年度，会计检察院年度审计报告共披露556件违规案例，违规金额约1 568.7亿日元。

会计检察院同时还向社会以及被审计单位公布审计结果，要求被审计单位自行纠正，整改情况于下一年度汇总后向国会报告。会计检察院还对审计发现的问题进行跟踪，以了解、掌握有关负责官员如何被处罚、是否采取措施对给国家或组织造成的损害进行补救、是否采取措施防止今后发生过错等情况。特别是对于提出意见和要求处理的事项，通常会在第二年的审计报告中公布其事后处置情况等。另外，会计检查院还要将审计结果告知国民，即发行简单易懂的介绍审计报告的《会计检查梗概》、详细介绍会计检查院的杂志《检查院》及通过会计检查院网站提供以前年度会计审计报告全文等。

5. 向国会、财政部门说明审计报告内容及审计活动情况等。审计报告是国会对决算进行审查时的重要参考依据。国会在进行决算审查时，众议院的"决算行政监视委员会"，参议院的"决算委员会"，国会则代表国民的审议机构对审计报告进行评价。特别是对于国民敏感的事项，要求必须查明原因并提出改善和处理的办法，以体现会计审计的有效性。会计检查院在参众两院及国会对决算审查时，需出席决算审查会议。一方面，需要对审计报告的内容和审计活动情况进行说明；另一方面，当国会的"预算委员会"及其他委员会作为相关事项的责任者出席决算审查会议时，需要会计检查院就审计报告的内容予以说明，并陈述相关事由。事实上，在审计计划的制定和实施阶段，会计检查院需要充分考虑国会的要求和意见，以满足国会和国民的期待。

另外，为了使会计检查院的审计结果能更好地为以后年度预算的编制和财政运营提供参考，会计检查院每年定期与财务省主计局及理财局等部门召开会议，主要就审计报告中反映的问题进行说明，同时提出认为应该在预算编制或财政运营中应该注意的事项供财政当局参考。与此同时，听取财政当局对预算编制背景、意图、执行过程中须留意的问题等进行介绍，供审计时参考。

三、年度决算审计报告

根据日本宪法第 90 条及《会计检查院法》第 29 条的规定：会计检查院对国家收支决算进行审计，年度财政决算审计报告需经由内阁提交国会，首相不能修改财政决算审计报告，但可就其中的一些事项向国会提交"辩明书"、作出说明。财政决算审计报告主要说明下列事项：证实国家收入支出的决算；国家收入支出决算的金额与日本银行提交的对账单金额是否相符；检查有无违反法律、政府命令或预算以及认为不正当的事项；预备费用的支出是否符合国会审批手续；对会计人员、出纳人员、物资管理人员提出的意见或要求处理的事项及处理结果等。

（一）审计报告内容

会计检查院的年度决算审计报告采用章、节体例。各年度内容及篇幅虽有所不同，但大致框架结构如表 4 - 1 所示。

表 4 - 1　　　　日本会计检查院的年度决算审计报告内容略表

章	节
第一章　审计概要	第一节　审计活动概况
	第二节　审计结果要点

续表

章	节
第二章 决算的确认	第一节 国家决算的确认
	第二节 国税收纳支付
	第三节 政府关联机构决算
	第四节 国家决算金额与日本银行对账单金额对照符合情况
	第五节 未办理国会批准手续而支出预备费情况
第三章 各类别审计结果	第一节 省厅类别审计结果
	第二节 团体类别审计结果
	第三节 不当事项纠正措施等的审计结果
第四章 向国会及内阁报告的事项和国会要求审计事项相关报告等	第一节 向国会及内阁报告的事项
	第二节 国会要求审计事项有关的报告
	第三节 对特定审计对象的审计情况
	第四节 对国民高度关注事项的审计情况
	第五节 对特别会计预算财务资料的审计
第五章 对财务人员惩戒处分的要求和审计认定	第一节 对国家现金出纳员的审计认定
	第二节 对物品管理员的审计认定
第六章 财政收支决算的其他被审计对象概要	第一节 国家的财政收支概况
	第二节 资本金中国家出资占 1/2 以上的法人的财务状况
	第三节 财政投融资状况等
	第四节 个别决算等

资料来源:《2014 年度决算审计报告》,日本会计检查院网站。

以下就会计检查院年度决算审计报告的基本内容做简单介绍。

第一章,审计概要部分。主要介绍审计活动概况和审计结果要点。审计活动概况部分包括:会计检查院的使命、社会经济形势、审计基本方针(审计的重点领域、审计目标、内部控制检查、往年审计建议落实情况跟踪检查、与国会的协调配合、审计能力的提高等)、审计计划的制定、审计实施的情况(审计对象,书面审计和现场审计的工作量)等。审计结果要点部分,概括介绍决算审计报告的内容,并列示其在审计报告中相关的参照页面,便于阅读者从总体上把握及方便查找。具体包括两个方面:第一,根据事项类别列示审计结果要点。首先,以表格形式概述审计报告。列示不当事项和要求处理的事项,提出改进意见及相关金额等;其次,按审计结果类型分述各部厅的业务项目、金额及在审计报告中相关的参照页面。第二,根据存在问题类别(合规性、经济性、效率性、效果性等)划分的审计结果要点,根据存在问题类别列示具体项目名称及在审计报告中相关的参照页面。

第二章,决算的确认部分。列示经会计检查院审计的有关决算数据。包括确认的国家决算（含一般会计预算收支金额、按内阁各部门分别列示的特别会计预算收支金额等）、国税收纳支付金额、政府关联机构决算收支金额、国家决算金额与日本银行对账单金额对照符合情况、未办理国会批准手续而支出预备费等的情况。

第三章，各类别审计结果部分。该章节篇幅最长，占审计报告总篇幅的 80% 左右。分别按部厅类别、团体类别和不当事项纠正措施等记述各被审计单位的审计结果。

有关省厅类别审计结果，分别列示国会、法院、内阁、内阁府本府、内阁府宫内厅、内阁府警察厅、内阁府金融厅、总务省、法务省、外务省、财务省、文部科学省、厚生劳动省、农林水产省、经济产业省、国土交通省、环境省、防卫省等 18 个机构的审计结果。其内容包括：分项目列示的各部门或单位的不当事项、提出具体意见并要求处理的事项、要求完善改进的事项、以往年度审计结果或建议的落实情况。

有关团体类别审计结果，分别列示冲绳振兴开发金融公库、株式会社日本政策金融公库、东京地铁株式会社、日本年金机构、日本邮政株式会社等 22 个团体机构以及 37 个独立行政法人、28 个国立大学法人等的审计结果（《2014 年度决算审计报告》）。其内容包括：分项目列示各团体的不当事项、提出具体意见并要求处理的事项、要求完善改进意见的事项、以往年度审计结果或建议的落实情况。

有关不当事项纠正措施等的审计结果，以表格形式综合列示不同年度、不同部门或单位就不当事项采取纠正措施的情况和特定事项审计建议的落实情况。

第四章，向国会及内阁报告的事项和国会要求审计事项相关报告等部分。分五个方面的专门事项。一是向国会及内阁报告的事项。当审计发现被审计单位财务人员违反法令或有不当处置行为，需要向被审计单位上级及有关部门提出审计意见和处理要求以及认为有必要完善法令、制度并就有关部门、责任人完善相关处置提出要求时，会计检查院可以随时向国会及内阁提出报告。就 2014 年的审计报告来看，其中列示了向国会及内阁报告的六个事项的审计情况，都属于表示意见并提出处置要求的报告。具体为：围绕医疗费用的合理化采取措施的实施情况、有关泥石流灾害对策事业项目的实施情况、国有林野事业的营运等情况、政府出资股份公司等相关事业及财务状况、根据区域再生法实施事业项目的实施情况、租税特别措施（有关法人税）的适用情况等。二是国会要求审计事项有关的报告，内容包括：国会要求审计的内容、相关政策概要、以往审计实施的状况、审计目标、对象及方法、审计结果等。根据《国会法》第 105 条、《会计检查院法》第 30 条规定：参众两院各委员会在必要时可以要求会计检查院就特定事项开展审计并报告结果。就 2014 年的审计报告来看，其中列示了国会要求审计的两个项目的审计情况。即"关于东日本大地震复兴等事业项目的实施情况"和"关于东京电力株式会社原子能损害赔偿国家支援等的实施情况"。就上述两个项目的审计内容来看，包括：审计背景及实施状况、审计结果、针对审计结果的意见等。三是对特定审计对象的审计情况，2014年度审计报告中，该部分内容包括对以下六个特定审计对象的审计，即各府省等情报系统有关项目管理的实施状况等、农林渔业的新就业者支援事业的实施情况、高规格干线的暂定二车道道路的整备及管理状况、金融缓和政策的引入及扩大对日本银行财务的影响、独立行政法人理化学研究所研究预算的执行情况等、股份公司地域经济活力支援机构的事业再生支援业务的实施情况等。四是对国民高度关注事项的审计情况。为不辜负国民的期待，根据社会经济发展动向、财政状况等因素，特别是国会讨论、新闻等报道及其他国民高度关注的有关事项，会计检查院作出及时恰当的应对，开展必要、机动、有弹性的审计。会计检查院主要对国民高度关注的以下内容进行审计：财务人员物品等的购入和事务费等的执行、剩余资产等的利用、特别会计预算结余资金等的处理、独立行政法人及公益法人事务、事业的效率性和效果性等、行政经费的效率性和事业的效果性、租税特别处置、国民健康保险和年金记录等。五是对特别会计预算财务资料的审计。会计检查院根据特别会计预算相关法律的规定，对内阁提交的上一年度特别会计预算财务资料进行审计，审计报告中以表格形式简要列示资金类型、主管部门、财务资料的科目、收支金额等。

第五章，对财务人员惩戒处分的要求和审计认定部分。主要报告对被审计单位相关个人的惩戒处分要求和审计认定。一是对国家现金出纳员的审计认定。2014 年10 月至 2015 年 9 月，会计检查院受理被审计单位现金出纳员丢失保管现金事项 8件，加上以往结转的 6 件，需要处理事项共 14 件。报告中按单位列出需要处理的现金丢失件数、金额数及已处理件数的明细等；二是对物品管理员的审计认定。2014年 10 月至 2015 年 9 月，会计检查院受理被审计单位管理人员管理物品丢失和损坏共 11 330 件，加上以往结转的 105 件，需要处理事项共 11 435 件。报告中按单位分别列出需要处理件数、金额及已处理件数和金额等。

第六章，收支决算的其他被审计对象概要部分。主要报告财政收支决算审计的其他内容。一是国家的财政收支概况；二是资本金中国家出资占 1/2 以上的法人的财务状况；三是财政投融资状况等；四是个别决算等。本章主要是从资金管理以及与上一年度对比的角度，报告各审计对象收支决算审计的概况，包括收支决算、国税收纳支付、根据法律设置的其他资金的收支、债权及债务、国库金国有财产及物品、财政融资资金长期运用状况、政府关联机构及其他团体的决算概况等。

（二）日本年度决算审计报告的特点

日本会计检查院与其他国家的最高审计机关相比，其年度决算审计报告具有以下显著特点：

一是内容全面。年度决算审计报告包括审计成果及审计工作本身两方面的内容。审计成果包括审计确认的决算、审计发现的不当事项、审计要求处理的事项、审计建议、以往年度审计结果的落实情况、向国会及内阁报告的事项、国会要求事项的审计结果、对财务人员惩戒处分的要求及审计认定等。审计工作本身包括会计检查院的使命、审计工作背景、审计工作方针、审计计划的制定、审计实施、审计的单位数、账册凭证数等。会计检查院对外的审计报告并不限于年度决算审计报告，在年度工作中，会计检查院需要就具体审计事项随时提交或发布一些审计报告，这些报告基本上被整合到年度决算审计报告之中。因此，年度决算审计报告全面展示了

典型国家和地区政府预算制度研究丛书

会计检查院一年的工作内容和工作成果，内容十分全面。

二是提供的信息具体细致。2014 年度决算审计报告全文长达 1 148 页，提供的各类信息不仅分类清楚，而且详细、具体。以第三章、第四章为例，第三章是按审计的部门或单位、团体，分别列示存在的不当事项、审计要求处理事项、审计建议、以往年度审计结果落实情况等的具体内容。以财政部存在不当事项的租税项目为例，审计报告中叙述了租税的概况、审计目标、租税征收不足和过多的问题、问题发生的原因、具体税目的情况等。第四章是国会要求审计事项，列示了国会要求的内容、事项的背景、审计目标、被审计单位制度及执行情况、业务情况及存在问题、国会提出要求的时间、审计报告提交的时间等。

三是方便阅读。首先，针对大篇幅的年度决算审计报告，一般读者没有必要全文阅读，为此，第一章审计概要中，就会计检查院全年的审计活动及审计结果的基本情况进行了归纳介绍，方便读者阅读。如果读者需要进一步了解更为详细的内容，可以根据该章提供的具体审计事项的索引，方便地查阅审计报告的相关页面，了解该审计事项的具体情况；其次，审计报告章节名称清晰明了。如审计确认的决算、按被审计单位列示的审计结果、向国会和内阁报告的事项、国会要求事项的审计结果、国民高度关注事项的审计状况、对财务人员惩戒处分的要求及审计等，将全面的内容、具体细致的信息进行条理化，各类读者可以根据各自的需要，很容易地找到相关内容；再次，日本会计检查院在其官方网页上全文公布有年度决算审计报告，读者可以通过互联网很容易地访问阅读。

第三节　日本的地方政府审计和独立行政法人等审计

日本的政府审计体系比较特别，会计检查院作为最高的国家审计机关承担总的全国性的审计工作，即仅就国家的财政收支进行审计，对地方政府的审计只限于国家下拨资金。而地方政府则通过自治的方式来开展审计活动。"地方监察委员会"负责对地方政府的财政收支及行政行为进行审计监督。而独立行政法人、特殊法人等的财务报表审计则由各省厅主务大臣任命的"监事"以及"会计监查人"负责。

一、地方政府审计

第二次世界大战后，日本引入了地方自治制度。地方自治体（地方政府）都是以地域为基准建立的公共团体。日本有 47 个都道府县、约 1 718 个市町村（2014 年 4 月止），再加上东京都的 23 个特别区，也就是说日本有 1 700 多个"地方政府"。其中，都道府县、市町村的议会由选民选举产生，都道府县长官由国家任命，市町村长官由地方议会选举产生。

日本的政府审计体系比较特别。会计检查院作为最高的国家审计机关承担总的全国性的审计工作，即仅就国家的财政收支进行审计，对地方政府的审计只限于国家下拨资金。而地方政府则是通过自治的方式来开展审计活动。根据《地方自治法》（1947 年，后经多次修订沿用至今）第 195 条规定：在普通地方公共团体内设"地方监察委员会"负责审计工作。"地方监察委员会"由 4 位监察委员组成，监察委员是由地方政府行政长官征得地方议会同意后任命，一般由议员和专家组成，其中两位为精通地方行政和审计业务的工作人员，另两位是由议会派来的本地居民代表。"地方监察委员会"采用类似合议制的决策方式。其下设监察委员会事务局，除负责审计工作外，还进行地方行政监察工作（而中央政府的此项工作由中央行政监察局负责）。目前，东京都监察事务局是地方最大的监察委员会事务局，它与会计检查院一般每年进行两次会议交流信息。

　　会计检查院与"地方监察委员会"无任何隶属或业务关系，两者是相对独立的。但会计检查院可以与地方审计机关进行业务交流，对地方审计人员进行培训①等。会计检查院与地方监察委员会事务局的主要区别在于人员录用期限不同。会计检查院的工作人员一经录用，直至退休。而地方监察委员会事务局的人员工作不固定，时常调动，有的工作人员在事务局工作几年后，可能调到其他地方政府部门工作。

　　20 世纪 90 年代以来，随着地方自治权的不断扩大，为了更好地强化地方政府的自治权和自主责任，1997 年修订了《地方自治法》，在原有"地方监察委员会"审计基础上，引入了外部审计制度，即以签订协议的形式从自治体外引入专家（律师、注册会计师、税理士等）进行外部审计，以此来提高自治团体的监督审计职能。

二、独立行政法人等审计

　　所谓独立行政法人，是对关系到国计民生、社会经济稳定等的重要公共事务，因考虑到没有必要由国家直接实行管理，又无法委托给民间组织实施，而由一个主体垄断实施更效率、效果更好，以此目的设立的法人（1999 年《独立行政法人通则法》）为独立行政法人。独立行政法人是为了提高行政服务的质量和运营效率，赋予原来由国家直接管理的政府部门、研究所、博物馆、国立大学等独立的法人资格，这些组织需要独立承担财政以及人事等方面的事务。截至 2016 年 4 月，日本有 88 个独立行政法人。其中，7 个为行政执行法人（职员为国家公务员编制）、27 个为国立研究开发法人、54 个为中期目标管理法人（职员为非公务员编制）。

　　所谓特殊法人是指，根据特定法律设立的具有特定目的的法人。特殊法人不包括独立行政法人。特殊法人一般为按照市场原理无法或很难实现赢利目的的事项项目而设置。特殊法人分为公团、公社、事业团、特殊银行、金库、公库、特殊会社

典型国家和地区政府预算制度研究丛书

115

---

　　①　为提高被审计对象的业务水平，以各省厅和与政府相关的国家出资法人、都道府县等地方公共团体的会计人员、内部审计职员为对象，每年举行 6 次旨在宣传和提高政策业务水平的学习班。

等多种类型。特殊法人在运营中除了免缴法人税、固定资产税等税收外，还可以获得国家的财政投融资资金。但同时，特殊法人的事业项目规划必须获得国会通过，反映一定的国家政策导向。进入 21 世纪，随着舆论对特殊法人营运事业项目效率问题等的质疑，根据《特殊法人等改革基本法》（2001 年 6 月 22 日实行，2006 年 3 月 31 日废止）规定，日本对特殊法人做了清理统合，部分特殊法人民营化或转型为独立行政法人。截至 2016 年 4 月，日本有 32 个特殊法人。

每个独立行政法人、特殊法人等都有对应的主务省，如日本贸易振兴机构隶属于经济产业省，国立环境研究所隶属于环境省。每个主务省都会成立相应的评价委员会，对所属法人进行业务绩效考评等。每个主务省的大臣任命负责审计工作的"监事"以及选任"会计监查人"（会计审计员）。"监事"负责对独立行政法人、特殊法人等的财务报表进行审计。对于一定规模以上的独立行政法人，在审计的基础上，还需要由"会计监查人"进行监察。"监事"和"会计监查人"在确保财务报表真实性方面发挥着重要作用。最终由"监事"和"会计监查人"出具监查报告书（审计报告）。另外，根据《独立行政法人通则法》第 39 条规定：凡是符合法律规定条件的独立行政法人必须接受注册会计师或者审计法人的外部审计。当然，凡是接受国家财物以及补助金的独立行政法人需要由会计检查院负责审计。总之，日本对于独立行政法人、特殊法人等的审计，实际上是由各种审计主体来负责的。

第五章

日本中期预算管理

■ 本章导读

  20 世纪 70 年代以来，日本中期预算的发展经历了一个探索、尝试和逐步改进的过程。2010 年《中期财政框架》的编制被看做是日本中期预算制度的正式确立。与前期的"准中期预算"相比，《中期财政框架》强化了预算限额（"概算要求基准"）的硬性约束作用，且与国家发展战略和财政中长期规划等施政目标保持高度一致，有利于其贯彻落实。本章在概括日本中期预算发展历程、时代背景、驱动因素的基础上，就《中期财政框架》编制的目的、法律依据、基本内容以及编制、执行、监督等环节进行了归纳总结，并结合《中期财政框架》存在的问题以及近年来的改革动向，总结其经验及启示。

第一节 日本中期预算的发展历程与时代背景及驱动因素

日本在引入中期预算方面，一方面是受财政管理体制、预算制度等国际改革潮流的影响，特别是 OECD 国家在中长期预算制度方面改革的影响；另一方面，从日本引入中期预算的历程及各时期财政规划的实行情况来看，与其国内自身经济的景气循环和财政支出僵直化、财政潜在风险的加大等财政现状有着直接关系。以下就日本中期预算的发展历程及时代背景、驱动因素进行简要概括。

一、日本中期预算的发展历程——三个发展阶段

自 20 世纪 70 年代以来，日本中期预算的发展历程，经历了一个探索、尝试和逐步改进的过程。概括起来，大致分三个阶段。第一阶段（1976～2001 年），财务省主导编制《财政的中期展望》，最初 5 年（1976～1980 年）名称为《财政收支估算》；第二阶段（2002～2009 年），内阁府下设机构"经济财政咨询会议"主导编制《改革与展望》（今后 5 年，每年须修订一次并经内阁决议）；第三阶段（2010 年至今），内阁府编制《中期财政框架》（今后 3 年，每年滚动修订一次），被看做是日本中期预算制度的正式确立。以下就各阶段中期预算的实施情况及时代背景、驱动因素做归纳总结。

（一）第一阶段，1976～2001 年，财务省主导编制《财政的中期展望》[1]

20 世纪 60 年代，虽然日本经济处于高速增长时期，但财政支出规模持续扩大，呈现僵直化状态。60 年代中期，在英、德等国中期预算改革的国际背景下，日本政界就是否引入中期预算展开了广泛讨论。当时，内阁第 1 次临时行政调查会[2]下设的第 1 专门部会第 2 班（通称"预算会计工作班"），于 1962 年 5 月开展调查，于 1963 年 10 月提交最终报告。就预算编制过程、预算编制机构、预算形式、不同事业项目的预算制度、预算的执行过程、监察、契约、公共资源调配、复式簿记等预算、政府会计制度等提出改革方案。指出：应就政府财源、财政支出做未来预期，基于长期视角出发编制预算。希望大藏省（现财务省）能就中期财政框架的编制和有效利用的方法进行研究。期间，由于英、德等国实行的中期预算大多以失败告终，加之日本当时正处于经济高速增长期，因经济增长而带来的税收增加基本可以弥补

---

[1] 最初 1976 年名称为《财政收支估算》，2002 年度更名为《对以后年度财政收支的影响估算》（今后 5 年）。

[2] 总理府下设部门，设立于 1961 年 11 月，主要负责审议行政改革相关事宜。

财政支出的需要。编制中期预算的问题也被搁置了下来。

进入 70 年代，受 1971 年尼克松危机和 1973 年第一次石油危机的影响，日本经济受到沉重打击，经济增长率、物价水平、国际收支等方面处于第二次世界大战后最坏水平。在此背景下，日本政府开始意识到改革财政收支结构、重建财政的必要性。在此背景下，1976 年 2 月，日本政府（具体由大藏省，现财务省负责）编制了《财政收支估算》（1976～1980 年），就今后 5 年的财政收支概况进行了预测，以此作为预算审议的参考资料。可以说，1976 年由财务省主导编制的《财政收支估算》是基于中期视角对财政运营进行的有益探讨。截至 1980 年，《财政收支估算》共滚动修订了 5 次。这 5 次修订，在估算项目数、部门分类方法等方面都存在一定差异。

1978 年 9 月，财政制度审议会下设机构"财政计划等特别部会"，开始就财政计划政策等进行审议，并于 1979 年 7 月和 1980 年 12 月提交 2 次报告。主张：考虑到经济社会形势的剧烈变动等，制定有关未来财政计划就显得更为困难。如果将财政计划过度规范地看待，其结果就有可能损害到财政的灵活性，有可能使财政计划所列经费既得利益化。因此，应以后几年度财政负担估算额为基础，制定的财政计划为"可调整型的财政计划"，所列财政收支也不一定一致。自 1981 年度起，日本财务省开始编制《财政的中期展望》，就今后 5 年的财政收支进行预估。通过对经济、财政等的中期展望，主要是对基础财政收支平衡、债务余额等进行估算，以确保经济和财政政策等的协调统一。之后，编制《财政的中期展望》[①] 形成制度，规定每年需修订并提交国会作为预算审议的参考。就《财政的中期展望》的内容来看，主要是根据现行经济财政政策就今后几年的财政负担额等进行估算。估算内容主要包括：今后几年的财政支出（包括国债费、地方交付税、一般性财政支出项目等）、财政收入、财政支出与税收收入等的差额、公债余额等。但由于《财政的中期展望》不是基于中期宏观经济的预测，而且对下一年度预算编制过程中各省厅预算支出规模也不具有数量上的制约，因此，其作为探讨中期财政运营的线索和施政参考资料的特征明显。

2002 年度《财政的中期展望》更名为《对以后年度财政收支的影响估算》，主要是对预算年度之后 3 年的财政收支情况（主要是指中央和地方财政的一般会计预算）及影响进行预期。基本目标是：实现财政重建目标，明确财政收支差（需要调整额和公债发行额等），从而控制不断膨胀的财政支出。其中，对财政支出的估算，是以现行预算制度、财政政策等为前提，扣除国债费、地方交付税后的对今后年度负担额的推算。国债费是按照一定利率估算的，地方交付税是按照法定分配比率与税收收入一起估算的。税收收入则是假定名义经济增长率乘以假定弹性系数后的估算值。而所谓的影响估算值也只用于讨论之用，而不作为政府的施政目标；由于《对以后年度财政收支的影响估算》并不是基于对未来宏观经济预测基础上的估算，而是假定估算，其对未来预算编制也没有法的约束力。

---

① 2002 年度更名为《对以后年度财政收支的影响估算》（今后 5 年）。

（二）第二阶段，2002～2009 年，内阁府下设机构"经济财政咨询会议"主导编制《改革与展望》①

20 世纪 90 年代末以来，日本政坛出现削弱官僚体系、强化首相权限的改革趋势。如桥本龙太郎内阁时期（1996～1998 年），作为行政改革的重要内容，对中央省厅进行了重组，新设了"内阁府"，以强化首相的权限。小泉纯一郎内阁时期（2001～2006 年），作为行政改革的重要一环，2001 年 1 月在内阁府设置了"经济财政咨询会议"（合议制常设机构），作为总理的直接咨询机构，主要负责对经济财政政策的重要事项进行调查和审议。同年 6 月 26 日内阁决议通过了《关于今后经济财政运营及经济社会结构性改革的基本方针》（简称《骨太方针》，每年修订一次）。提出自 2002 年度起，作为财政健全化的第一步，国债发行额控制在 30 兆日元以下，之后争取实现基础财政收支黑字。

根据《骨太方针》，2002 年 1 月由"经济财政咨询会议"讨论主导编制、内阁决议通过了《结构改革和经济财政的中期展望》（2002～2006 年度，简称《改革与展望》②），提出以结构改革为核心，展望日本中期经济财政运营状况，以实现日本经济社会的发展。结合日本当时的经济财政形势，规定在今后 5 年内不扩大政府现有规模的前提下政府应确定有努力方向和改革步骤。总体目标是在今后 5 年内不扩大政府现有规模（指一般政府财政支出规模占 GDP 比重），提出了到 2010 年年初实现基础财政收支平衡、到 2006 年政府支出占 GDP 比维持在现有水平的中长期财政运营方案。具体指标：一是基础财政收支（包括中央和地方）在 2006 年度前后较 2000 年度（4.3%）减半，2010 年初实现财政收支盈余；二是截止到 2006 年度，一般政府财政支出规模占 GDP 的比重不超过 2001 年度（38.2%）。《改革与展望》须每年修订一次，修订时须根据当时的国家经济状况，重新审视财政健全化的步调。同时，作为审议《改革与展望》时的参考资料，内阁府发布了《内阁府估算》，就《改革与展望》中提到的各领域具体改革的推进方法假定各种可能性，通过建立经济和财政相关性的计量模型，就各种假定可能性下宏观经济走势、中央和地方财政状况等进行了估算。《内阁府估算》中估算的内容包括：中央和地方的储蓄投资差额、中央和地方的公债等余额、中央一般会计预算财政支出（含社会相关费、公共事业相关费及其他）和财政收入（含税收、其他收入以及公债等）、地方普通会计财政收支等（地方税、地方交付税、国库支出金、地方债等）。《内阁府估算》中有关估算值仅作为"经济财政咨询会议"审议《改革与展望》时的参考资料，但并不作为政府的施政目标。

---

① 有关今后 5 年的规划，每年须修订一次并经内阁决议。期间，有过三次更名。2007 年 1 月编制的《日本经济的前途与战略》（2007～2008 年），后因 2008 年金融危机的发生而废止。2009 年 1 月编制《经济财政的中长期方针和 10 年展望》。民主党执政对原《改革与展望》和作为其参考资料而编制的《内阁府估算》进行了整合，2009 年 6 月编制《经济财政的中长期估算》（2008～2023 年），每年基本修订 2 次，但只作为"经济财政咨询会议"审议的参考，不作为内阁决议内容。

② 2003 年第一次修订时，将适用年度延期 1 年，延长至 2007 年度。

2007 年以后，基于国际、国内经济政治等形势的变化，日本中期财政规划——《改革与展望》的编制经过几次调整和变化。2007 年 1 月，经"经济财政咨询会议"审议、内阁决议通过了《日本经济的前途与战略》（今后 5 年，2008 年废止），以取代《改革与展望》。该提案就今后 5 年应对经济、财政状况的变化而应采取的应对政策以及施政目标等做了展望。其中，列举了 4 种情况下的基础财政收支预期，而关于财政收支实现盈余的预期，只有在经济增长、财政支出削减 14.3 兆日元的情况下可能实现。该提案要求每年修订一次。修订时需从 PDCA 周期的视角出发（目标—执行—评价—反映），要结合对上一年度的经济、财政状况变化及其影响等的分析进行修订。今后，在制定其他政策时（如国土规划、社会资本整备等重点公共事业建设项目规划、地方分权改革推进计划等）需同《日本经济的前途与战略》保持一致。2008 年，由于金融危机的发生，《日本经济的前途与战略》废止，不得不放弃设定的目标。

2009 年 1 月经"经济财政咨询会议"审议、内阁决议通过了《经济财政的中长期方针和 10 年展望》（2008 ~ 2018 年）以取代原来的《日本经济的前途与战略》。该提案指出：在世界经济急剧动荡、不确定性增大的背景下，日本应努力成为"强有力的、前途光明的日本"。应发挥日本国民的聪明才智和科技实力促进经济增长，建立使国民充分信赖的能"安心生活"的社会保障制度。为此，短期内应采取大胆对策以阻止不安要素的蔓延；建立中期财政框架，分三阶段（当前的景气对策、中期的财政重建、中长期通过改革实现经济的增长）重振日本经济。作为《日本经济的前途与战略》的新版本，《经济财政的中长期方针和 10 年展望》要求结合经济、财政状况的变化，并检查政策的实施和进展情况，每年进行修订。同时，作为其参考资料，内阁府编制了（2009 年 1 月）《经济财政的中长期方针和 10 年展望比较估算》。就预测方法来看，假定 2010 年世界经济状况为三种情况（即顺利恢复、快速恢复、经济低谷）[①] 下，通过对宏观经济（GDP、物价、利率等）、财政以及社会保障的关联性分析建立计量模型《经济财政模型（2008 年版）》，就未来 10 年日本的中长期经济财政状况进行了预测和估算。

2009 年六七月，长期执政的自民党落选，民主党执政。随着政权的更迭，民主党执政后，对 2009 年 1 月内阁府编制的《经济财政的中长期方针和 10 年展望比较估算》（2008 ~ 2018 年），2009 年 1 月内阁决议通过的《经济财政的中长期方针和 10 年展望》（2008 ~ 2018 年）的参考资料进行了改编，同年 6 月内阁府编制了《经济财政的中长期估算》（2008 ~ 2023 年），在反映 2009 年度经济预期以及 2009 年度 1 ~ 3 月份 GDP 速报（第 1 次速报值）、2009 年度修正预算等经济财政等现状的基础上，沿用了原估算方法和思路，假定在三种不同经济运行情况下（2010 ~ 2011 年间

典型国家和地区政府预算制度研究丛书

121

---

① 顺利恢复情况的假定：日本经济实际增长率 1.5% 左右，名义增长率为 2% 左右）；快速恢复情况的假定：成长战略和景气对策最大限度地发挥了作用，日本经济实际增长率 2% 左右，名义增长率为 3.5% 以上；经济低谷情况的假定：世界经济动荡持续，景气消退严重并长期化，政策效果没有体现，日本经济仍处于低迷状态，GDP 实际增长率 0.5% 以下，名义增长率为 0.5% 左右。

世界经济平稳恢复；世界经济快速恢复；世界经济继续在低谷徘徊①），就 2008 ~ 2023 年度间的经济、财政状况进行了估算。

自 2011 年度起，《经济财政的中长期估算》（2008 ~ 2023 年）基本是一年滚动修订两次（一二月份和七八月份），但内阁不作决议，只作为"经济财政咨询会议"审议的参考。以 2011 年度为例，2011 年 1 月 21 日，内阁府对 2010 年 6 月 22 日公布的《经济财政的中长期估算》（2009 ~ 2023 年）进行了滚动修订，依据的基础数据为 2010 年 7 ~ 9 月份 GDP 速报、2011 年度经济预期、2011 年度政府预算案等。同年 8 月 12 日，通过计量模型公式"经济财政模型（2010 年度版）"，假定两种不同经济运行情况下：（1）慎重版本，到 2020 年，实现名义 GDP 平均增长 1.5 倍以上，实际 GDP 平均增长 1% 以上，消费者物价指数于 2011 年度上升为正值，中长期稳定在 1% 左右；（2）经济成长战略版本，2011 ~ 2020 年度间实现 GDP 平均增长 3%、实际 GDP 平均增长 2%，消费者物价指数于 2011 年度上升为正值，中长期稳定在 2% 左右，就 2010 ~ 2023 年度间的经济、财政状况（包括经济增长率、物价指数、利率等）进行了估算。

（三）第三阶段，2010 年至今，内阁府开始编制《中期财政框架》，被认为是日本中期预算制度的正式确立

2010 年 6 月内阁决议通过了《新成长战略——恢复活力的日本》（2010 ~ 2020 年度），提出从环境、健康、观光、亚洲 4 个领域挖掘新的需求、强力推进经济复苏，提出在 7 个领域设定 21 项国家战略项目。并将"重建财政"作为优先课题。2010 年 6 月内阁决议通过了《财政运营战略》，提出了财政健全化目标。并决定编制《中期财政框架》，就以后 3 年财政收支作出规定。每年滚动修订。

2010 年《中期财政框架》的编制被看做是日本中期预算制度的正式确立。第一期《中期财政框架》（2011 ~ 2013 年）的核心内容为：自 2011 年度起的 3 年间，实现"强经济、强财政和强社会保障一体化"目标。为此，应从财政收支两个层面最大限度地推进"财政健全化"目标的实现。并就控制国债发行规模、税制改革、基础财政收支的改善目标等做出具体量化规定。2015 年是第 4 次滚动修订《中期财政框架》。

《中期财政框架》与财务省编制的《财政的中期展望》和内阁府之前编制的《改革与展望》（2009 年 6 月整合为《经济财政的中长期估算》（今后 15 年））一样，虽然都不具有法的约束力，但由于就控制国债发行规模、税制改革、基础财政收支的改善目标等作出了具体的量化规定，并要求"年度概算要求"以及年度预算编制应以《中期财政框架》为基础。同时，通过与日本原有预算制度的有机衔接，

---

① 2010 ~ 2011 年间世界经济平稳恢复：日本全要素生产性（TFP）提高 1.0% 左右，女性、老年人的劳动参与率提高；世界经济快速恢复：2010 年与世界经济同步，日本经济快速恢复并实现高增长；日本全要素生产性（TFP）提高 1.5% 左右，包括女性、老年人在内的劳动参与率提高；世界经济继续在低谷徘徊：世界经济继续处于低迷状态，日本经济不景气状况进一步恶化、长期化。

从实行效果来看，具有较强的实质约束力。

二、日本引入中期预算的时代背景及驱动因素——以2010年《中期财政框架》的编制为核心

（一）国际背景

早在 20 世纪 60 年代，为了确保政府施政目标和财政的可持续发展，英国、德国等国家引入了以"周期性预算平衡"为目标的新型财政管理理念，推行中期预算。与传统的年度预算不同，中期预算旨在为政府部门提供下几个年度财政支出必须遵守的预算限额，从而有效控制财政支出的增长。就各国实施中期财政规划的初衷来看，主要目的是克服年度预算体制特有的短板，发挥其应有的政策功能。这是因为，年度预算的一个重要特点就是法定性。所谓法定性是指一切财政支出必须按年度向立法机关提出申请，立法机关按预算年度进行审议批准。这也是年度预算体制的核心所在。但是，法定性在促进政府政策目标实现方面是不充分的。而中期财政规划则可以弥补上述缺陷。中期财政规划使得年度预算与政府施政目标之间有机联结起来。这是各国实施 MTFP（Medium - term fiscal planning）的初衷。实施 MTFP 的最低要求是：评估和预测未来 3 年政府政策的财政效应，并且区别"现行政策"和"拟采纳新政策"。这里的财政效应是指政府施政对未来支出、收入、债务和资产等的影响，即未来几年的财政支出如何？一般来讲，法定机构在审批下一年度预算时，将一并审批其后几年度的"规划数"。但 20 世纪 60 年代英、德等国家实行的中期预算大多以失败而告终。

20 世纪 80~90 年代，防范财政风险、重建财政再次成为世界各国普遍关注的问题。如何规避单年度预算下财政政策制定时的"短视"问题，从中长期视角进行财政运营，从景气循环的角度制定财政政策，从而进一步明确政府的短期和长期责任。在此背景下，OECD 部分国家再次开始关注国家的中长期财政运营状况，推行预算制度改革，并在总结过去经验的基础上引入中长期预算制度，力图通过控制跨年度的财政支出以确保财政收支平衡。而且，许多 OECD 国家还以不同形式制定有"财政重建目标"。通过一系列改革，使得政府债务余额占 GDP 比重明显下降，财政状况得到了显著改善。借鉴 OECD 国家经验，引入中期预算的理念和方法，从中长期视角出发重新审视财政运营问题，成为新时期日本重建财政、实现财政健全化的重要政策选择。

（二）国内背景

总体来看，2010 年起编制的《中期财政框架》是在总结财务省编制的《财政的中期展望》（2002 年更名为《对以后年度财政收支的影响估算》）和内阁府编制的《改革与展望》两个"中期财政规划"经验和不足基础上的改进，体现了日本政府对中期预算功能认识的深化。而财政状况的持续恶化、政府债务风险的增大是日本

政府意识到从中长期视角考虑财政运营的重要性，并探索通过编制中期预算以控制财政支出规模的内在动因。

20世纪90年代初，随着泡沫经济的破灭，日本经济陷入了长期低迷。日本政府仍然沿用财政刺激景气的做法，先后十几次推出"紧急经济对策"，大规模发行国债以筹措财政资金。从1992～1999年度，日本发行的国债额高达142.28兆日元，8年间发行的国债相当于过去27年发行总额（184.2兆日元）的77.24%。从国际比较的视角来看，1990～2000年间，日本的财政状况由世界最好水平降至最差水平。日本的政府长期债务余额/GDP由1990年的68.6%增至2000年的136.7%，财政赤字/GDP也由1990年的1.5%增至7.6%，而2000年法国、意大利仅为1.5%和0.9%。进入21世纪，随着日本社会老龄少子化的进一步发展，社会保障费用等财政支出呈持续刚性增长的同时，由于经济增长乏力以及减税政策的实施等，财政收支状况日益恶化，政府债务依存度持续攀升。削减财政赤字、调整财政支出结构、实现财政健全化（重建财政）成为日本政府的首要课题。

具体到2010年《中期财政框架》编制的历史背景，可以概括为以下四个方面。

一是单年度预算体系下暴露出的问题越来越突出。主要表现为：日本的年度预算编制重视当初预算和一般会计预算，而年度预算一般被认为是上一年度当初预算基础上的增长率。而在日本经济长期处于低迷状态和世界经济激烈波动时期，这就使得日本的年度预算在准确性方面大打折扣。为此，日本政府频繁实行修正预算。就1990～2000年度日本的预算来看，修正预算多达20次，年均2次。甚至有的年份多达3次。而修正预算的存在，使得实际决算额与当初预算出现很大偏离。因此，新一年度预算仅和上一年度决算或决算预计值相比较，是无法判断财政政策出发点和实施效果的。例如，当初预算为紧缩性预算，但由于修正预算的实行也可能使预算变为扩张性预算，从而增加宏观经济的不稳定性。

另一方面，日本通常以一般会计当初预算规模作为衡量政府预算的指标。而之前实行的中期财政规划（财务省编制的《财政的中期展望》和内阁府编制的《改革与展望》）的规制对象也仅限于一般会计预算的当初预算，这和日本实行的复式预算不相称。事实上，日本政府的实际财政收支活动，除了一般会计预算外，还包括特别会计预算、财政投融资、政府关联机构预算。政府收支规模远大于一般会计预算规模。而仅仅评价一般会计预算，是很难判断对宏观经济的整体影响的。另外，上述几类预算间存在重复核算的问题。如以2003年度预算为例，其一般会计预算支出总额为81.8兆日元，特别会计财政支出总额为369.3兆日元，政府关联机构预算（特殊法人中其预算由国会决议的政府性金融机构）支出总额6.1兆日元。如果扣除上述几类预算中的重复核算部分，政府预算总合计额为234.7兆日元。也就是说，现实中不排除存在通过不同预算间的会计结转，以达到表面上实现控制财政赤字效果的问题。

如上所述，单年度预算体系下暴露出的问题越来越突出，这就要求基于中长期视角对宏观经济和财政状况进行全面预测和验证分析，并以此建立预算控制体系。这也成为日本引入中期预算的最根本原因。

　　二是受 2008 年金融危机影响，经济复苏乏力；"强财政"（重建财政）成为日本《新成长战略》的核心目标。2008 年世界金融危机爆发后，各国经济同时陷入低迷。这使经历长期经济低迷的日本经济更加雪上加霜。据统计，2008 年 4 ~ 6 月间，日本实际 GDP 为负值，10 ~ 12 月和 2009 年 1 ~ 3 月较上一年度同期下降 2 位数。2009 年 3 月，日本经济陷入低谷。在此背景下，长期执政的自民党失去了执政党地位，民主党首次开始执政。摆在民主党政权面前的是如何使日本经济从低谷中走出。2010 年 6 月 18 日内阁决议通过了《新成长战略—恢复活力的日本》（2010 ~ 2020 年度），提出实现"强经济、强财政、强社保的一体化"；从环境、健康、观光、亚洲 4 个领域挖掘新的需求，强力推进经济复苏。具体目标包括：创造 500 万人的就业，年均实际 GDP、名义 GDP 分别超过 2% 和 3%，2011 年度争取摆脱经济下行趋势，降低失业率至 3% 左右。为实现上述目标，决定在 7 个领域设定 21 项国家战略项目；比照主要国家的税率水平，阶段性地降低法人税率；以亚洲为核心推动官民联合的基础设施出口；设立"国际战略综合特区"等。同时，《新成长战略》将"重建财政"作为优先课题。随后，6 月 22 日，内阁决议通过了《财政运营战略》。提出了财政健全化目标。到 2015 年度末中央和地方的基础财政收支赤字额/GDP 较 2010 年度减半，到 2020 年度实现财政盈余。2021 年度之后稳步降低中央、地方的长期政府债务余额及在 GDP 中所占比重；坚持"量入为出"、"削减财政赤字"、"确保政策性财政支出的财源"的基础原则，重新审视包括特别会计预算支出在内的财政支出项目，提高预算资金使用效率；要求原则上应通过永久性削减财政支出或增加财政收入以确保获得稳定财源。另外，还提出从中长期视角出发编制年度预算，并决定编制《中期财政框架》，就今后 3 年财政收支做出规定。每年滚动修订。

　　三是财政状况的日益恶化。日本财政状况恶化的具体表现为：年度公债发行额居高不下，甚至超过了税收收入；财政对发行公债的依赖程度与日俱增。据统计，1990 年度，日本一般会计预算中财政总收入为 71.7 兆日元，其中，税收为 60.1 兆日元，公债发行额为 7.3 兆日元。之后，公债的年度发行额不断增加，特别是 2008 年世界金融危机爆发后，由于经济的再次回落以及减税等经济刺激计划的实施，使得税收收入大幅减少，2009 年度以来连续多年出现公债收入大于税收收入的情况。以 2012 年度为例，一般会计预算财政总收入 90.3 兆日元中，税收收入仅为 42.3 兆日元，公债发行额则高达 44.2 兆日元。

　　缩减财政赤字、摆脱财政对发行国债的依赖、实现财政健全化成为日本政府面临的首要课题。多年来，日本致力于重建财政并力图缩减国债的年度发行额，但效果并不明显。与此形成鲜明对比的是，20 世纪 80 ~ 90 年代，OECD 一些国家虽然经历了经济不景气时期，但采取一系列改革措施，使得政府债务余额占 GDP 比重明显下降，财政状况得到了显著改善。就这些国家采取的财政改革措施来看，引入中期预算的理念和方法成为这些国家成功的重要因素。借鉴 OECD 国家经验，引入中期预算的理念和方法，从中长期视角出发重新审视财政运营问题，成为新时期日本重建财政、实现财政健全化的重要政策选择。

　　四是政府长期债务余额不断膨胀，财政风险持续增大。为了弥补一般会计预算财政收入的不足，1965 年度修正预算中，再次允许发行公债，这是第二次世界大战后日本政府首次发行公债。之后，日本的公债余额持续增加。1983 年度公债余额突破了 100 兆日元，1994 年度突破了 200 兆日元，1999 年突破了 300 兆日元，2009 年年度末达到 594 兆日元，2014 年度增至 774 兆日元，占 GDP 比高达 157.5%。根据 2015 年度预算，日本的国债余额将达到 807 兆日元，占 GDP 比为 159.8%。日本的国债规模远超过马斯特里赫特条约中规定的 60% 的国债负担率警戒线。庞大的国债规模日益成为日本政府的负担，财政风险持续增大。如果政府债务规模持续扩大下去，国民将失去对国债的信心，将导致利率大幅上升、财政陷入破产境地。而一旦国家财政失去自主权，社会保障等公共服务水平将大幅缩水，国家经济和国民生活将受到极大影响。财政风险的持续增大成为日本政府力图控制财政支出规模、缩减财政赤字的执政课题和内在动因。

五是脆弱的财政结构。削减财政支出是实现财政健全化的必要手段。而日本的财政结构相当脆弱，就财政收支总量来看，税收收入仅占国家财政支出的一半左右，每年政府不得不发行大量公债以维持财政的正常运营。另一方面，社会保障相关费用等政策性财政支出则呈持续刚性增长趋势。随着老龄化的进一步发展，日本的社会保障相关费用增长迅速，1990~2010 年度的 20 年间（决算值）从 11.5 兆日元增加至 28.2 兆日元，增加了 2.5 倍。作为世界上老龄化速度最快的国家，日本年度社会保障相关费用年自然增加额约 1 兆日元。而在这 20 年间，社会保障相关费用在日本基础财政支出经费中所占比重则由 21% 上升至 38%。社会保障相关费用直接影响着一般会计预算支出。而根据日本"国立社会保障和人口问题研究所"的估算，按照出生中位和死亡中位测算，65 岁以上老年人口占日本总人口的比重，2012 年为 24.2%，2050 年将上升至 38.8%。未来，社会保障相关费用对日本财政支出的影响更大。可以说，如何有效控制社会保障相关费用的膨胀、提高其使用效率成为优化财政支出结构、实现财政健全化是否成功的关键因素。基于此，日本政府于 2010 年《新成长战略—恢复活力的日本》提出了实现"强经济、强财政、强社保的一体化"的目标。

第二节　《中期财政框架》概要

一、《中期财政框架》编制的目的

总体来看，日本政府推动《中期财政框架》的编制是基于改善财政状况、强化内阁权限的现实需求。

日本在推进中期预算管理方面，经历了一个调整、改进和逐步明确化的过程。日本中期预算管理的三个发展阶段，充分反映了日本政府对中期预算认识的不断深化过程。中期预算管理体系的改进和完善也是其在财政运营中不断检验的结果。尤其是 2010 年起编制的《中期财政框架》，是在总结财务省编制的《财政的中期展望》和内阁府编制的《改革与展望》两个"中期财政规划"经验和不足基础上的改进，体现了日本政府对中期预算功能认识的深化。同时，日本各阶段中期财政规划的年度修订，特别是 2002 年起编制的《改革与展望》以及 2010 年起编制的《中期财政框架》)，主要是根据当时国家的经济发展数据，结合国家的发展战略、政府的执政目标以及对未来经济景气的预期等进行估算和调整，其修订受内阁府的施政理念、执政目标等的直接影响。

另外，2002 年起编制的《改革与展望》以及 2010 年起编制的《中期财政框架》，内阁府及其下设机构"经济财政咨询会议"发挥着主导作用。究其背景，与 20 世纪 90 年代以来日本"去官僚化、强化内阁及总理权限"的日本整个政治大背景有着必然的联系。在日本，通过民主选举产生的政府官员称之为政治家，如国会议员、内阁大臣、各都府道县知事等。通过公务员考试成为公务员逐级晋升的政府官员称之为官僚，如各省厅中的事务次官、局长、课长等官员。按照《日本国宪法》的相关规定，日本的国家政策一般由内阁向国会提交，经国会审议表决通过后成为法案，下发至内阁各省、厅方可实施。也就是说，日本的大政方针是由政治家来制定的，但具体实施又是由官僚来进行的。日本的行政首长、政府首脑是内阁总理大臣，各省的最高领导人是各内阁大臣（如外务大臣、防卫大臣、财务大臣等）。但由于长年的内阁频繁更迭，内阁总理大臣频繁更换，内阁大臣的更换更是频繁，更换最频繁的时候每个省、厅一年就会换 5 个以上的内阁大臣。而日本各省、厅的一把手"大臣"是由内阁总理直接任免的，但总理大臣却不能任免各省、厅的二把手"事务次官"。由于各省、厅一把手"大臣"的频繁更迭，不经常更换的二把手"事务次官"就成了实际的一把手。因此，自"事务次官"以下的官员就形成了"牢固的政府"，日本政府的很多政策实施不得不依靠于官僚且又受制于官僚，形成独特的"官僚主导型政治"。日本很多大企业经常会高薪聘请一些卸任的政府官员（多为官僚）为顾问，利用其在政府中广博的人脉和熟悉政府运作的工作经验。而这些大企业财阀又几乎都是政治家们选举的出资方。进而，政治家、官僚、企业就形成了一个在同一利益链条上，既相互牵制，又相互利用，但又充满着矛盾的"纠葛体"。

20 世纪 90 年代中期以来，"去官僚化、强化内阁及总理权限"成为的日本政治体制改革的总体趋势。这一时期，日本推行了旨在强化内阁职能、明确首相"内阁首长"领导地位、充实辅助内阁和首相的机构与工作人员以及重组省厅等一系列行政改革，其目标是要确立首相在多头化的行政核心中的领导作用，即首相主导体制。"经济财政咨询会议"即在此背景下于 2001 年新设的"内阁府"的下设机构。作为总理的直接咨询机构，"经济财政咨询会议"主要负责对经济财政政策的重要事项进行调查和审议。2002 年 1 月"经济财政咨询会议"主导编制了《改革与展望》（今后 5 年，每年须修订一次）。同时，作为其审议的参考资料，内阁府还发布了《内阁府估算》。自此，因"经济财政咨询会议"的"干预"，使得日本在政府施政方针以及年度预算编制过程中更多地反映了中期预算的内容。

特别是 2009 年 7 月民主党执政后，民主党在竞选纲领中提出要改变现行的"官僚主导型政治"，实行由"国民和政治家来主导的政治"。在中期预算管理方面，先是对内阁府编制的原《改革与展望》和作为其参考资料而编制的《内阁府估算》进行了整合，同年 6 月内阁府编制了《经济财政的中长期估算》。接着在 2010 年 6 月内阁决议通过的《新成长战略——恢复活力的日本》（2010 ~ 2020 年度）中提出"强经济、强财政、强社保的一体化"的政策目标，并将"重建财政"作为优先课题。2010 年 6 月内阁决议通过的《财政运营战略》，提出了财政健全化目标。并决定编制《中期财政框架》，就以后 3 年财政收支作出规定。每年滚动修订。自此，日本的中期预算管理制度正式确立。《中期财政框架》与财务省编制的《财政的中期展望》和内阁府之前编制的《改革与展望》（今后 5 年，每年须修订一次）一样，虽然都不具有法的约束力，但由于就控制国债发行规模、税制改革、基础财政收支的改善目标等作出了具体的量化规定，并要求"年度概算要求"以及年度预算编制应以《中期财政框架》为基础，同时，通过与日本原有预算制度的有机衔接，从实行效果来看，具有较强的实质约束力。

二、法律依据及其基本内容

(一)《财政结构改革法》

作为重建财政的重要举措，1997 年 11 月日本政府颁布了《财政结构改革法》（全称《有关推进财政结构改革的特别措施措置法》）。该法借鉴美国、欧盟等国财政改革经验，以法的形式对财政赤字目标做出了明确规定。具体规定包括：一是到 2003 年度中央、地方财政赤字占 GDP 比重削减至 3% 以下；二是逐年减少"特例公债"的发行额，到 2003 年度不再发行"特例公债"；三是社会保障、公共投资、文教等 9 个领域，根据不同领域财政支出的性质，确定改革基本方针，设定缩减财政支出的目标。作为财政重建计划的《财政结构改革法》，其有关今后年度削减财政支出的规定，在一定程度上说具有中期财政框架的作用。但之后由于 1998 年亚洲金融危机的爆发，基于国内外经济形势发展的需要，1998 年 12 月不得不停止实施该法案。

(二)《新成长战略——恢复有活力的日本》

2010 年 6 月 18 日，内阁决议通过了《新成长战略——恢复活力的日本》（2010 年 6 月 18 日），指出：过去 20 多年间经济政策的失败，很大原因在于政治家没有就经济、财政、社会保障这三个课题关联起来持续性地采取应对措施。今后应吸取过去的失败经验，采取能应对现状的新的经济政策，走第三条道路。当前经济社会中存在的问题也是创造新的需要和雇用契机，为此，需要制定《新成长战略》，以实现"强经济、强财政、强社保的一体化"，具体从 7 个领域提高日本经济的活力。同时，强调《新成长战略——恢复有活力的日本》与《财政运营战略》、《中期财政框架》，以及社会保障制度改革保持步调一致，整体推进。以《财政运营战略》制定的目标切实推进财政健全化。以《中期财政框架》为基础，通过对事业项目的分类管理，减少不效率的财政支出。重视创造需求和雇佣效果好的政策和事业项目，消除供需矛盾。

（三）《财政运营战略》

2010 年《中期财政框架》编制的直接法律依据是 2010 年 6 月 22 日内阁决议通过的《财政运营战略》。鉴于国内国际环境的考量和防范财政风险的现实必要，为了实现《新成长战略——恢复活力的日本》（2010 年 6 月 18 日内阁决议通过）所提出的"强财政"的目标，2010 年 6 月 22 日，民主党营直人内阁决议通过了《财政运营战略》。提出：为了坚决应对财政破产的风险，有必要发挥政府强有力的领导力以推进改革。

《财政运营战略》的主要内容：一是制定了财政健全化目标。到 2015 年度末中央和地方的基础财政收支赤字额/GDP 较 2010 年度减半，到 2020 年度实现财政盈余。2021 年度之后稳步降低中央、地方的长期政府债务余额及在 GDP 中所占比重。二是将"量入为出"（pay as you go）、"削减财政赤字"、"确保政策性财政支出的财源"作为今后财政运营的基本规则。即在施政时（实施新的政策或扩充原有政策）时，原则上，应通过永久性削减财政支出或增加财政收入以确保获得稳定财源；对于养老、医疗、护理等社会保障费用这类硬性支出应确保获得稳定财源；重新审视包括特别会计预算支出在内的财政支出项目。

按照事业项目的内容和性质，就其必要性和执行效率等重新审视，确实把握事业项目的执行情况并通过公示，提高预算资金使用效率，以确保预算的透明度；在推进财政健全化方面，中央、地方保持应保持协调，保持地方的自律性，不向地方转嫁负担，确保地方财政的稳定运营。三是通过制定《中期财政框架》，从中长期视角出发编制年度预算。根据该决议，2010 年日本首次编制了《中期财政框架》（2011～2013 年度），就以后 3 年财政收支作出规定。《中期财政框架》（2011～2013 年度）的主要目的在于：控制国债发行额、对税制进行根本性改革、实现基础财政收支的改善目标。所使用的宏观经济指标为：《新成长战略》所设定的到 2020 年的目标：（1）名义增长率 3%、实际增长率 2%；（2）2011 年度消费者物价指数上升率转为正值；（3）尽早降低失业率至 3% 以下。

另外，为了向国内外表明日本"重建财政"的坚定立场，日本于 G20 国峰会上提出了"财政健全化目标"，并作出履行承诺。为此，该年度国会（第 180 回）表决通过了《为确保社会保障稳定财源而推进税制根本性改革、修订消费税法等的法案》（简称《消费税修订案》），确立了提高消费税税率的时间表等。

（四）《针对当前财政健全化采取的措施——中期财政计划》（2013～2022 年度）

2013 年 6 月 14 日内阁决议通过《经济财政运营和改革的基本方针——摆脱滞

胀、经济再生》，提出为早日摆脱滞胀，通过"大胆的金融政策"、"灵活的财政政策"、"唤起民间投资的成长战略"三项措施推进"再生的10年"战略。同时，就如何实现"强日本、强经济、富裕安全安心的生活"、"同时实现经济再生与财政健全化"等问题提出了具体设想。

为了更好地贯彻上述基本方针，内阁决议通过了《日本再兴战略》（2013年6月14日）以及《针对当前财政健全化采取的措施——中期财政计划》（2013年8月8日），以推进以民间需求为主导的可持续增长和财政健全化的良性循环。同时，将加速东日本大地震灾后重建和复兴作为最优先课题，出台重建复兴政策，有效利用"东日本大地震复兴特别会计"，切实推进必要事业项目的实施。

《针对当前财政健全化采取的措施——中期财政计划》强调在重建经济的同时实现财政健全化目标。提出：今后10年间（2013~2022年度）名义GDP平均值达3%左右、实际GDP达2%的经济增长目标。以民用为主导带动经济的可持续增长。在财政健全化目标方面，一是在国家和地方的基础财政收支（简称PB）方面，2015年度财政赤字占GDP的比重较2010年度减半；到2020年度基础财政收支实现盈余。之后逐步稳定降低债务余额占GDP的比重。具体措施包括：各年度预算中，财政支出方面，尽量减少浪费以控制基础财政收支对象经费。降低PB对象经费在GDP中的占比。基础财政收支至少在2014年、2015年度削减4兆日元。财政收入方面，经济增长带动税收的增加，使税收占GDP的比重得以增长。特别是在社会保障支出方面，力图通过制度改革以实现增加收入并减少支出，以确保其财源。

三、《中期财政框架》概要

（一）就控制国债发行规模、税制改革、基础财政收支的改善目标等作出了具体的量化规定

在控制国债发行规模方面，规定：2011年度的国债发行额应控制在不超过2010年度预算（约44兆日元），应切实缩减之后年度的国债发行额，表明了政府负责任的态度，为市场释放积极信心，以有效避免利率的上升。

在实现基础财政收支改善目标方面，实行永久性财政削减措施，2011~2013年度的"基础财政收支对象经费"（中央一般会计预算支出中，扣除国债费以及决算不足补充转入部分）至少不超过上一年度当初预算的"基础财政收支对象经费"规模（即"支出大框架"）。对于增加财政支出的施政措施，应在该年度当初预算的"基础财政收支对象经费"规模内筹集其所需财源。同时，应与税制改革等财政收入方面的措施加以协调应对。其中，2011年度之后的1兆日元的"经济危机应对和区域活力化预备费"，现阶段因景气状况难以预期，在预算编制过程中应进一步探讨。

在财政收入方面，主要措施包括：应尽早推进对个人所得课税、法人课税、消

费课税、资产课税等的根本性改革，确保必要的财政收入。同时，根据 2010 年度税制修正大纲的方针，实施"租税特别措置"，以确保新的财源。从实现"强经济、强财政和强社会保障一体化"的视角出发，出台政策鼓励增加需求和创造雇佣，以确保财政收入的增加。对于增加的永久性财政收入（如消费税税率的提高等），可在"支出大框架"之上加算。对于增加的临时性财政收入，可在控制国债发行额方面有效利用。

为了保持地方财政的稳定运营，地方财政支出应保持与中央财政支出同一基调，2011～2013 年度地方政府的一般财政支出总额应不超过 2010 年度水平。

（二）要求"年度概算要求"以及年度预算编制应以《中期财政框架》为基础

根据《中期财政框架》（2011～2013 年度）规定：在提出概算要求阶段（每年 8 月 31 日前），须留意年度预算编制的基本理念以及经费性质等，中央省厅应以《中期财政框架》为基础设定"概算要求框架"。各省厅长官作为"查定大臣"，在"概算要求框架"内确定优先顺序并积极削减支出。具体来说，需根据"新成长战略"（2010 年 10 月）规定的优先顺序的判断标准，重新审视现行施政，重点推进有利于经济增长的施政措施并列入预算。同时，各省厅在提出概算要求时，还需结合"行政刷新会议"规定的事业项目计划等相关规定。

在年度预算编制方面，要求原则上应维持原《中期财政框架》规定的第 2 年度的财政收支，在保持财政运营基本原则和整体性的基础上，追加新的年度财政收支计划。

（三）关于滚动修订的规定

根据规定：每年年中对《中期财政框架》进行滚动修订，即编制今后 3 年的中期财政计划。在修订《中期财政框架》时，主要是结合当前经济形势及中长期经济财政预期进行修订。修订时间一般在每年年中。每年即便是滚动修订，其大致框架也不变。

第三节　《中期财政框架》的编制与执行及其监督

一、《中期财政框架》的编制

（一）编制周期和时间

2010 年起由内阁府编制《中期财政框架》（2011～2013 年度），被认为是日本中期预算管理制度的正式确立。《中期财政框架》就以后 3 年财政收支做出规定，每年滚动修订。年中修订《中期财政框架》，就以后 3 年财政收支做出规定。第一期《中期财政框架》的核心内容为：自 2011 年度起的 3 年间，实现"强经济、强财政和强社会保障一体化"目标。为此，应从财政收支两个层面最大限度地推进财政健全化目标的实现。并就控制国债发行规模、税制改革、基础财政收支的改善目标等作出具体量化规定。

（二）编制流程和环节

就编制流程和具体环节来看，日本中期预算与年度预算不同之处在于：

一是年度预算案需提交国会审议，一经国会审议通过，便具有法的效力；而无论是 2010 年起编制的《中期财政框架》，还是之前由财务省编制的《对以后年度财政收支的影响估算》（以后 3 年），① 以及内阁府编制的《改革与展望》，② 每年修订并提交国会，但议会无须审议，只作为年度预算审议的参考。因此，在形式上不具有法的约束力。

二是年度预算的编制和执行中，财务省发挥着重要的协调作用。而《中期财政框架》则由内阁府负责编制，具体编制环节由其下设机构"经济财政咨询会议"全面负责。年度预算编制中，财务省在与各省厅协议的基础上，根据内阁会议确定的预算编制基本方针（《预算形成一般原则》）编制"概算方案"，经内阁会议决议形成最终的"政府预算草案"后提交国会审议。而《中期财政框架》则由内阁府负责编制，其中，内阁府下设机构"经济财政咨询会议"发挥着主导作用。"经济财政咨询会议"作为总理的直接咨询机构，主要负责对经济财政政策的重要事项进行调查和审议。议长由内阁总理担任，议员一般由内阁官房长官、内阁府特命担当大臣（经济财政政策）、相关国务大臣、民间有识人士 10 人构成。就目前日本"经济财政咨询会议"的成员来看，议长为总理安倍晋三，议员包括麻生太郎副总理兼财务大臣、内阁官房长官菅义伟、"特命担当大臣"（经济财政政策担当大臣兼经济再生担当）石原伸晃、总务大臣高市早苗、经济产业大臣林干雄、日本银行总裁黑田东彦，以及民间有识人事伊藤元重（学习院大学国际社会科学部教授）、榊原定征（东丽株式会社顾问）、高桥进（日本综合研究所理事长）、新浪刚史（三得利控股株式会社代表总经理、社长）。

（三）编制机构及其相关职责

2002 年起编制的《改革与展望》以及 2010 年起编制的《中期财政框架》，内阁府及其下设机构"经济财政咨询会议"发挥着主导作用。而一直以来，日本的预算基本是由大藏省负责的。大藏省作为政府组织之一，由其全面负责预算是不恰当的。2001 年中央省厅改革后，大藏省改为财务省。与此同时，在内阁府设立"特命担当

---

① 1981 年起开始编制的《财政的中期展望》（以后 5 年），2002 年度更名为《对以后年度财政收支的影响估算》（以后 3 年）。

② 2002 年开始编制，2007 年更名为《日本经济的前途与战略》（2007～2008）。

大臣"①（经济财政政策担当），辅佐内阁总理大臣决策经济财政政策。而内阁府新设常设机构"经济财政咨询会议"则负责其具体事务的执行。这一改革的目的之一就是将过去"财务省主导"的预算编制改为"内阁主导"。自此，预算编制的基本方针《预算形成一般原则》改由"经济财政咨询会议"编制，财务省则根据其指导方针完成"概算方案"，并提交内阁会议决议。从职能分工来看，"经济财政咨询会议"确定大致框架，财务省则具体负责预算的编制。而且在预算案确立阶段，"经济财政咨询会议"还参与相关会议和相关省厅的协调工作。

1. "专门委员"或"专门调查会"。"经济财政咨询会议"作为总理的直接咨询机构，主要负责对经济财政政策的重要事项进行调查和审议。《中期财政框架》就是在"经济财政咨询会议"的主导下编制的。"经济财政咨询会议"属于合议制常设机构，其日常事务由内阁府本府下设"政策统括官"处理，其他有关机构运营等必要事项，议长经机构会议决定。如议长认为有必要就特定专门事项进行咨询和调查时，可设立"专门委员"或"专门调查会"，当该特定专门事项的咨询或调查结束后，"专门委员"卸任，"专门调查会"解散。如2015年12月，"经济财政咨询会议"召开的专门调查会——"经济财政一体化改革推进委员会"，旨在切实推进《经济财政运营与改革的基本方针2015》（2015年6月30日内阁决议）提出的"经济财政再生计划"，讨论通过了《经济财政再生行动纲领》（2015年12月24日决议通过），以便使改革方案和KPI更具体化。

2. 3个事务局（"政策统括官"）。作为"经济财政咨询会议"的事务局，包括负责经济财政运营担当、经济社会体制担当、经济财政分析担当的3个"政策统括官"。② 经济社会综合研究所则作为"经济财政咨询会议"的合作机构，主要负责提供机构审议中所涉及资料的统计、研究等工作。具体来看，"政策统括官"（经济财政运营担当）主要是根据经济形式，从经济财政的灵活运营角度出发，企划并确立"经济对策"、"经济预期"等基本方案。同时，结合摆脱滞胀等政策课题以推进经济政策的实施。"政策统括官"（经济社会体制担当）负责企划《经济财政政策的中长期方针》等，交由经济财政咨询会议审议。同时，以"经济与财政一体化重建"为目标，定期探讨有关中期经济财政政策运营问题。另外，还负责促进市民活动并推进PFI的实施等。"政策统括官"（经济财政分析担当）主要负责对景气进行总体判断。一是分析国内外经济动向，每月汇总《月例经济报告》，在以总理为首的相关内阁大臣等出席的"有关月例经济报告等的阁僚会议"上汇报，作为政府景气判断的依据；二是对国家的经济财政动向进行调查和综合分析，在每年的内阁会议上发布，同时分布《年度经济财政报告》（通称《经济财政白皮书》）。

典型国家和地区政府预算制度研究丛书

---

① "特命担当大臣"作为国务大臣负责特定领域事务。如冲绳及北方领土对策担当、金融担当、消费者及食品安全担当等。而这些特定领域事务的具体执行机构为设在内阁府内的"局"、"审议会"等以及外部机构（"外局"）。如男女共同参画局、"经济财政咨询会议"、综合科学技术会议、北方对策本部、金融厅等。

② 内阁府下设有多个"政策统括官"，负责经济财政运营、经济社会体制、经济财政分析等不同领域事务。

以"政策统括官"（经济财政运营担当）这一机构的构成为例，该机构下设 4 个官房审议官、14 个参事官（分别负责总括性工作、经济对策与金融、企划、经济预期、产业与雇佣、预算编制基本方针的制定等）以及多个科室（包括政府协调苦情处理对策室、对日直接投资推进室、经济财政国际室、道州制特区担当室、地区经济活跃化援助机构担当室、地方分权改革推进室等）。

总体来看，2001 年中央省厅改革后，预算编制权限，特别是预算编制的基本方针或重要决策，如《经济财政运营和改革的基本方针》（骨太方针）、《预算编制的基本方针》等内阁决议文件的编制方面，开始由过去的"财务省主导"转向以"特命担当大臣"（经济财政政策担当）为领导核心、以"经济财政咨询会议"为执行机构、以"政策统括官"为事务处理机构的"内阁主导"预算编制体制。其中，虽然"经济财政咨询会议"10 人构成中包括财务大臣，但有关预算编制方针、中期预算等重大决策的制定已经摆脱了"财务省主导"，而是在综合其他省厅以及民间经济组织、学者等意见基础上，结合国家经济社会形式以及国内外经济动向等编制的，较"财务省主导"下的预算编制、中期预算规划等更体现出其综合性和全面性。

（四）编制技术及其相关标准

日本的《中期财政框架》的编制主要依据的是《有关中长期经济财政的估算》。《有关中长期经济财政的估算》是由内阁府"政策统括官"（经济社会体制担当）的"计量分析室"应用"经济财政模型"（2010 年度版）进行的估算。

"经济财政模型"有过多个改订版本，目前使用的是 2010 年度版本。"经济财政模型"（2010 年度版）也是 2010 年 6 月 22 日内阁府决议通过的《新经济成长战略》和《财政运营战略》的参考资料《经济财政的中长期估算》而采用的估算模型。

1. "经济财政模型"（2010 年度版）。该模型是基于对国家经济、财政中期（5～10 年左右）展望为目的开发的时间序列参数型宏观计量经济模型。其特点之一是，从供给侧明确经济增长的长期路径，以短期需求变化与供给力的偏离就宏观经济的均衡调整过程进行了记述。由于是基于供需两个层面的比较，不仅能够对中长期路径的变化过程进行描述，同时还从供给和需求两个层面探讨财政、社会保障制度的变化对宏观经济的影响。该模型分为四大区块，即人口结构和劳动供给区块、宏观经济区块、社会保障区块、财政区块。四大区块的关联图见图 5－1。

2. 模型概览。"经济财政模型"（2010 年度版）中涉及的方程式数、内生变量数、外生变量数等见表 5－1。

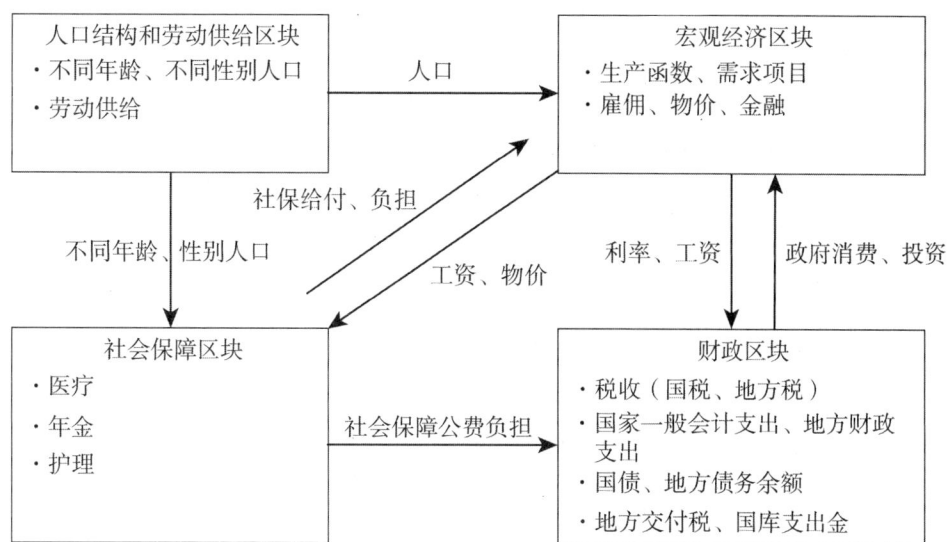

图5-1　日本"经济财政模型"（2010年度版）图解

资料来源：根据日本内阁府网站公布资料整理。

表5-1　　　　　"经济财政模型"（2010年度版）的概览　　　　单位：个

	内生变量数			外生变量数
	方程式数	其中：推导公式	其中：定义式	
人口结构和劳动供给	168	0	168	299
宏观经济	281	49	232	133
财政	1 182	12	1 170	660
其中：国债、地方债	942	0	942	452
其他	240	12	228	208
社会保障	714	50	664	464
其中：医疗	113	21	92	88
年金	314	25	289	164
护理	273	0	273	208
其他	14	4	10	4
合计	2 345	111	2 234	1 556

资料来源：根据日本内阁府网站公布资料整理。

二、《中期财政框架》的执行与监督

（一）《中期财政框架》的约束力及其作用机制

因《中期财政框架》无须议会审议，只是提交国会作为年度预算审议的参考。

虽然不具有法律的强制约束力，但具有实质性约束力。这是因为，《中期财政框架》对财政支出做了总括性规定（"支出大框架"），特别是对于政策性经费支出规模等的规定，具有相对约束力。规定未来3年的新发债额不超过44兆日元。未来3年基础财政支出（一般会计预算支出中扣除国债费和决算不足补充的转入部分）的上限维持在71兆日元左右。虽然《中期财政框架》从法律上来看不具有法的约束力，但就实施情况来看，对未来几年财政支出规模具有实质性的约束力。这是因为，政策性经费支出一般是政府可以直接控制的支出领域，而对于政策性经费支出规模等的规定，提高了可操作性，从而容易实现缩减支出的目标。

另外，由于《中期财政框架》和年度预算编制方针都由"经济财政咨询会议"编制，因此，年度预算能较好地反映中期预算的主旨，且由一个部门制定，政策目标明确也能较好地保证年度预算更好地体现中期预算的政策目标。

（二）《中期财政框架》与年度预算的相互影响及相互衔接

主要特点是：编制时间安排更科学，使年度预算的编制与中期预算衔接更紧密。就编制时间来看，《中期财政框架》的编制时间早于年度预算编制方针和"概算要求基准"的提出。日本《中期财政框架》的修订时间大致是在每年的5~6月份，内阁决议一般在8月中下旬（8月31日前），而预算编制指导方针"概算要求基准"的决议时间大体一致（7~8月份）。之后，各省厅需根据内阁会议确定的预算编制方针和"概算要求基准"进行内部调整，向财务省提交下年度的概算请求。而年度预算的编制时间一般在9~12月份，因此，年度预算编制能较为全面地反映中期预算的主旨。

（三）动态调整

在中期预算实施过程中，当原定预算目标与现实经济财政运行发生偏差时，给予必要的调整和修订。主要体现在2009年6月9日内阁府编制的《经济财政的中长期估算》（2008~2023年，简称《估算》）的年度滚动修订方面。因为，该《估算》是作为"经济财政咨询会议"审议的参考，对于《中期财政框架》的年度滚动修订具有极高的参考意义。

《经济财政的中长期估算》（2008~2023年）是在反映2009年度经济预期以及2009年度1~3月份GDP速报（第1次速报值）、2009年度修正预算等经济财政现状的基础上，假定不同经济运行情况下（1）2010~2011年间世界经济平稳恢复（日本全要素生产性，提高1.0%左右，女性、老年人的劳动参与率提高）；（2）世界经济快速恢复（2010年与世界经济同步，日本经济快速恢复并实现高增长；日本全要素生产性提高1.5%左右，包括女性、老年人在内的劳动参与率提高）；（3）世界经济继续在低谷徘徊（世界经济继续处于低迷状态，日本经济不景气状况进一步深刻化、长期化），就2008~2023年度间的经济、财政状况进行了估算。

2010年6月22日，作为《新成长战略》和《财政运营战略》的参考资料，基于明确3大课题（经济增长、财政健全化、安心的社会保障制度的构建）相互关联性的视角，内阁府修订了《经济财政的中长期估算》（2009~2023年）。该估算是在反映 2010 年 1~3 月份 GDP 速报、《2011 年度经济动向》（也称《内阁府估算》）2010 年度当初预算等经济财政现状的基础上，假定两种不同经济运行情况下：（1）慎重版本（当前国内外经济状态的持续）；（2）经济成长战略版本（内外需坚挺，能够实现《新成长战略》所设定的目标：名义 GDP3%、实际 GDP2%）就 2009~2023 年度间的经济、财政状况进行了估算。

自 2011 年度起《经济财政的中长期估算》一年基本滚动修订两次（1~2 月份和 7~8 月份）。以 2011 年度为例，2011 年 1 月 21 日，内阁府对 2010 年 6 月 22 日公布的《经济财政的中长期估算》（2009~2023 年）进行了滚动修订，依据的基础数据为 2010 年 7~9 月份 GDP 速报、2011 年度经济预期、2011 年度政府预算案等。通过计量模型公式"经济财政模型（2010 年度版）"，假定两种不同经济运行情况下，（1）慎重版本：到 2020 年，实现名义 GDP 平均增长 1.5 倍以上，实际 GDP 平均增长 1% 以上，消费者物价指数于 2011 年度上升为正值，中长期稳定在 1% 左右；（2）经济成长战略版本：2011~2020 年度间实现 GDP 平均增长 2%、实际 GDP 平均增长 2%，消费者物价指数于 2011 年度上升为正值，中长期稳定在 2% 左右，2010~2023 年度间的经济、财政状况（包括经济增长率、物价指数、利率等）进行了估算。

（四）监督

在日本，就《中期财政框架》以及财政健全化目标是否实现等情况进行监督并给出绩效评价的主体是内阁官房国家战略室。每年 1 月份，内阁官房国家战略室负责发布《年度财政运营战略的推进情况验证》,[1] 就财政健全化目标的推进情况进行绩效评价。就各年度的评价情况来看，每年基础财政收支对象经费支出预算额，都控制在《中期财政框架》的目标范围内。但各年度国债发行额有所超过，这与 2011 年东日本大地震的发生，再后恢复创建，以及复兴债券的发行等有关系。内阁官房国家战略室给出的结论是：无论是国家整体层面还是中央政府层面，2015 年度预计占 GDP 比能实现减半目标；为实现 2015 年度目标，以强化经济成长为核心，需全方位采取措施加以努力。为实现 2020 年度的财政健全化目标，有必要对财政进行结构性改革。

表 5-2　　　　　各年度预算案与《中期财政框架》目标的对比

	中期财政框架目标	2011 年预算额	2012 年预算额	2013 年预算额
控制国债发行额	争取不超过上年度预算（约 44 兆日元）	44 兆 2 982 亿日元	44 兆 3 030 亿日元	44 兆 2 440 亿日元
基础财政收支对象经费支出"大框架"	约 71 兆日元	70 兆 8 625 亿日元	70 兆 9 319 亿日元	68 兆 3 897 亿日元

资料来源：根据内阁官房国家战略室《年度财政运营战略的推进情况验证》整理。

---

①　参见：《2011 年度财政运营战略的推进情况验证》（2011 年 1 月 21 日）、《2012 年度财政运营战略的推进情况验证》（2012 年 1 月 24 日）等。

典型国家和地区政府预算制度研究丛书

第四节 《中期财政框架》存在的问题与改革动向及启示

一、存在的问题

在日本，有学者指出：虽然 2010 年度起编制的《中期财政框架》在很大程度上有所改进，但依然存在不足。主要表现在：

（一）仅以一般会计预算为估算对象，不涉及修正预算和特别会计预算等，没有全面反映国家财政的总体情况

究其原因，这主要是因为日本的政府预算通常是指一般会计预算，为此，中期预算的内容也仅以一般会计预算为估算对象。而在实践中，如地震灾后复兴重建等相关费用，2011 年度是计入一般会计预算的，但自 2012 年度起则计入了特别会计预算，因此也就不在《中期财政框架》规范之内了。

就 2011 年度的决算数来看，该年度新发行国债为 54 兆日元，基础财政支出为 81.1 兆日元，都超过了《中期财政框架》中规定的上限。据分析，这主要是因为东日本大地震的发生后，灾后复兴重建等相关费用的增加以及复兴债券的发行而导致的。而就 2012 年度预算情况来看，该年度新发行国债 44.2 兆日元，加上"复兴债"和"年金特例公债"合计 49.5 兆日元。基础财政收支对象中，一般会计预算的当初预算加上年金差额部分，合计 70.9 兆日元，如果再加上特别会计预算中的"地震灾后复兴重建等相关费用"，总计 74.1 兆日元。今后，特别是像针对灾后复兴以及经济形势恶化等现象，实行修正预算的可能性也越来越大，如果任由这部分资金扩大，无疑会增大财政风险。而从财政资金规模和完整性来看，财政健全化措施适用范围除了一般会计预算外，还应包含特别会计预算、修正预算等在内的全部财政资金。

（二）政府决策过程权限依然分散，不利于对预算规模的控制

包括《中期财政框架》在内，在政策制定方面，事实上日本存在内阁和执政党 2 个决策主体。而且自 2004 年 1 月以来日本多次组阁过联合政府，在野党也成为政策的参与主体。表现在预算编制方面，内阁、内阁府的"经济财政咨询会议"、财务省、再加上联合政府中的在野党，事实上是多主体参与。这使得预算编制过程中合作与调整变得相对困难。而同为议会内阁制的英国，在野党在政策制定方面并不发挥实际作用，内阁最终有决策权并负有全面责任。而且，英国、澳大利亚实行中期预算较为成功，主要是中期预算框架中关于资源配置的优先顺序，主要是由总理和财务大臣等几个内阁主要成员决定的，权限相对集中。

在高度经济增长期，由于税收收入充足，而政府社会公共服务供给处于相对不

足状态，决策权限分散也能发挥作用。但是，经济进入低成长期，如何将有限的资源战略性地配置到有限领域，决策权限分散则很难有效控制财政赤字规模。

二、最新改革情况及发展动向

伴随着中期预算的编制，近年来日本在预算管理体制方面推进了以下改革措施。《关于预算编制等方法的改革》（2009 年 10 月 23 日内阁会议决议通过）就改革措施作出了具体规定。

（一）从跨年度预算视角出发，推行"自上而下"的预算编制改革

1. 由内阁官房下设机构"国家战略室"负责编制《年度预算编制的基本方针》草案，经"预算编制阁僚委员会"讨论，经内阁决议通过。这里需要说明的是；"阁僚委员会"于 2009 年 9 月民主党联合政府执政下引入的制度。即有关国家重要政策在提交内阁会议审议前，包括总理在内的相关内阁成员讨论并进行综合协调而召开的会议，因政策课题不同而名称不同。"阁僚委员会"制度引入之前，在内阁决议前召开"事务次官会议"对决策课题进行讨论、调整。"阁僚委员会"制度的引入，实际上是强化内阁权限的一项措施。

2. "预算编制阁僚委员会"就跨部门的预算领域给出适当的大局性方针，以排除纵向行政体制下的弊端。

（二）提高预算编制与执行过程的透明度和公开性

1. 要求自 2010 年度起，各省厅官网应公布其概算请求和政策评价调整书等，财务省也应链接相关网站。

2. 内阁府下设的"行政革新会议"全面公布事业项目分类。根据事业项目的性质，积极公布预算支出单位信息以及包括人员经费在内的事业费全成本信息。

3. 预算概算决定后，财务省、各省厅应尽可能以让国民容易理解的形式公布概算，尽可能公布包括一般会计预算、特别会计预算、当初预算和修正预算等内容。

（三）避免年度末的突击花钱和预算执行中的浪费问题

1. 各省厅应定期在网站公布预算执行情况的信息。同时，就公共事业项目以及预算执行中的重要决定等信息公示。

2. 各省厅于 2010 年度前设置"预算执行监视组"，以自觉推进预算执行的效率；具体包括：参与重要政府采购、公共事业项目等的预算分配、补助金等发放的决定，并适时公布相关信息；关注预算执行情况的公示。听取相关部门汇报并检查是否存在年末集中花钱的行为；制定提高预算执行效率的计划，检查其实施情况，年末公布预算执行效率化情况及改进方案。

（四） 自 2010 年度起试行"政策目标实现考核制度"

就政策目标的实现程度等进行评价。政府就政策拟实现目标、实现指标、实现计划等的文书统一规范格式，并进行事后评价，以便对预算的执行效率、效果等进行验证。应同时从内部和外部充实政策评价和验证体系。

三、经验借鉴和启示

（一）《中期财政框架》的年度修订时间安排科学，对年度预算的编制具有现实指导意义

从中期预算实行较为成功的国家，如澳大利亚、瑞典、英国等，中期预算案一般与年度预算案同时发布或在年度中旬发布，而且也不是基于年度预算编制的，而一般依据的是现行政策和最新经济数据（经济增长率、利率、物价上涨率等）的财政收支预期。而新一年度预算的编制则是将财政收支预期作为政府财政运营的基本目标，同时结合年度预算的优先目标编制的。如果出现经济增长率较上一年度下降或税收预期减少时，为了维持原有的财政目标，还将探讨削减新一年度的部分预算支出。

日本《中期财政框架》的修订时间大致是在每年的 5 ~ 6 月份，内阁决议一般在 8 月中下旬（8 月 31 日前）。这与预算编制指导方针"概算要求基准"的决议时间大体一致（7 ~ 8 月份）。之后，各省厅需根据内阁会议确定的预算编制方针和"概算要求基准"进行内部调整，向财务省提交下年度的概算请求。而年度预算的编制时间一般在 9 ~ 12 月份。《中期财政框架》的修订时间安排更加科学，使年度预算编制能较为全面地反映中期预算的主旨。

（二）强化了预算限额（"概算要求基准"）的硬性约束作用

所谓"概算要求基准"是指，财务省在各省厅提交年度预算请求前下达的有关预算编制的指导方针，主要是规定限额标准。因为是对预算请求额的上限，所以也被称为"封顶"。"概算要求基准"的制度始于 1961 年，当时叫"预算概算要求框架"。就其引入的背景来看，当时，日本的财政赤字已经攀升至一定规模，为了抑制各省厅过大的预算请求，以便控制财政支出规模而引入该项制度。1985 年更名为"预算概算要求基准"，1998 年更名为"有关年度预算概算要求的基本方针"。自2001 年 1 月中央省厅改革后，《预算编制的基本方针》需经"经济财政咨询会议"审议编制。主要就经济及财政状况、预算编制整体方针、财政支出的重点领域及支出方针等做出规定。在经济预期方面，除了明确新一年度的经济财政政策和方针外，还就新一年度 GDP 增长率等主要经济指标进行预期。

就时间安排来看，每年 6 月，根据社会经济形势及国家重点发展方向等讨论下一年度的预算编制方针及"概算要求基准"，经"经济财政咨询会议"讨论后，由

内阁会议表决通过。这一时间大致在每年 7 月中下旬。而在每年 8 月 31 日前，各省厅根据内阁会议确定的预算编制方针和"概算要求基准"进行内部调整，向财务省提交下年度的概算请求。

2010 年菅直人内阁在此制度的基础上提出了"概算要求重组基准"的概念，即要求"概算要求基准"须根据《新成长战略》和《财政运营战略》等的要求，全面审视年度预算安排，全力削减财政支出规模。即提出 2011 年度财政支出（扣除国债本息支出）上限为 71 兆日元，各省厅在提交概算要求时（除社会保障支出和地方交付税交付金外）在上年度预算的基础上一律削减 10%；同时设定了"特别范畴"以资助那些有利于增加雇佣和促进经济增长的事业项目。[①] 以 2011 年度文部科学省的预算安排为例，包括"国立大学法人运营费交付金"在内的"大学相关预算"被作为削减对象。据此，"国立大学法人运营费交付金"（之前的年度预算约 1.2 兆日元），年度削减额约为 1 000 亿日元，今后 3 年削减额达 3 000 亿日元。

（三）《中期财政框架》目标与国家发展战略（《新成长战略》）和财政中长期规划（《财政运营战略》等）的施政目标保持高度一致，有利于中期预算框架的贯彻落实

2010 年民主党执政后的菅直人内阁开始编制《中期财政框架》，之后每年滚动修订。2015 年是日本实行《中期财政框架》的第 6 年。就日本《中期财政框架》的实施背景来看，当时菅直人内阁提出的执政方针——《新成长战略》中，将防范财政破产风险、"重建财政"并实现财政健全化作为执政的最优先课题，要求在"重建财政"的前提下推动 7 大领域 21 个国家战略项目的实施。随后出台的《财政运营战略》提出"重建财政"目标：到 2015 年度将"基础财政收支"降至 2010 年度的一半，到 2020 年度实现财政盈余。并设定了 2021 年度之后降低国家长期债务/GDP 的比重目标。同时，作为《财政运营战略》的核心措施，决定编制《中期财政框架》。在第一次编制的《中期财政框架》（2011～2013 年）中，要求财政支出（不含国债费支出）规模控制在 2010 年度水平（约 71 兆日元），其中，"基础财政收支对象经费"（除去一般预算会计支出的国债费部分）不超过上一年度的当初预算。

《财政运营战略》是作为政府执政目标《新成长战略》的最优先课题提出的，而《中期财政框架》的编制则是作为《财政运营战略》的核心措施来推动和实施的。由于国家经济发展方略和财政工作目标的一致性，《中期财政框架》的目标要求也直接成为政府工作和部门预算安排的基本依据。就 2011 年度以来的年度预算案来看，《中期财政框架》所规定的对未来 3 年的财政支出规模、国债发行额等的具体限额规定都得以充分落实，达到了预期的控制财政支出规模的作用。

141

---

① 如设置了超过 1 兆日元的"恢复活力日本特别支出框架"，用于支持符合"新成长战略"的事业项目。

第六章

日本政府债务及风险管理

■ 本章导读

在日本，政府债务包括中央和地方政府及其所属机构发行的债券（统称"公共债券"）以及以其他形式的借款等。其中，"公共债券"为政府主要债务形式。"公共债券"可分为三类，即国债、地方政府债券和政府保证债券。自20世纪90年代中期以来，受经济低迷、税收减少以及减税政策等的影响，日本财政恶化，债务规模日趋膨胀，远超过国际警戒线，甚至高于欧洲主权债务危机国家的负债水平。减少政府债务规模、"重建财政"成为日本政府长期面临的课题和任务。本章主要介绍了日本政府债务的类型、规模以及中央政府债务、地方政府债务的风险管理和防范机制等。

第一节 日本的政府债务

一、日本的政府债务概况

第二次世界大战后相当长的时间，日本一直致力于控制政府债务以防范财政风险。20世纪70年代中期，随着日本经济高速增长的结束和"向福利国家迈进"等宏观经济政策导向，日本开始加大公共投资，财政进入了赤字扩张时代。据统计，1965～1980年的15年间，日本一般会计预算规模增大了10.7倍，而国债的发行规模则增大了近40倍。20世纪80年代后期因经济好转，日本政府致力于缩减财政赤字，国债规模有所降低。但随着80年代末泡沫经济的破灭，日本政府仍然沿用财政刺激景气的做法，先后十几次推出"紧急经济对策"，从1992～1999年度，日本发行的普通国债达142.28万亿日元，8年间发行的国债相当于过去27年发行总额（184.2万亿日元）的77.24%。进入21世纪后，随着日本社会老龄化、少子化的发展，社会保障费用等支出呈持续刚性增长，而财政收支却连年入不敷出，不得不依赖发行国债来弥补财政赤字。2010年，日本年度国债发行额达151.5兆日元，国债收入占财政收入的近5成（48%）。多年来，日本致力于重建财政并力图逐步缩减国债的年度发行额，但效果并不明显。2014年、2015年度（预算额）日本国债发行额仍高达177.7兆日元和170兆日元，国债依存度（普通国债/一般会计财政支出）分别为40.9%和38.3%。而就国债余额来看，自20世纪90年代以来其规模持续扩大，从1990年度的166.3兆日元增至2000年度的367.6兆日元，2010年度增至663兆日元，2014年度增至774兆日元，占到GDP的158%。根据2016年度预算，日本的国债余额将达到838兆日元，占GDP比为161%。日本的国债规模远超过马斯特里赫特条约中规定的60%的国债负担率警戒线。庞大的国债规模日益成为日本政府的负担。

日本地方政府于20世纪50年代中期以后开始发行地方债券。但此后地方债券的发行额增长并不快。70年代，受石油危机等影响，为刺激经济的发展，加大了地方债券的发行规模。70年代中期，为抑制财政支出开始有计划地压缩地方债的发行。1979年度因景气停滞而导致地方财源的显著不足，为此又开始增发地方债。而在1980～1982年间，因财源不足额有所减少，缩减了地方债规模。1992年度因国库补助负担率的永久化，以及1993～1995年度居民税等的减税而导致地方财源不足，增加了地方债的发行额。尤其是在1993年度，因地方交付税结算等特殊原因，地方债发行额较上一年度增长42.2%。自90年代中期以来，日本的地方财政和国家财政一样，深受经济低迷、税收减少以及减税政策等的影响，财力不足问题迅速扩大。而为了弥补地方财政的不足并配合经济刺激计划的实施，日本各地不断增发地方债，地方政府债务余额随之迅速增加，近年来大致维持在200兆日元左右，较1991年增长了2.9倍。2015年日本地方债务余额为199兆日元，占到GDP的40%。相当于全年地方一般财源（包括地方税、地方交付税等用途没有特别规定的财政收入）的约2.5倍。

就日本的国家长期债务余额（含国债、地方债等）的总体规模来看（见表6－1），2015年达1 041兆日元，占GDP之比达207%。而同年财政赤字占GDP的比重达到6%以上。上述两项指标都远远超过国际警戒线，甚至高于欧洲主权债务危机国家的负债水平。而造成财政困难的主要原因是入不敷出。以2014年度为例，2014年度预算财政支出为95.9兆日元，而税收收入仅为50兆日元，不足部分只能依靠发行国债来补充。2014年度仅国债发行额就达41.3兆日元，占财政收入的43.0%而该年度用于国债还本付息的资金（国债费）占财政支出的比例则高达24.3%。财政收支结构的严重失衡导致日本政府利用财政手段调控宏观经济的功能日益下降。而沉重的政府债务最终只能通过增税由国民负担，这必然引起企业和居民的增税预期及不安心理的加重，从而影响到投资及消费的扩大，制约宏观经济的发展。

目前，日本的政府债务虽然达到了空前规模，但因国内资金环境相对较好，居民拥有充裕的金融资产，企业部门的资金剩余，使得政府能够以低息发行债券而筹集资金。目前，日本的国债主要在国内被消化。日本国债的二级市场流动性较高，市场运行相对稳定。但是，今后随着老龄化社会的发展，预期家庭金融资产规模将减少。而且，随着经济的持续复苏企业部门资金剩余量将减少。日本国内对国债的消化能力将下降，庞大的债务将难以维持。另外，如果经常性财政收支一直呈赤字状态，国内资金需求将部分从海外融资。如此，海外投资者的投资动向、利率、国债需求等将对日本金融市场产生重大影响。这就需要日本政府尽量减少国债发行额、压缩债务余额，尽量规避因利息变动而引发的财政风险。同时，如果市场对政府的财政运营失去信心，将导致国债利率急速上升，从而使国债的主要持有者——金融机构的资产负债恶化，进一步影响到企业、家庭等的融资，这将对国民经济带来极大的影响。① 可以说，减少国债年度发行额、"重建财政"成为日本政府长期面临的课题和任务。

表6－1　　　日本的政府债务余额（含国债和地方债等）　　　单位：兆日元

债务类型 ＼ 年度	1998	2003	2008	2009	2010	2011	2012	2013	2014	2015	2016
国债余额	390	493	573	621	663	694	731	770	800	842	866
其中：普通国债余额	295	457	546	594	636	670	705	744	774	812	838
占GDP比（%）	58	91	112	125	132	141	149	154	158	161	161
地方债余额	163	198	197	199	200	200	201	201	201	199	196
占GDP比（%）	32	40	40	42	42	42	42	42	41	40	38
国债和地方债余额合计	553	692	770	820	862	895	932	972	1 001	1 041	1 062
占GDP比（%）	108	138	157	173	179	189	196	201	204	207	205

资料来源：作者根据日本财务省网站公布数据整理。

---

① 财政制度等审议会《财政健全化的基本思路》（2014年5月30日）。

二、日本政府债务的类型及其规模

在日本，除中央政府外，地方政府、政府所属的公团、公库、公司等机构也可以发行债券。这类债券统称为"公共债券"（Public Bond）。概括起来，日本的"公共债券"分为三类，即日本政府债券、地方政府债券和政府保证债券。日本政府债券，也称国债，是由中央政府发行的债券。在日本，一般意义上所说的国债主要是指普通国债，即债券发行后的本息偿还主要以国家税收收入为财源的国债券部分。本章中关于国债的分析，除特别提及外，主要是基于普通国债的分析。而广义的国债除了普通国债外，还包括"财投债"以及交付国债、出资筹款国债等发行规模较小的债券类型。而广义的政府债务中，除上述债券类型外，还包括"借入金"（政府借款）和政府短期证券。地方政府债券也称地方债，是由都、道、府、县等地方政府和地方公共团体发行的债券；政府保证债券是指日本政府所属的公团、公库、公司等机构发行的债券中，由政府担保其本息偿付的那部分债券。由于有政府担保，因而被认为是准国债。

（一）国债

在日本，国债的正式名称为"国库债券"，是中央政府根据《有关国债的法律》（1907 年）发行的公债，举债主体是中央政府，发行采用注册制。

日本国债的发行历史可以追溯到 1870 年，当时日本在美国和国内发行过"外汇国债"、"创业国债"，以筹集经济建设资金。1890 年以后，日本国债的发行目的主要是为了筹集军费。到 1945 年日本国债发行总额为 1 376 亿日元，其中 75% 的发行收入被用于军费开支，5.5% 用于公共事业开支，其余的部分用于弥补财政赤字。

第二次世界大战结束后，日本坚持"均衡财政主义"，根据 1947 年《财政法》的相关规定，原则上不允许发行赤字国债。在 1965 年之前，日本政府没有发行过长期国债，仅发行过数量非常有限的短期政府债券和特别减税国债。直到 1965 年，由于经济的萧条，日本政府才在第二次世界大战后首次发行用于公共投资建设的建设国债（根据《财政法》第 4 条规定，也称 4 条国债）。自此，国债成为日本财政收入中与税收并列的一种重要财源。受 1973 年第一次石油危机的影响，日本经济严重衰退，进入低速增长时期，日本政府实行扩张性财政政策，扩大财政支出。为了弥补财政赤字，1975 年日本政府开始发行"赤字国债"。自此，日本的国债规模呈不断增长趋势，2000 年首度超过美国，成为世界上发行规模最大的国债市场。日本国债的年度发行额由 1965 年的 1 972 亿日元增至 2010 年的 162 兆日元，2014 年度为 177.7 兆日元，2015 年度（预算）为 170 兆日元。而国债余额（一般指普通国债）也由 1965 年的 2 000 亿日元增至 2010 年的 636.3 兆日元，2014 年度末国债余额达 774 兆日元，2015 年度为 812 兆日元，占 GDP 的比重也由 1965 年的 0.6% 上升至 2010 年的 132%，2014 年度的 158% 和 2015 年度的 161%。虽然日本的国债负担率远高于国际公认的警戒线，但日本的国债市场不仅规模庞大，而且拥有良好的流动性，从市场运行的角度看，其运行机制值得关注。

1. 国债的类型。日本的国债发行量不仅居世界首位，而且种类繁多，形成了一套以适应不同层次投资者需求的国债体系。概括起来，日本国债可以分以下几类。

（1）根据发行目的及用途分类。根据发行目的和依据法律的不同，国债主要分为普通国债和"财投债"（FILP国债，财政投融资特别会计国债的简称），由于普通国债和"财投债"是作为国债整体统筹发行的，因此，作为金融产品，两者并无本质差异。除普通国债和"财投债"外，交付国债、① 出资筹款国债、日本政策投资银行危机应对业务国债、原子能损害赔偿及放弃核电站等支援机构国债、日本高速道路保有及债务偿还机构债券等承继国债也属于国债范畴，但规模都较小，也不是每年都发行。这里需要说明的是，广义的政府债务中，除上述债券种类外，还包括"借入金"（政府借款）和政府短期证券。

其中，普通国债的本息偿还主要是以国家税收收入为财源。普通国债又可细分为建设国债、特例国债（赤字国债）、年金特例国债、复兴债、"借换债"（也称置换国债、偿债国债）等。建设国债、特例国债（赤字国债）、年金特例国债计入一般会计预算，"借换债"、复兴债则作为特别会计预算收入的一部分。② "财投债"是为了筹集财政投融资资金而发行的债券（《财政融资资金特别会计法》）。与普通国债不同，"财投债"的偿还资金并非来源于税收，而是来源于财政融资的回收款。"财投债"被列入特别会计预算收入（财政投融资特别会计）。

根据《财政法》第4条规定，建设国债发行主要目的是为道路、住宅、港湾等社会公共基础设施建设筹措资金，其规模须经国会批准；特例国债是为了弥补财政支出的不足而发行的。为了维护财政纪律，特例国债的发行需要制定特别法律，在预算中具体规定发行额度，同时必须得到国会的同意。1975～1990年间，日本曾连续发行赤字国债。20世纪80年代后期因泡沫经济而出现的经济好转，1991～1993年间未曾发行赤字国债。1994年以后，因泡沫经济的破灭而出现财政收入增长乏力，作为经济景气对策和确保财源，再次发行赤字国债；年金特例国债自2012年度起发行，是为了因弥补基础年金国库负担增加而导致的财源不足。年金特例国债的发行需依据公债发行特例法发行。2012年、2013年度，年金特例债的年度发行额分别为25 843亿日元、26 035亿日元；复兴债是为了东日本大地震复兴政策的实施而筹措必要财源，依据特别措施法而发行的债券。复兴债自2011年度起发行，2011～2015年度，复兴债的年度发行额分别为112 500亿日元、23 033亿日元、0日元、10 970亿日元、28 625亿日元；"借换债"是根据《国债整理基金特别法》等相关法律发行，用于偿还到期国债的债券。由于日本国会实行国债余额管理制度，"借换债"的发行规模不会增加国债余额，因此其发行规模无须经国会批准。

如表6-2所示，日本政府发行的国债主要以普通国债和"财投债"为主。

典型国家和地区政府预算制度研究丛书

146

---

① 交付国债是指政府在发行债券时不支付收入金津贴，而发行、交付的国债。目前，交付国债主要包括代替支付给战争遗族、强制归国者的慰问金而给付的国债。

② 其中，"借换债"计入"国债整理基金特别会计"，复兴债计入"东日本大地震灾后复兴特别会计"。

就近年来日本的国债余额来看，"财投债"的规模呈逐年缩减趋势，由 2010 年度的 1 181 918 亿日元降至 2014 年度的 989 910 亿日元，其主要原因在于财政投融资制度改革的成果。近年来，虽然普通国债余额的增幅有所降低，但总体规模仍呈增长趋势，由 2010 年度的 6 363 117 亿日元增至 2014 年度的 7 740 831 亿日元。即持续增长的国债余额主要在于普通国债规模的逐年增长。就 2014 年度国债余额的构成来看，其中，普通国债约占国债余额的 88% 左右，"财投债"约占 11%，其他类型国债约占 1%。

表 6 - 2 　　　　　　　　　　日本的国债余额及其构成　　　　　　　　单位：亿日元

构　成	2010 年度	2011 年度	2012 年度	2013 年度	2014 年度
国债	7 585 690	7 893 420	8 214 741	8 537 636	8 814 847
普通国债（含：复兴债）	6 363 117 (—)	6 698 674 (106 529)	7 050 072 (103 283)	7 438 676 (90 135)	7 740 831 (82 795)
其中：长期国债（10 年以上）	4 043 679	4 329 577	4 627 718	4 974 520	5 329 926
其中：中期国债（2~5 年）	1 926 315	1 950 976	1 955 225	2 047 082	2 032 899
其中：短期国债（1 年以下）	393 123	418 121	467 129	417 074	378 006
"财投债"	1 181 918	1 109 122	1 092 607	1 042 104	989 910
其中：长期国债（10 年以上）	1 007 888	919 068	866 009	805 464	713 412
其中：中期国债（2~5 年）	174 030	190 055	226 598	236 640	276 498
交付国债	3 673	2 826	1 977	1 746	1 355
出资及筹集国债	16 230	18 742	21 897	25 100	26 818
日本政策投资银行危机应对业务国债	13 500	13 438	13 247	13 247	13 247
原子能损害赔偿及废气核电站等支援机构国债	—	43 364	27 687	13 130	42 687
日本高速道路保有及债务偿还机构债券承继国债	7 254	7 254	7 254	3 633	0
"借入金"	550 058	537 410	548 593	555 047	549 841
长期（1 年以上）	196 916	182 267	172 451	164 582	156 876
短期（1 年以下）	353 142	355 142	376 142	390 465	392 965
政府短期证券	1 107 847	1 168 673	1 152 677	1 156 884	1 168 883
合　计	9 243 596	9 599 503	9 916 011	10 249 568	10 533 572

资料来源：作者根据日本财务省公布数据计算整理。

（2）根据偿还期限分类。根据国债的期限不同，日本国债分为六类：短期国债（6 个月和 1 年的国库券）和政府短期债券（60 天）、中期国债（2 年和 5 年债券）、长期国债（10 年债券），超长期国债（15 年、20 年、30 年、40 年债券）、储蓄债和通货膨胀指数债券。

典型国家和地区政府预算制度研究丛书

短期国债一般偿还期限为一年，在短期国债里包括政府短期证券和贴现短期国债两种。政府短期债券的期限为60天，且只允许法人购买。政府短期证券有三种形式：一种是指筹措国家一般资金周转而发行的财务省证券，另外两种是为了弥补粮食管理、"外汇资金特别会计"资金不足而发行的粮食证券和外国汇兑资金证券。关于政府短期证券的发行方式，日本政府明确规定：在短期证券发行的前一周要由日本银行向社会公开其发行要点，具有应标资格的金融机构、证券公司、短期证券投资者均可以向日本银行投标认购。在公开投标额达不到发行预定额时，可以由日本银行认购。贴现短期国债是指以贴现方式发行，即发行价格低于债券面值，不支付利息，到期时按照面值赎回。贴现短期国债是一种为应付大量国债偿还而发行的"借换债"（置换债券）。"借换债"是1985年依据《国债整理基金特别会计法》而发行的。由于短期国债的期限较短，因而一般将这两种债券作为货币市场工具看待。

中期国债、长期国债、超长期国债（除15年期浮动利率债券外），均是固定利率附息债券，每半年付息一次。中期国债，偿还期为2~5年，因为比较适合社会大众投资需求，所以以个人投资者购买为主。中期国债分为中期折价国债和中期付息国债。中期折价国债于1977年开始发行，期限5年。发行面值最低为5万日元，最高可达1亿日元，一般在奇数月发行，每年发行6次；中期付息国债于1978年开始发行，期限一般为2~4年，利率固定，面值为5万~10亿日元，分2年、3年、4年3种，其最大特点是采用公募方式发行。

长期国债和超长期国债为付息国债，利率固定，面额有5万日元、10万日元、100万日元、1千万日元、1亿日元、10亿日元6种。15年期浮动利率债券和储蓄债按照一定的规则确定利率，通货膨胀指数债券的本金与CPI指数相关。长期国债偿还期限一般为十年，其发行量在所有国债中占有最大份额，一般占国债发行量的80%左右。超长期国债的偿还期一般为15~20年。

此外，还有一些其他类型的国债，例如1988年8月发行过3年期的固定利率国债，2000年9月发行过5年期贴现国债，2001年1月发行过4年期固定利率国债，2001年3月发行过6年期固定利率，2002年11月发行过3年期贴现国债。但是，此后没有再发行过上述类型的国债。

如表6-2所示，就普通国债和"财投债"的期限结构来看，普通国债以长期国债为主，占到普通国债发行额的45%左右，其次为中期国债，短期国债在普通国债中所占比重较小，约占6%左右。"财投债"的偿还期限分为长期和短期两种类型。随着近年来"财投债"余额的缩减，长期国债所占比重由2010年度的约85%降至2014年度的72%，而短期国债的比重随之增加。

2. 国债的发行。日本国债的发行有两种方式：一是向市场发行（offering for the market），二是向公共部门发行（offering for the public sector）。

（1）向市场招标发行。向市场招标发行方式还可划分为公开招标和承销团承销两种方式。其中，最常用的是公开招标方式。

所谓公开招标（无基本承销额），是指政府（财务省）根据日本银行相关的发行条款（发行编号、发行数量、息票利率、发行日期及到期日等），由日本银行宣布拍卖，接受竞拍者的报价及数量，将投标结果报告财务省。财务省确定拍卖结果后，日本银行将结果通报给拍卖参与者。竞拍参与者必须是承购包销团成员。公开招标程序类似于承购包销中的竞拍投标。最终的投标人以及发行条款通过多次价格竞拍或者传统的拍卖方法决定。在传统的拍卖方式中，投标价格从最高价开始接受，直至发行量被认购完。日本国债发行时，其招标形式又可分为价格招标和收益率招标，15 年期浮动利率国债、30 年期固定利率国债和通货膨胀国债采用荷兰式收益率招标，其余的国债均采用价格招标。在发行 2 年期和 5 年期固定利率债券时，考虑到中小投资者的投标额通常比大投资者的投标额要小，为确保中小投资者能购买到该类国债，大约有计划发行额的 10% 被用于非竞争性招标，每一个投资者在一定限额内进行认购，价格按竞争性招标的加权平均价格来确定。非竞争性招标也适用于承销团承销的 10 年期固定利率国债。此外，为提高国债的流动性，财务省于 2001 年 3 月开始采取增发方式发行国债。在增发情况下，到付息时即使持有期不足 6 个月，财务省也按 6 个月付息，为此，增发时购买者被要求支付即将取得的超额利息。

所谓承销团承销（有基本承销额）是指由银行、证券公司、保险公司以及其它金融机构组成的承购包销团承购。承购包销时，日本政府与承购包销团成员依次签订承销协议，承购包销团成员通过局部竞拍决定承销的发行价格与数量。承购包销国债的 60% 是通过承购包销团竞拍与非竞争性投标发行的，其余的 40% 以固定比例按平均价格分配给承购包销团成员。目前，承购包销主要用于发行 10 年期带息债券（约占日本国债发行量的 70%）和 5 年期折现债券。目前，承销团承销方式仅适用于 10 年期固定利率国债。每次发行 10 年期固定利率国债时，85% 的发行额通过竞争性价格招标和非竞争性招标方式由承销团承销，剩余的 15% 由承销团按固定的比例进行认购，价格为竞争性价格招标确定的加权平均中标价格。如果承销团成员未能完成承销任务，那么他们将按照固定比例对剩余的国债进行认购。从 1966 年开始，日本国债发行就开始采用承销团承销方式，其中的固定认购比例逐步减少，由 1966 年的 100%，减少到 1990 年的 40%，再到 2004 年的 15%。

（2）向公共部门发行。向公共部门发行属于定向募集，包括向邮政部门、日本银行、邮政储蓄、养老基金和财政贷款资金等。随着日本国债发行的日渐增多，为使发行与承销安全有效，1990 年日本银行开始通过 BOJ – NET 进行国债的发行承销。银行、证券公司、货币市场经纪商、证券公司、保险公司以及其他机构参与该系统，允许在线处理拍卖公告、投标、拍卖结果的通知、新近发行债券的支付以及对国债登记系统或记账系统发行国债的初始登记或存储。与其他国家相比，日本的国债利息较低，一般在 1% ~2% 之间。

如表 6 – 3 所示，就 2014 年度日本国债及国库短期证券（T – Bill）的持有情况来看，银行等所占比重最高，为 31.4%。其次是央行日本银行占比 26.5%。生命损害保险等基金占比 19.2%，公共年金等占比 5.4%，年金基金占比 3.3%，海外资金占比 9.4%，家庭资金占比 1.6%。总体来看，日本国债的主要持有人为国内金融机构以及公共资金，海外资金和家庭资金承购国债的比重合计仅为11%。日本国债的对外承销和家庭承销占比不高，这与日本国债的发行及承销机制有关。这也是日本国债规模巨大而迄今并未发生债务风险的内在原因。

表6-3　　　　　2014年度日本国债及国库短期证券的持有情况　　　单位：亿日元

	日本银行	银行等	生命损害保险等基金	公共年金等	年金基金	海外资金
金额	2 746 067	3 260 339	1 992 160	563 060	341 772	977 859
比重（%）	26.5	31.4	19.2	5.4	3.3	9.4
	家庭	其他	一般政府（注）	财政融资资金		合计
金额	16 855	102 556	194 953	30 571		10 378 192
比重（%）	1.6	1.0	1.9	0.3		100

注：一般政府是指除公共年金之外的来自公共部门的资金。
资料来源：作者根据日本财务省公布数据计算整理。

3. 国债规模。

（1）国债余额（普通国债余额）。在日本，通常意义上的国债余额指的是普通国债余额。这里使用数据为普通国债余额数据。20世纪80年代以来，随着国债发行规模的不断增长，国债余额由1985年的134兆日元增至2010年的636兆日元，2014年增至774兆日元，2015年度高达807兆日元（预算额）。

表6-4　　　　　　　　日本的国债余额　　　　　　　　单位：亿日元

年度	1965	1970	1975	1980	1985	1990	1995	2000	2005	2006
国债余额	2 000	28 112	149 731	705 098	1 344 314	1 663 379	2 251 847	3 675 547	5 269 279	5 317 015
年度	2007	2008	2009	2010	2011	2012	2013	2014	2015	2016
国债余额	5 414 584	5 459 356	5 939 717	6 363 117	6 698 674	7 050 072	7 438 676	7 740 831	8 070 911	8 378 406

注：这里的国债余额指的是普通国债余额。各年度普通国债余额为实际决算额，2014年度为预算案修正值，2015年度为预算额。
资料来源：作者根据日本财务省公布数据整理。

（2）国债债务率。就日本的国债债务率（普通国债余额/GDP）来看，20世纪70年代之前，国债债务率很低。截至20世纪70年代中期，国债债务率维持在10%以内。80年代以来，国债债务率不断攀升，由1980年度的28.4%上升至1985年的40.7%，2010年进一步上升至132.5%，2014年度更是达到158.1%，2016年度达到161.5%。与其他OECD国家相比，日本的国债规模相当于其他国家的2倍。

表6-5　　　　　　　　　　　日本的国债债务率　　　　　　　　　　单位:%

年　度	1965	1970	1975	1980	1985	1990	1995	2000
国债债务率	0.6	3.7	9.8	28.4	40.7	36.8	44.6	72.0
年　度	2005	2010	2011	2012	2013	2014	2015	2016
国债债务率	104.3	132.5	141.4	148.6	154.0	158.1	160.1	161.5

注：各年度普通国债余额为实际决算额，2015年度为预算案修正值，2016年度为预算额。

资料来源：作者根据日本财务省公布数据计算整理。

（3）国债依存度。就日本的国债依存度（建设国债＋特例债/一般会计财政支出额）来看，1970年为4.2%，1980年增至32.6%。20世纪80年代中期至90年代初，国债依存度有所降低，1990年降至9.2%。90年代中期以来，一方面，为配合经济刺激计划的实施，国债的年度发行额持续增加，而受经济低迷、税收减少以及政府减税政策的影响，政府可支配财力减少，政府的财政支出开始更多地依赖于国债的发行。近几年，因经济在一定程度的恢复以及消费税税率的提高而带来的税收增加，日本国债依存度有所降低，2015年度为38.3%。也就是说，目前日本政府的一般财政支出中，仍有4成依赖于发行国债来筹集资金。

表6-6　　　　　　　　　　　日本的国债依存度　　　　　　　　　　单位:%

年　度	1965	1970	1975	1980	1985	1990	1995	2000	2005	2006
国债依存度	5.3	4.2	25.3	32.6	23.2	9.2	24.2	36.9	36.6	33.7
年　度	2007	2008	2009	2010	2011	2012	2013	2014	2015	2016
国债依存度	31.0	39.2	51.5	44.4	42.5	48.9	40.8	39.0	36.5	35.6

资料来源：作者根据日本财务省公布数据整理。

典型国家和地区政府预算制度研究丛书

（4）国债的年度发行额。建设国债、赤字国债、"借换债"和"财投债"是国债发行的主要债券形式。如表6-7所示，就国债的年度发行额来看，自1965年以来呈持续快速增长趋势。2006年度以来，年度发行额较前几年度虽有所下降，但因2011年东日本大地震的发生，为筹集灾区重建财源，日本政府不得不发行"复兴债"。国债的年度发行额又开始有所增加。2015年度国债发行额达1 700 241亿日元。

就国债年度发行额的构成来看，1965年开始发行国债以来至20世纪70年代中期，日本政府发行的国债主要以建设国债为主。1975年开始允许发行特例国债（赤字国债），当年特例国债发行额为20 905亿日元。到1980年特例国债发行额达到72 152亿日元，占当年国债发行额的50%。之后，随着景气的恢复，特例国债的发行额逐步缩减，1991～1993年间没有再发行特例国债。此后，同样受经济景气变化的影响，特例国债的发行规模有所波动，但年度发行额总体呈增长趋势。由1994年再次开始发行时的33 337亿日元（减税特例公债），增至2003年度的286 520亿日元。之后，日本政府致力于缩减特例国债的发行，到2007年降至193 380亿日元。受 2008 年世界金融危机的影响，为刺激经济，日本再次增发特例国债，到 2012 年增至 360 360 亿日元。近年来，随着经济的好转，日本政府开始逐步缩减特例国债的年度发行额，但到 2015 年度其规模仍然达 308 600 亿日元。特例国债在国债年度发行额中所占比重也随其发行额的波动而波动，2000 年度为 25%，近年来基本保持在 20% 左右。

建设国债的年度发行额，截至 20 世纪 80 年代中期，虽然建设国债的年度发行额呈逐年增长趋势，但由于特例国债发行额的增加，建设国债在国债年度发行额中所占比重不断下降。80 年代中期至 90 年代初，建设国债年度发行额有所降低。为挽救因泡沫经济破灭而出现的经济萧条，日本政府实行积极财政政策，自 1992 年起，日本开始大规模增发建设国债，建设国债的年度发行额由 1991 年度的 67 300 亿日元增至 1993 年度的 161 740 亿日元。此后，建设国债的年度发行额增减幅度波动较大。近年来，建设国债的年度发行额缩减不少，且呈持续减少趋势。2015 年度为 60 030 亿日元。就建设国债的年度发行额占国债年度发行额的比重来看，从 70 年代之前的占比 100% 持续快速下降，近年来基本保持在 4% 左右。

与建设国债和特例国债相比，"借换债"（偿债国债）自 1973 年起开始发行，最初"借换债"的年度发行额并不高，但自 80 年代初开始，年度发行额迅速增加，由 1981 年度的 8 952 亿日元上升至 1982 年度的 32 727 亿日元，2006 年度更是达到 1 081 206 亿日元。2007 ~ 2009 年"借换债"的年度发行额有所降低，2010 年再次增加至 1 008 355 亿日元，2015 年度达 1 162 986 亿日元（预算额）。而就"借换债"在国债年度发行额中的占比来看，比重最高时的 1990 年达 72%。2000 年以来，"借换债"占到国债年度发行额的 60% 以上。近年来基本保持在 68% 左右。由此可见，日本年度发行的国债近 6 成用于以新债还旧债。

"财投债"自 2001 年发行以来，主要是用于筹集财政贷款所需资金。当年"财投债"的发行额为 438 831 亿日元，之后年度总体呈下降趋势，2010 年度降至 84 000 亿日元。2011 年度开始又有大幅增加，当年增至 131 000 亿日元。2015 年度为 140 000 亿日元（预算额）。"财投债"在国债年度发行额中所占比重，2005 年为 17%，之后所占比重有所下降，近年来基本保持在 7% ~ 8%。

表 6 – 7　　　　　　　　　日本国债的年度发行总额及其构成　　　　　单位：亿日元

年度	发行总额	建设国债（%）	特例国债（%）	"借换债"（%）	"财投债"（%）
1965	1 972	100	0	0	0
1970	3 472	100	0	0	0
1975	56 961	56	37	7	0
1980	144 605	48	50	2	0
1985	212 653	30	28	42	0
1990	259 652	24	4	72	0

典型国家和地区政府预算制度研究丛书

续表

年度	发行总额	建设国债(%)	特例国债(%)	"借换债"(%)	"财投债"(%)
1995	466 238	26	7	49	0
2000	862 737	13	25	62	0
2005	1 650 379	5	14	64	17
2006	1 611 502	4	13	67	16
2007	1 413 410	4	14	70	12
2008	1 356 775	5	19	69	6
2009	1 518 453	10	24	60	6
2010	1 515 385	4	23	63	10
2011	1 761 680	5	20	62	7
2012	1 775 303	6	20	63	8
2013	1 643 114	4	21	67	7
2014	1 776 613	4	19	68	9
2015	1 700 241	4	18	68	8
2016	1 622 028	4	17	67	10

注：1. 表中百分比为四舍五入后的数值。自 2011 年起，表中百分比数值合计达不到 100%。这是因为，小规模债券（包括复兴债、年金特例债、交付国债、出资及筹集国债、日本政策投资银行危机应对业务国债、原子能损害赔偿及废气核电站等支援机构国债、日本高速道路保有及债务偿还机构债券承继国债等）并没有统计在内。

2. 各年度国债发行额为该年度 3 月末的决算值。2015 年度为预算案修正值，2016 年度为预算额。

资料来源：作者根据日本财务省公布数据整理计算。

（二）地方政府债券

日本地方政府的财政收入来源主要包括：地方税、地方交付税、国库支出金、地方债务等。其中，地方税、地方交付税属于没有规定特定用途的财源，也被称为"一般财源"。"一般财源"占地方财政收入约 70%（其中，地方税约占地方财政收入的 40%）。债务收入也是日本地方政府重要的收入来源之一。

日本的地方债务主要包括：地方政府债券、交付税特别会计贷款、公营企业债券等几种形式。其中，地方政府债券也称地方债，是由地方政府直接发行的债券。既有都道府县发行的，也有市町村发行的。地方债的发债目的、额度、发债方法、利率以及发债的方法、利率和偿还方式等，必须经由预算确定。就日本地方债的功能来看，主要包括：财政收支的年度调整、调整并保证居民负担的世代间公平、一般财源的补充，以及配合国家经济政策的实施等。

1. 地方债的类型。

（1）根据资金使用用途划分。根据资金使用用途，地方债又可分为"建设地方债"和"财政对策债"。根据《地方自治法》、《地方财政法》等法律的规定,地方公共团体举债资金应主要用于地方建设性支出,不能用于经常性支出。具体用途包括:①交通、煤气、上下水道事业及其他地方公用团体经营的企业所需经费;②对地方公营企业提供的资本金和贷款等(包括以出资或融资为目的而购置土地或物品所需经费的财源);③地方政府债务转期(借新还旧)所需经费;④灾害应急、灾后恢复以及灾害赈济事业费;⑤学校及其他文教设施、托儿所及其他福利设施、消防设施、道路、河川、港湾及其他土建设施等公共设施或公用设施建设费(包括对于公共团体、中央政府或地方政府出资的且政令规定的法人设置的公共设施进行补贴资助所需的经费),以及征购公用土地或其替代土地的征地费(包括购买该土地所必须的土地所有权以外的相关权利所需经费)等。用于上述事业项目的债务一般被称为"建设地方债"。

此外,必要时可以通过制定特例法来发行特定目的的地方政府债券。通过特例法发行的债券包括两大类:一类是为特定目的事业筹集资金。根据不同的特定事业项目,设定不同的特例法。主要债务类型有:边地债(边缘地区公共设施综合整备目的)、过疏对策事业债(根据《过疏地区自立促进特别措施法》)、减税补充债、再生转账特例债(《有关地方公共团体财政健全化的法律》)等。另一类是为实施地方财政对策筹集资金。根据《地方财政法》第5条的规定,为弥补地方财政收入的不足或者实施财政政策而发行的地方债为"临时财政对策债"(简称"临财债")。"临财债"自2001年开始发行。主要目的是弥补因地方交付税交付金额的减少而导致的地方财力不足,其本息偿还由以后年度的地方交付税支付。

日本地方公共团体发债筹集资金所用事业项目应满足以下条件:一是该事业项目收益能确保债务偿还(如对地方公营企业提供的资本金和贷款等);二是保证不再增加新的债务;三是应对临时突发情况(如灾害应急费等);四是事业项目成效惠及下一代人,或者能加强地方经济发展和增加地方税收来源,其收益可偿还债务(如公共设施建设事业费等)。

(2)根据发行方式划分。日本地方债的发行方式主要有私募、公募两种方式。私募是指地方政府对与其有业务联系的银行、保险公司等机构直接发行债券。其中,若发行额度小,就由各地政府所指定的金融机构认购;若发行额度大,则由金融机构和证券公司组成的承购银团认购。公募是指通过债券市场公开发行的方式募集资金。1979年前大多数是以私募方式发行,1979年后公募方式开始增多。2015年度,全国47个都道府县中34个都道府县以及所有的政令指定城市都公募发行了地方债。公募发行时,由证券公司和金融机构组成的承购银团负责承购。其中,金融机构认购的不再向社会销售,而由证券公司承购的部分则向社会销售,认购人主要是银行、其他金融机构、个人和其他投资者。另外,日本地方债在发行时还存在其他两种形式。一种是直接销售。即由地方政府首先公布其发行数量和条件,由各承销商提出购买申请,在规定期限内向承销商销售债券。另一种是交付公债。是指地方政府在需要支付现金时,不直接支付现金,而是支付地方债券。这种方式规模虽不大,但比较常用。就发行条件来看,偿还期一般为10年的地方债居多。每半年支付一次利息，利率与市场利率联动。

2. 地方债的资金来源。日本地方债的资金来源主要包括中央政府、公营企业金融公库、银行和其他资金等（见图 6－1）。其中，中央政府资金包括资金运用部资金（现财政融资资金）、简易保险资金（现简易保险基金）和其他资金。中央政府资金和公营企业金融公库资金合称"财政性资金"，主要用于财政投融资。

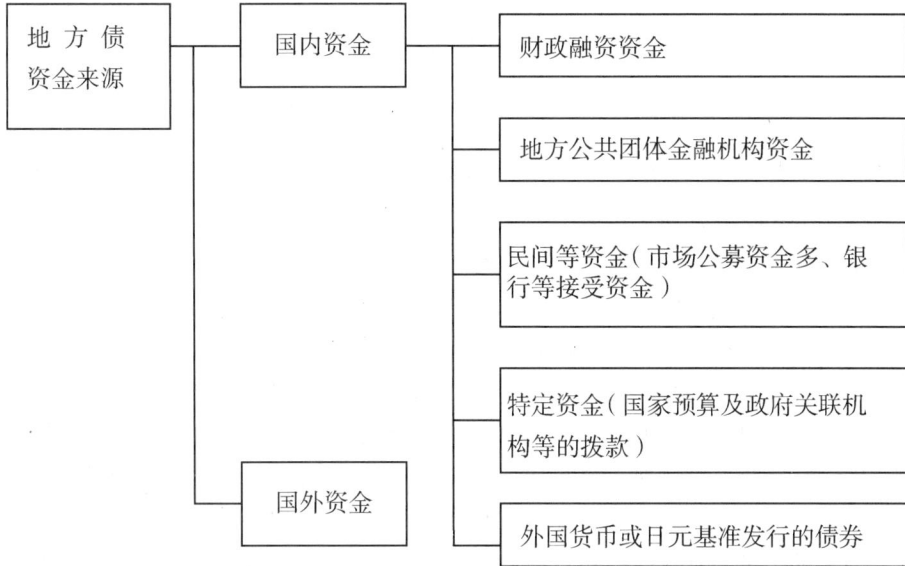

图 6－1　日本地方债资金来源示意图

日本地方债的资金来源随着地方债券发行额的变化而变化。1951 年之前，根据《资金运用部资金法》相关规定，地方债的承购资金大部分为中央政府资金。1952 年开始部分资金来源于市场公募资金。当初，能发行市场公募债的地方政府和事业团体极为有限，之后不断追加，目前增加至 29 个。一直以来，中央政府资金占地方债资金的一半左右，如果加上实际属于财政投融资资金的公营企业金融公库资金，中央政府为地方政府提供的债务资金占 65% 左右。由于中央政府资金一直是地方债资金的主要来源，这就意味着中央政府为地方债务提供了隐性的担保。而资金运用部资金（现财政融资资金）由财务省（原大藏省）融资，简易保险资金则由邮政省（现总务省）融资。因此，从某种意义上说，地方债的发行与财政投融资计划有着密切的联系。受 1999 年财政投融资计划改革和 2006 年以来邮政民营化改革的影响，地方政府新增债务中，资金来源于中央政府的份额逐年下降，已经从 1999 年的 45.37% 下降至 2010 年的 37.03%。如果加上公营企业金融公库资金，中央政府提供的地方政府债务资金份额，从 1999 年的 55.52% 下降到 2010 年的 41.26%。与此同时，来源于民间资金的比例开始增大。而根据 2007年度《地方财政计划》的要求：地方政府 3 年内需提前偿还 5 兆日元的地方债务，同时发行以民间资金为主体的转期债，使地方举债资金来源逐渐由以公共资金为主转向以民间资金为主。中央政府对地方债务"隐性担保"的退出，使得地方政府只能按市场利率发债和借款，从而推升地方政府的举债成本，进而促使地方政府举债更为慎重（小林等，2008）。

3. 地方债的流通。地方债是以证书形式或证券形式发行的。以证券形式发行的地方债券可以在二级市场流通。就地方债券的承购主体来看，除国内银行外，还包括保险机构、养老基金、一般政府（主要是社会保障基金）、邮政储蓄等。在国债大量发行的 20 世纪 70 年代之前，地方债与金融债券一样是公司债券市场的核心产品。近年来，就地方债券的交易周转率来看，较国债要低得多，其流通率并不高。

4. 地方债的规模及特点。1955 年日本出台《地方债许可方针》和《地方债许可实施细则》等，并于 1957 年设立了公营企业金融公库，自此各地方公共团体开始发行债券。但此后地方债券的发行额增长并不快。20 世纪 70 年代，受石油危机等影响，为刺激经济的发展，加大了地方债券的发行规模。1975 年，为抑制财政支出，开始有计划地压缩地方债的发行。1979 年因景气停滞而导致地方财源的显著不足，为此又开始增发地方债券。而在 1980~1982 年间，因财源不足额有所减少，缩减了地方债的规模。1992 年度因国库补助负担率的永久化，以及 1993~1995 年度居民税等的减税和地方财源的不足，增加了地方债的发行额。尤其是在 1993 年度，地方债发行额较上一年度增长 42.2%。自 90 年代中期以来，日本的地方财政和国家财政一样，深受经济低迷、税收减少以及减税政策等的影响，财力不足问题迅速扩大。为了弥补地方财政的不足并配合经济刺激计划的实施，日本各地不断增发地方债，地方政府债务余额随之迅速增加。近年来，地方债务收入占地方财政收入的比重基本保持在 150% 左右。地方政府债务余额则由 1998 年的 163 兆日元，增至近年来的 200 兆日元左右。2015 年度为 199 兆日元，约占 GDP 的 40%。该年全国 47 个都道府县中有 34 个都道府县以及所有的政令指定城市都公募发行了地方债。就 2015 年度地方债务余额的构成来看，其中，地方债余额 145 兆日元，交付税特别会计贷款余额 33 兆日元，公营企业债余额 21 兆日元。

日本地方债的总体特点是：（1）发行对象以金融机构为主；（2）面额以 1 万日元、10 万日元、100 万日元为主；（3）大多为付息债券，债券利率通常参照同期限的国债利率制定，同时私募债券利率要略高于公募债券；（4）原则上不可上市流通；（5）1972 年 7 月以来的地方债都是以 10 年为偿还期，采用抽签方式还本，每半年偿还一次，每次偿还发行额的 3%，每年付息两次；（6）享受一定的税收优惠等。

（三）政府保证债

政府保证债是指日本政府所属的公团、公库、公司等机构以及特殊法人等根据相关法规发行的债券中，由政府担保其本息偿还的那一部分债券。政府关联机构发行债券中由政府担保的债券部分即属于政府保证债。事实上，按照《对于法人的政府财政援助限制相关法律》（1946 年法律第 24 号，后经多次修订沿用至今），中央或地方政府不得为公司及其他法人债务提供担保。但对于依据特别法而设立的股份制公司除外。这类公司应具备以下条件：一是承担部分行政业务功能，其公共性和公益性突出；二是政府完全可以监督其业务运营及财务会计活动，能够确实监督到其发债筹款的用途及债务履行；三是政府保证债发行后，发行机构的主管部门应就其财务状况进行恰当监督。目前，日本有 32 个机构根据各自的特别法规定可以发行政府保证债。而且，各机构每年的发行限额计入当年的一般会计预算，并经国会特别决议通过。由于有政府担保，政府保证债的信用度仅次于国债，被认为是准公债，但利率略高于长期付息国债。

政府保证债所筹集资金一般用于执行政府的经济政策。这类债券期限多为 10 年，面额 10 万日元，以公募方式发行。政府保证债发行时，其发行时间、发行额度、发行条件等必须获得主务大臣的许可，同时主务大臣还需与财务大臣协议。财务省根据年度国债发行计划以及市场情况，调整并公布政府保证债的年度发行限额。另外，独立行政法人等在发行政府保证债或政府保证借款筹集资金时，财务省理财局就发行时间、利率、价格等政府保证的内容是否恰当等进行审查。

与公司债券相比，公司债券只允许由证券公司承购，而政府保证债同时允许银行承购，但不是所有的金融机构都可以承购，而且通常不同的金融机构承购的政府保证债券不同。由于政府保证债发行规模小，不太为人熟知，而且由于承购渠道也有限制，所以，个人购买政府保证债的很少，主要面向的是机构投资者。需要说明的是，以外国货币基准发行的这类债券被特称为政府保证外债，如日本政策投资银行和国际协力银行等发行的债券。另外，在地方债中也有部分属于政府保证外债。如 1999 年以欧元为基准发行的横滨市债券，1999 年和 2001 年以欧元为基准发行的东京都债券。

财政投融资制度改革后，自 2001 年起"财投债"成为日本财政投融资资金来源的主要渠道。财政投融资机构通过金融市场筹集资金，即通过发行债券形式募集资金。"财投债"原则上是由各财政投融资机构自行筹资、发行。为保证财政秩序的稳定，对个别没有政府担保、发行财政投融资机构债券暂时有困难的机构，在严格审查的基础上，限定其债券的发行额度。对于重要财政投融资机构及需要超长期资金的投资项目，以国家信用为担保，发行政府保证债，在资本市场筹措资金，然后再贷给使用部门。

在日本，曾经发行或目前仍有发行的政府保证债券有：日本政策投资银行债券、国际协力银行债券、存款保险机构债券、银行等保有股份取得机构债券、日本高速路保有及债务偿还机构债券、日本道路公团债券、道路债券、首都高速路债券、东日本高速路债券、中日本高速路债券、西日本高速路债券、阪神高速路股份公司债券、本州四国联络桥公团债券、新东京国际空港债券、成田国际空港债券、中部国际空港债券、关西国际空港债券、中小企业债券、国民生活债券、公营企业债券、都市再生债券、农林渔业金融公库债券、住宅金融公库债券、电源开发债券、民间都市开发债券等。如表 6-8 所示，日本的政府保证债余额年度规模变化并不大，近年来基本保持在 44 兆日元左右。

表 6－8		日本的政府保证债余额		单位：亿日元
2011 年度	2012 年度	2013 年度	2014 年度	2015 年度
447 446	440 397	449 458	445 326	433 984

注：各年度数值为决算值，2014 年度为预算修正值，2015 年度为预算额。
资料来源：作者根据日本财务省官网公布数据整理。

第二节 日本政府债务风险管理及防范机制

一、日本的政府债务风险

政府债务规模的持续扩大将从多个方面对日本社会经济产生不良影响。

一是使得政府不得不增加公债的发行额，而债务余额的持续增长必然带来国债费用（还本付息）的增加，从而影响到财政经费的使用，导致政府施政能力的下降，在重点政策领域分配预算的余地降低。如果财政状况进一步恶化，必将影响到社会保障、文教、防卫、基础设施等与国民生活密切相关的政府服务水平。

二是政府债务规模，特别是赤字国债的持续增大，不仅会加重将来世代的债务偿还责任，从而影响其消费活动。而且由于将来世代在养老、医疗、护理等方面负担的加重，将导致代际间的不公平。

三是将使私营部门在资金筹措方面受阻。这是因为，在景气恢复过程中，民间企业和家庭的资金需求将增大。而政府通过发行赤字国债继续吸收民间资金，这必将影响到民间企业和家庭通过市场筹集资金的效率，从而降低经济活力。

四是债务余额的增加将使得政府信用降低，可能带来利率上升的风险。这是因为，可能导致国债的主要持有者——金融机构的资产负债恶化（信用下降），出现惜贷或提前回收贷款等萎缩业务的行为，从而导致金融体系的不稳定。如果政府信用降低进一步发展下去，不仅停留于利率的上升，政府筹措资金也将出现困难。而且，今后随着老龄化社会的进一步发展，预期家庭金融资产规模将减少。而随着经济的持续复苏企业部门资金剩余量也将减少。日本国内对国债的消化能力将下降，庞大的债务将难以维持。如果经常性财政收支一直呈赤字状态，国内资金需求将部分从海外融资。如此，海外投资者的投资动向、利率、国债需求等将对金融市场产生重大影响。这就需要日本政府尽量减少国债发行额、压缩债务余额，尽量规避因利息变动而引发的财政风险。同时，如果市场对政府的财政运营失去信心，将导致国债利率急速上升，从而使国债的主要持有者——金融机构的资产负债恶化，进一步影响到企业、家庭等的融资，这将对国民经济带来极大的影响。[1]

---

[1] 财政制度等审议会《财政健全化的基本思路》（2014 年 5 月 30 日）。

二、日本中央政府的债务风险管理及防范机制

(一) 国债管理机制

就日本国债的管理机构来看,财务省作为国债券发行注册主管机构,① 负责维持国债的平衡并决定国债的发行及其相关税收政策。日本银行受财务省委托负责国债的整体运作和管理,即发行、登记、利息支付等。金融厅是日本金融监管的最高机构,全面负责金融业的监管。

日本政府在对国债市场外围条件及国债流通市场等方面有一套较完善的管理办法,因之能够顺利发行大量国债,从而为财政筹集更多的资金。

日本金融厅是日本金融监管的最高机构,全面负责对银行、证券和保险等各金融业的统一监管。在证券监管方面,金融厅下设有证券课和证券交易监督委员会(SESC)。二者监管的侧重点有所不同。其中,证券课主要负责制定与证券交易有关的法律,对证券机构的稳健性(资本充足率等)、证券机构经营行为的合法性等进行监管。证券交易监督委员会主要负责对证券市场日常的监督检查以及违规违法行为的调查工作。确保证券交易行为公平、公正、公开。在其行使监督检查权时,可依法行使以下权力:必要时可传讯违规嫌疑人或证人,对违规嫌疑人进行质问、检查、扣留;在进行违规事件调查时,可询问官署、公署或公私团体,要求其提交必要的报告;根据法院的许可令进行现场检查、搜查或扣押等。

依照《证券交易法》(制定于 1948 年,后经多次修订沿用至今),日本证券业协会(JSDA)和 5 个交易所是自律监管组织,监管每天的证券交易。日本证券业协会是日本政府授权的唯一一家证券业管理机构。其会员分为两类:一类是普通会员,包括本国和外国的证券公司;另一类是特殊会员,包括其他金融机构。1998 年 7月,日本证券业协会合并了日本债券承销商协会。日本证券业协会在国债市场管理方面的主要职能是:负责债券场外的管理,具体包括:公布 OTC 场(场外交易,又称柜台交易)的债券价格、推进 OTC 债券市场的改革,以及统计汇总债市数据等。

日本国债二级市场实施市商制度。但并不是所有债券交易都通过市商进行。不同市场对于市商的责任和权利的规定各不相同。日本大部分债券是在场外市场交易。场外市场交易占到整个市场交易的 93% 。而且,场外交易均采用计算机联网系统,市场参与者能够随时了解交易行情,从而保证场外交易更为活跃、连贯和价格趋于一致。为防止场外债券转让价格出现大幅差异,同时为了更有效地反映市场供求状况,日本证券业协会通过即时公布债券场外交易行情来引导债券交易价格的合理形成。

典型国家和地区政府预算制度研究丛书

---

① 财务省也负责其他债券发行的注册。

（二）国债管理相关政策

第二次世界大战结束后，鉴于历史教训，日本战后一直致力于控制债务以防范财政风险。早在 20 世纪 50 年代，《财政法》就明确了财政收支平衡主义原则，对国债发行有着严格的限制。但随着 70 年代经济高速增长的结束和"向福利国家迈进"等宏观经济政策导向，日本财政的均衡原则被打破，转而采用积极财政政策，致力于解决经济增长和社会福利问题。此后，公共投资迅速增加，财政进入了赤字扩张时代。1975 年以后，日本国债发行量急剧增加，加上大藏省（现财务省）放松了银行转售国债的限制，使得国债市场规模迅速扩大。1975 ~ 1990 年间曾连续发行赤字国债。此后，随着 80 年代末 90 年代初泡沫经济的破灭，财政收入增长乏力，作为经济景气对策和筹集财源的需要，1994 年起再次开始发行赤字国债。

在国债管理方面，早在 70 年代后期，日本政府就主张降低财政对国债的依存度，"重建财政"。但是由于之后扩展性财政政策的实施，每年预算仍以国债作为财政收入的主要来源。80 年代后半期，由于日本经济景气的向好、税收收入的增加，财政对国债的依存度有所下降。但此后由于泡沫经济的破灭，日本经济陷入低迷，国债发行量又开始大幅增长。为了刺激经济景气，日本于 1992 年开始实行经济刺激政策，其后的历届政府也纷纷实施扩张性财政政策，国债的发行规模不断增长。2004 ~ 2006 年间，日本国债的年发行额达 160 兆日元以上。2007 年、2008 年，日本国债的年度发行额虽有所减少，但受 2008 年世界金融危机的影响，为了实施经济刺激计划，2009 年之后日本的国债年度发行额又有所增加，2010 年度为 162 兆日元，2014 年度为 177.7 兆日元，2015 年度（预算额）为 170 兆日元。与此同时，国债余额（一般指普通国债）也呈持续增长趋势。由 2010 年的 636.3 兆日元增至 2014 年的 774 兆日元，2015 年达 807 兆日元，占 GDP 的比重也由 2010 年的 133%，提高至 2014 年的 157.5% 和 2015 年的 159.8%。如今，日本的国债依存度（建设国债 + 特例债/一般会计财政支出额）高达 40% 左右。也就是说，目前日本政府的一般会计财政支出中，有 4 成依赖于发行国债来筹集资金。庞大的国债规模日益成为日本政府的负担。减少国债发行量、"重建财政"则成为日本政府长期面临的课题和任务。

三、日本地方政府的债务风险管理及防范机制

20 世纪 90 年代中期以来，日本的地方财政和国家财政一样，深受经济低迷、税收减少以及减税政策等的影响，财力不足问题迅速扩大。为了弥补地方财政的不足并配合经济刺激计划的实施，日本各地不断增发地方债，地方政府债务余额随之迅速增加。近年来，地方债务收入占地方财政收入的比重基本保持在 150% 左右。地方政府债务余额则由 1998 年的 163 兆日元，增至近年来的 200 兆日元左右。2015 年度为 199 兆日元，占 GDP 的 39%。该年全国 47 个都道府县中有 34 个都道府县以

及所有的政令指定城市都公募发行了地方债。

日本《地方财政法》等法规就地方债作出了明确规定。原则上，地方政府应以地方债以外的收入作为其支出财源。但同时又规定：对于公共设施的建设整备以及公营企业的经费等类投资性经费，地方政府可以通过发行地方债来筹措其财源（第5条）。《地方自治法》则赋予了特殊地方公共团体，如特别地区、地方公共团体联合组织及地方开发事业举债的权力。因此，日本地方债的发债主体为都道府县、市町村等地方公共团体。作为单一制国家，日本中央政府拥有对地方政府债务的监督和管理权限。就日本地方政府的债务风险管理及防范机制来看，具体包括以下几项措施。

（一）编制《地方政府债务计划》

第二次世界大战结束后，日本中央政府（主要由财务省和自治省）每年都编制《地方政府债务计划》，主要内容包括：下一年度预计发行的地方债总额、用途、发行方式等。虽然《地方政府债务计划》只作为参考资料提交国会，不作为国会审议内容，也无强制性执行效力。但由于《地方政府债务计划》是由财务大臣与自治大臣协商制定的，并且规定了中央政府认购地方债券的规模以及地方政府债务的具体用途。为此，自治大臣在审批各地方政府的发债申请时，多以该计划为依据。因此，《地方政府债务计划》的编制对于控制地方政府债务风险具有积极作用。

（二）实行严格的发债许可制度，[1] 控制地方政府的发债行为

根据《地方自治法施行令》规定：都道府县发行地方债，需获得总务大臣的认可；市町村发行地方债则需都道府县知事的认可（第174条）。这就是所谓的"发债许可制度"。这里的地方政府债务是指各级地方政府（包括道府县、市町村两级地方政府，约1 700多个地方公共团体）发行的债券或以其他形式举借的借款。"发债许可制度"不仅严格控制地方政府的发债额，还包括承购地方债的资金来源等。在"发债许可制度"下，地方政府发行的地方债，可按政府保证债处理，即使是财力薄弱的地方政府也能以较低成本筹集到资金。同时，因把发行的地方债的部分偿还费计为"标准财政需求额"，使得地方政府能够确保独自进行公共设施整备及建设等所需的财源。

日本地方政府发行债券的审批程序及各机构的具体权限如下：地方政府向自治省（2001年被统合于总务省）申报发债计划，并提出所要发债的建设项目、资金来源和需要发债的额度；自治省审查后，将各地的发债计划进行汇总，与财务省协商后，统一下达各地区的发债额度。自治大臣在审批各地方政府的发债申请时，一般以中央政府每年编制的《地方政府债务计划》为依据。如果发行公募债券，在得到地方议会及自治大臣的认可后，由财务省、自治省、受托银行以及证券公司召开会议，联合决定每月发行总额及各地区发行额。自治大臣与财务大臣审批地方政府借

典型国家和地区政府预算制度研究丛书

161

---

[1] 2005 年起改为发债协议制度。

债的重点是确定当年不批准发债或限制发债的地方政府名单。其主要目的在于：（1）防止地方政府债务膨胀，确保地方财政健康运行，提高地方债务的信用度；（2）防止资金过分倾斜于富裕地区，确保资金合理分配；（3）统一协调中央、地方政府及民间资金的供求关系等。

自治大臣与财务大臣在审批和确定当年不批准发债或限制发债的地方政府名单时，主要依据有：（1）对于不按时偿还地方政府债务本金，或发现以前通过明显不符事实的申请获准发债的地方政府，不批准发债；（2）债务依存度（地方债券发行额/地方财政收入）在 20% ~ 30% 之间的地方政府不得发行基础设施建设债券，30% 以上的地方政府不得发行一般事业债券；（3）规定当年地方税的征税率不足 90% 或赛马收入较多的地方政府限制发债；（4）严格限制有财政赤字的地方政府和出现亏损的公营企业发债等。上述制度、措施的实施，有效地控制了地方政府债务规模以及风险的发生。

根据《地方分权一览法》（2000 年 4 月起实施），自 2005 年 4 月起，日本地方债的发行从原来的审批制改为协议制，即"发债许可制度"改为"发债协议制度"。地方政府在发债时，就发债的方式、利率、偿还方式及其变更情况等，须与总务大臣、都道府县知事协议。这是因为原有的"发债许可制度"只以债务依存度作为"发债许可"的判断指标，其评价体系已经不能准确地反映地方债务风险的程度。而"发债协议制度"虽然扩大了地方政府在发债方面的权限，但中央政府对地方政府的发债权仍保持一定的监督和控制。特别是财政赤字的地方公共团体和公营企业发行地方债时，仍然需要得到总务大臣、都道府县知事的许可。表 6-9 为许可条件（发债限制）。即如果实际公债费比率超过 18%，则被认定为"发债许可团体"，要求早期采取纠正措施。另外，如果地方政府就地方债务的发债方法、利息、偿还方法、偿还期限等有变更时，必须取得总务大臣和都道府县知事的许可。"发债协议制度"虽然提高了地方政府发债的自由度，但同时要求地方议会在审议债券发行方面能自律并实现自我控制。为了进一步提高地方政府在债务管理方面的自主性和自立性，2012 年对"发债协议制度"改为"发债申报制度"。规定：财政状况达到一定标准的地方公共团体，如果以公募方式发债向民间募集资金时，原则上无须与总务省协议，只需事前申报。总务大臣受理了都道府县及指定城市的申报后应及时通知财务大臣。

表 6-9　　　　　　　　总务省关于财政赤字地方政府的发债限制

实际公债费比率	发债限制
18% ~25%	要求地方政府制定《公债费负担适当化计划》
25% ~35%	不允许"一般单独事业"项目发债
35% ~	不允许"一般公共事业（防灾相关事业除外）"、"教育、福祉设施等整备事业"发债

资料来源：作者根据总务省官方网站公布资料整理。

（三）"财政再建计划"与"财政再建团体"的指定

早在 20 世纪 50 年代中期，日本就建立起了旨在抑制地方财政赤字规模、防范财政风险的制度体系。当时，朝鲜战争结束后，受经济不景气的影响，1954 年度日本约有 8 成的地方自治体陷入财政赤字。为此，日本政府于 1955 年出台了《地方财政再建促进特别措施法》（1955 年法律第 195 号，简称《再建法》），规定有"发债限制比率"。即如果财政赤字额占"标准财政规模"①的比重超过 5%（都道府县）或 20%（市町村）被认定为财政破产。地方自治体需制定"财政再建计划"，并获得地方议会决议表决和总务大臣的同意，将正式被认定为"适用财政再建团体"，必须接受国家的指导和监督。一旦被指定为"财政再建团体"，② 地方自治体将根据"财政再建计划"编制预算，同时还可发行特例的赤字地方债，即"财政再建债"，在 7 年内达到财政收支平衡。而中央政府将从财政收支两个方面对其进行严格审查，同时对"财政再建债"给予利息补贴等优惠待遇。

一般来说，被指定为"财政再建团体"的地方自治体不仅需削减财政支出、降低居民福利，还需要对行政体制进行必要改革。必要时将提高各类使用费、手续费（保育费、住民票交付手续费、公共设施使用费、国民健康保险费等）等从而增加居民的税收负担。

（四）2009 年引入"财政健全化制度"，旨在早期诊断和化解地方财政风险

日本在预防地方财政风险方面，虽然有"财政重建制度"（1955 年起）。但"财政重建团体"的指定是以地方政府的申报为前提的。实践中，如果地方财政没有极度恶化，这一制度一般不发挥作用。而战后 50 多年间，日本经济基本向好，地方财政状况良好，这一制度所发挥的作用也极为有限。而且在实践中，不乏有地方政府存在通过"粉饰决算"来掩饰"隐性债务"的现象。直到 2006 年夕张市财政破产事件的发生促使日本政府将地方财政风险的早期预防问题提上议事日程。为此，2007 年出台了《地方公共团体财政健全化法》，自 2009 年起"财政重建制度"废止，引入了"财政健全化制度"。并建立起了包括"实际赤字比率"、"合并实际赤字比率"、"实际公债费比率"、"未来负担比率"等在内的"财政健全化制度"指标体系。这一制度体系旨在能够早期诊断地方财政及公营企业的经营状况和存在的问题，特别是"隐性债务"的早期发现，以便针对情况及时采取措施促进地方财政和公营企业的健康运营和发展。

"财政健全化制度"包括"财政健全化"和"公营企业经营健全化"两大指标体系。"财政健全化"各项指标如果超过"早期健全化"标准，需要地方政府制定

典型国家和地区政府预算制度研究丛书

163

---

① "标准财政规模"=标准税收额＋普通交付税（不限定用途的转移支付资金）＋临时财政对策债。

② 2009 年 4 月 1 日起，随着《地方公共团体财政健全化法》的实施，"财政再建团体"改称为"财政再生团体"。

"财政健全化计划"，实行外部监查；如果超过"财政再生"标准，将被指定为"财政再生团体"，需要地方政府制定"财政再生计划"，实行外部监查的同时，地方债的发行将受到限制。"公营企业经营健全化"指标如果超标，需要公营企业制定"经营健全化计划"，实行外部监查（见表6－10）。

表6－10　　　　　日本"财政健全化制度"指标体系

"财政健全化"指标

分指标	具体内容	"早期健全化"标准	"财政再生"标准
实际赤字比率	一般预算中实际赤字占"标准财政规模"（注1）的比重	3.75%	都道府县5%，市町村20%（注3）
合并实际赤字比率	合并实际赤字（注2）占"标准财政规模"的比重	8.75%	25%（过渡性措施）
实际公债费比率	一般预算中公债本息偿还金额占"标准财政规模"的比重	18%以上，发行地方债时需得到中央及都道府县的许可；25%以上，"地方单独事业"的债券发行将受到限制，将被指定为"财政健全化团体"	35%以上，中央和地方共同投资公共事业的债券发行将受到限制，被指定为"财政再生团体"
未来负担比率	一般预算中将来应负担的债务占"标准财政规模"的比重	400%	—

"公营企业经营健全化"指标

分指标	具体内容	"经营健全化"标准
资金不足比率	资金不足额占事业规模的比率（各公营企业分别计算）	20.0%以上，被指定为"经营健全化团体"

注：1. "标准财政规模" = 标准税收额 + 普通交付税。
2. 合并实际赤字是指一般预算 + 特别预算（包括公营企业预算、国民健康保险基金等）中的实际赤字。
3. 具体规定如下：都道府县"标准财政规模"在500亿日元以上的为2.5%，200亿日元以上500亿日元以下的为5%；市町村"标准财政规模"在50亿日元以上的为10%。50亿日元以下的为20%。
资料来源：日本总务省编《地方财政白皮书》（2009年版）。

（五）近年来的改革措施

总体来看，战后日本在地方政府债务风险管理方面，主要采用的是中央政府直接的行政控制，以及通过相关规则、制度的限制来监督和约束地方政府债务。20世纪90年代中后期以来，随着地方分权化改革的推进，日本开始减少中央政府的直接行政干预，更多地以地方自治为目标、通过市场机制对地方政府的举债行为进行约束。同时，配合以其他财政管理体制的改革。主要改革措施如下：

一是改革过去国家保障地方债资金来源的做法，通过市场机制对地方债进行评价，从而强化地方政府的财政风险意识并提高其财政运营能力。具体做法是：促进地方债的公开市场发行，允许不同地区在地方债券发行条件设置方面有所不同。对都道府县大的地方政府，逐步过渡为市场公开发行地方债券，要求发行条件应反映地方政府的实际财政状况。对于小中型地方政府，推动迷你公募债的发行。具体来看，2002 年东京都，2004 年横滨市、神奈川县、名古屋市地方债发行条件与其他地区开始不同。为了降低地方债的发行成本，获得稳定的资金来源，2003 年打破了地方政府单独发行地方债券的惯例，27 个地方公共团体采用连带责任方式联合发行了"共同发行公募地方债"，2016 年增加至 30 个地方公共团体。另外，为了促进地方债的市场公募和个人消化，在促进资金来源多样化的同时，促进居民对地区行政参与意识的提高，2002 年以来开始发行"居民参与型公募地方债"。最先发行这类地方债券的地区是 2002 年 3 月群马县发行的"爱县债"。这类地方债券的年度发行额大致在 2 000 亿日元左右，2014 年度为 1 746 亿日元，发行地方公共团体 65 个。发行地方公共团体最多时达 124 个（2006 年）。

二是改革中央转移支付不足资金的补足方式，对于新发行地方债券的本利偿还所采取的交付税措施，除了根据《市町村合并特例法》①（即旧《合并特例法》）规定发行的"特例债"外，逐步取消和废止，提高了财政信息的透明度。具体情况是：自 20 世纪 90 年代以来，由于受经济低迷、税收减少和减税政策等的影响，地方交付税主要来源的法定 5 税的收入不断减少，导致中央拨付给地方政府的转移支付资金出现不足。对于这部分不足资金，2000 年前是通过"特别会计借款"加以补足的。根据规定，"特别会计借款"（全称"交付税特别会计借款"）将来由中央政府和地方政府各偿还一半。其中，地方政府偿还部分将以扣减地方交付税的形式偿还。由于"特别会计借款"是以扣减地方交付税为偿还借款形式，因此，地方政府和居民不仅难以感受到借款的存在，其实际债务负担也很难为民众所了解。而且，有关"特别会计借款"的信息在地方政府的资产负债表中并没有任何显示。因此，"特别会计借款"也被诟病为"隐匿借款"。为解决"特别会计借款"偿债主体不明确、地方财政信息不透明等问题，日本于 2001 年对中央转移支付不足资金的补足方式进行了改革。明确了由中央财政偿债的部分为"交付税一般会计附加"，由地方财政偿债的部分为"临时财政对策债"。自此，地方政府除了通过发行地方债券筹集资金外，还被允许发行一定额度的"临时财政对策债"作为经常性开支使用。改革后，地方政府的负债情况较为全面地反映在资产负债表中，地方政府及公营企业的财务信息经地方议会审议并向社会公开，便于居民了解地方政府的财务状况，从而有利于监督地方财政运营、提高地方政府的财政透明度。

三是在地方政府会计中引入权责发生制，地方政府的债务偿还能力等财务状况得以准确反映，使市场能更适当地评估地方债券。由于日本传统政府会计采用的是收付实现制，没有将公共事业部门的亏损、负债等信息统计在内，致使地方政府会计核算和资产负债表中没能全面反映地方政府的财务状况。2008 年总务省要求地方

典型国家和地区政府预算制度研究丛书

---

① 制定于 1965 年，2005 年 3 月 31 日废止，同年 4 月 1 日起实施新《合并特例法》。

政府会计核算中部分引入权责发生制，以中长期视角进行财务管理，政府资产负债表不仅要体现"流量"资产，还应反映"存量"资产。为此，要求地方政府以《新地方公共会计范本》为范本编制财务报表并整理地方固定资产台账。同时，要求地方政府清理闲置资产加以有效利用或变卖。① 要求整合业绩不良的公营部门的资产，将公立医院、公交等地方公营企业会计核算也纳入预算管理等。通过上述改革，力图能更准确地反映地方政府的总资产、负债等实际财务状况，使地方财政和债务状况更加公开透明，从而有利于政府的宏观决策和财政风险的防范。自此，日本的地方财政管理方式由以保持单年度财政平衡为目标的"流量管理"开始转向"存量管理"。这是对第二次世界大战后日本地方财政管理体制的一次重要变革，其意义深远。

典型国家和地区政府预算制度研究丛书

---

① 根据《有关经济财政运营和结构改革的基本方针2006》，将压缩国有资产约140兆日元，以变卖资产收入作为债务偿还的财源。到2015年年末国有资产额占GDP的比重削减一半。

第七章

日本政府会计与财务报告管理

■ 本章导读

在日本，政府会计是指国家、地方公共团体，以及政府关联机构、独立行政法人、公益法人等采用的会计制度，也称公共会计或公共部门会计。日本政府会计分为一般会计、特别会计以及公营企业会计三种类型。本章在概述日本现行政府会计制度的基础上，就日本政府会计制度发展及改革历程、日本政府会计准则、日本政府财务报告等进行介绍。

第一节　日本政府会计概况

第二次世界大战结束后，日本逐步建立起了以收付实现制为核算基础的政府会计制度。国家层面，政府会计主要依据的是《财政法》和《会计法》中关于预决算和会计规则等，分为一般会计、特别会计和公营企业会计三种类型。地方层面，政府会计主要依据的是《地方自治法》及其条例、规则等，分为一般会计和地方公营事业会计两类。就日本政府会计的核算方式来看，一直以来，除了公营企业会计外，一般会计和特别会计都是以单年度主义为原则实行单式记账形式。近年来，日本政府（包括地方政府）开始引入权责发生制的会计核算方式，并开始编制资产负债表等财务报表，力图准确反映政府总体的财务状况以及长期的收支活动情况等。本节在概述日本现行政府会计制度的基础上，归纳总结日本政府会计制度的发展与改革历程。

一、日本政府会计概况

日本传统的政府会计是以收付实现制为基础的。其财政活动是以国会决议的预算为基础实行的，决算则是根据预算的具体执行情况编制。国家预算由一般会计预算、特别会计预算、政府关联机构预算等组成。年度支出预算依据组织机构、使用目的等不同而编制。作为政府财务报告，在预算方面，要求根据年度收入明细表、各政府部门的预定经费申请表、国库调查记录、国债及借款情况调查记录、国有资产调查记录等编制。在决算方面，要求根据年度支出决算明细表和各政府部门年度支出决算报告书等编制。对于由国家举办的特定事业，区分为特别会计和政府出资法人，要求编制其资产负债表、损益计算表等，以公开其财务状况。

（一）类型

日本的政府会计是指国家、地方公共团体，以及政府关联机构、独立行政法人、公益法人等采用的会计制度，也称公共会计。分为一般会计、特别会计以及公营企业会计三种类型。一般会计是指政府部门采用的会计核算方法（《会计法》第13条、《地方自治法》第209条），主要反映的是政府的一般性财政收支活动。在地方政府层面，一般会计反映的是不含地方公营事业的政府收支活动情况。特别会计是指国家或地方公共团体等从事特定事业的机构，与一般财政收支不同，是将特定收入用于特定支出，依据法律单独设置的个别会计核算方法（《地方自治法》第209条）。公营企业会计是指国家或者地方公共团体经营的企业（如上下水道、铁路等）、收益性项目（如赛马、彩票等）、国民健康保险事业等相关事业活动所采用的会计核算方法。其基本依据为企业会计，但由于涉及公共事业领域，所以与一般企业会计的核算方法又有所不同。

（二）特点

政府会计不以获利为目的，也不以衡量利益多少的成果评价为标准，而是以公共部门（中央政府、地方公共团体、特殊法人等）为记账对象的会计技术和手法。政府会计主要涉及以下三个领域，即固定资产（国有或公有不动产）、流动资产（国有或公有流动资产）和现金收支。

政府会计的核算方法与企业会计不同，主要依据的是日本《财政法》和《会计法》中关于预决算的规定和会计规则等。地方公共团体则主要依据《地方自治法》及其条例、规则等。一直以来，除了公营企业会计外，一般会计和特别会计都以单年度主义为原则实行单式记账形式。进入 21 世纪，日本致力于推行政府会计制度改革。近年来，除中央政府外，很多地方政府也开始引入权责发生制核算方式，力图系统、全面地反映国家整体的资产流量、存量情况，从而对国家的整体财政状况有更清晰的把握。

（三）作用

根据财政制度等审议会的提法，政府会计的意义在于：一是便于议会对财政活动的民主监督；二是公开财政状况等相关信息并履行说明责任；三是为财政活动的效率化、恰当化提供财务信息等。政府会计的作用主要体现在以下几个方面。

1. 有利于资源的有效配置。与其他市场经济主体不同，政府拥有征税权、货币发行权等权限，在资源分配上拥有绝对的优势，可强制进行资源调配。特别是作为公共部门核心的中央政府，在调配资源方面几乎不受任何外在制约。如即便中央政府已经有巨额负债，财政部门还可以通过增税或增加中央银行对公债的承购来增发货币。也就是说，通过通货膨胀从而导致债务实际价值的降低，就可以实现按时偿还固定债务的目的。而对于其他公共部门经济主体（地方公共团体或特殊法人等），中央政府可通过财政支援，使其接受较缓和的预算约束。

2. 通过预算实现公共物品与服务的供给。政府会计领域不仅在资源调配上具有极大的优势，在产出和服务供给方面也具有特殊性。这主要是因为：公共部分并不是通过市场供需来决定价格机制的。也就是说，公共部门并不是通过市场机制自动调节以达到资源的最优配置和公共物品与服务的供给。对于具有非排他性和非竞争性的公共物品的供给以及具有外部经济性的准公共物品的供给，政府通过补贴或征税等形式介入市场机制，或者通过直接供给，以期实现对社会整体的最佳供给量。而公共物品与服务的供给则是通过预算过程得以实现的。

3. 实现公共管理目标。政府会计的最终目标在于实现公共管理目标。所谓公共管理是指受国民委托，政府作为代理人受托国家事务管理，其决策应尽可能体现国民意愿，最大限度地符合国民的利益。政府会计则是反映国民利益的重要工具。

二、日本政府会计制度的发展与改革

日本政府会计制度产生于 1882 年，当时有关会计的规则包含于财政相关法规中。1947 年出台了单独法《会计法》以及《国有财产法》（1968 年分离出《物品管理法》）。根据上述法律，日本建立起了以收付实现制为核算基础的政府会计制度。

20 世纪 80 年代，随着政府活动范围的持续扩大以及行政的多样化、复杂化，收付实现制政府会计制度的弊端逐渐显现。日本于 1988 年开始对政府会计制度改革，逐步扩大了政府会计核算主体的范围并实现了政府会计确认基础的转变。主要改革措施包括：借鉴权责发生制的企业会计制度，简明地公开政府财务状况。期间，总务省在地方政府会计改革中发挥着重要的指导作用。

整体来看，日本的政府会计制度改革属于渐进式改革。其改革历程如下。

早在 1962 年 3 月，自治省（现总务省）的地方财务会计制度调查会就在《有关地方财务会计制度改革的答复》中指出：地方政府会计一直以来过于重视现金收支，轻视财产、物品以及债权、债务等的会计管理，今后有必要就包括现金在内的广义财产变动情况进行全面核算。

1988 年，日本总务省公布《关于利用企业会计方法就财政及其运营进行分析的研究会报告书》，明确了政府会计制度改革方向。同时鼓励有条件的地方率先编制年度资产负债。同年，熊本县、神户市等地方政府开始试行。

1999 年，在政府的社会经济发展规划——《日本经济重生战略》中，要求各级地方政府试行编制包括一般会计预算、特别会计预算、特殊法人等公共团体在内的合并决算，并公布财务报表等。

2000 年 3 月，总务省发布了《关于地方公共团体综合财政分析调查研究会报告书》，推出地方政府"一般会计预算资产负债表"编制范本。同年 10 月，总务省出台《国家资产负债表》（试行草案）、《关于国家资产负债表编制的基本观点》，决定 1998 年度决算开始编制"国家资产负债表"（试行）。此后，财政制度等审议会就特殊法人、独立行政法人、特别会计的财务报表的编制标准做出了规定。2001 年 3 月总务省发布了《关于地方公共团体综合财政分析调查研究会报告书》，推出"行政成本核算表"和地方政府"整体资产负债表"的编制范本并要求各地按照范本编制。

从确保特别会计财务内容透明度的角度出发，2000 年 2 月公布了有关独立行政法人的会计标准及解释。2002 年 6 月总务省出台了《新的特别会计财务报表编制标准》，要求各特别会计单位，适时编制并公开新的财务报表；为了强化特殊法人等对有关业务的说明责任，从 2000 年度决算开始，要求各对象法人开始编制并公开包括行政成本财务表、资产负债表、损益计算表、现金流量计算表等在内的行政成本计算财务报表；为明确独立行政法人的财政状况和运营状况，基于企业会计和独立行政法人会计基准，独立行政法人于 2001 年度决算中开始编制财务报表；作为财政投资融资制度改革的重要一环，于 1999 年度开始要求各机构在一定的条件下核算并公开将来投入补助金的总额现值。以便明确因财政投融资事业的实施而导致将来国民负担的增加问题。

2002 年 11 月总务省财政制度等审议会的"公共会计基本小委员会",就政府会计应有的形式、应承担的作用和目的,应公开的信息等进行讨论。

2003 年 6 月,总务省在《有关政府会计的基本考虑》中,再次强调引入权责发生制、提高预算透明度的重要性,并积极推动各地确立和普及"财务报表"(简称财务 4 表,即资产负债表、行政成本核算表、现金流量表、净负债变动核算表)的编制。要求各省厅公布 2002 年度决算财务报表(合并一般会计、特别会计编制资产负债表、行政成本核算表等);2003 年度决算应汇总、合并各省厅财务报表,编制"政府财务报表";从 2006 年度开始公布年度财务报告。同时规定 2001 年 4 月以后设置的独立行政法人,原则上采用权责发生制会计核算制度。

2004 年 6 月,总务省出台了《各省厅财务报表的编制标准》,要求各省厅按照这一标准公布 2002 年度决算财务报表。从 2005 年中央省厅政府会计开始引入权责发生制,2006 年度开始按权责发生制公布年度财务报告。

2005 年总务省出台了《关于都道府县、政令城市编制合并资产负债表》(试行草案)和《地方公共团体合并资产负债表》(试行草案),公布了包括"公社"、"第 3 部门"等在内的"合并资产负债表"编制范本,要求地方政府及地方公共团体按照范本编制财务报表。决定自 2003 年度决算的财务报表中反映国家资产及负债情况,从 2006 年度开始公布包括"合并资产负债表"等财政信息在内的年度财务报告。

2006 年 3 月,总务省公布了两个"范本"("标准范本"和"总务省改订范本"),要求全国都道府县、政令城市在 2004 年决算中编制"合并资产负债表"。2007 年,总务省向各都道府县下达《推进政府会计整备的通知》,要求全国约 1 800 个地方政府从 2009 年度(2008 年度决算)开始,按照"标准范本"或"总务省改订范本"编制"财务合并报表",以中长期视角进行财政管理。随着各地新的财务核算制度的普及和相关体系的建设,未来改革目标是统一各类范本,全面实施权责发生制政府会计制度。

为了能全面反映地方政府的财务状况,2008 年总务省要求地方政府会计核算中部分引入权责发生制,以中长期视角进行财务管理;政府资产负债表不仅要体现"流量"资产,还应反映"存量"资产。为此,要求地方政府以《新地方公共会计范本》为范本编制财务报表并整理地方固定资产台账。同时,要求地方政府清理或变卖闲置资产加以有效利用;① 要求整合业绩不良的公营部门资产,将公立医院、公交等地方公营企业会计核算也纳入预算管理等。通过上述改革,地方政府的总资产、负债等实际财务状况得以有效反映,提高了中央政府的宏观决策和财政风险的防范能力。

---

① 根据《有关经济财政运营和构造改革的基本方针 2006》,将压缩国有资产约 140 兆日元,以变卖资产收入作为债务偿还的财源。到 2015 年年末国有资产额占 GDP 的比重削减一半。

近年来，为了进一步统一各地政府会计的标准，2010 年 9 月总务省提出《关于今后推进新地方公共会计推进的研讨会》，结合国际政府会计标准发展动向以及日本政府会计改革，探讨新地方政府会计的推进方法等。经过 20 多年的制度建设，随着各地新的财务核算制度的普及和相关体系的建设，日本逐步统一各类范本，为最终全面实施权责发生制政府会计核算奠定坚实的基础。

表 7 –1　　　　　　　　日本政府会计改革历程与重大事件

时　间	日本政府会计改革重大事件
1988 年	总务省颁布《关于利用企业会计方法就财政及其运营进行分析的研究会报告书》。
1998 年	该年度决算中编制并公开了联结一般会计与特别会计等的国家资产负债表。
2002 年 6 月	颁布了《新的特别会计财务报表编制标准》。
1999 年	在《日本经济重建战略》中，要求地方政府试行编制包括一般会计预算、特别会计预算、特殊法人等公共团体在内的合并决算，公布财务报表等。
2000 年 3 月	总务省颁布《关于地方公共团体综合财政分析调查研究会报告书》，推出地方政府"一般预算资产负债表"编制范本。
2000 年 10 月	总务省出台《国家资产负债表》、《关于国家资产负债表编制的基本观点》，决定自 1998 年度决算开始编制"国家资产负债表"。
2001 年 3 月	总务省颁布了"行政成本核算表"和地方政府"整体资产负债表"的编制范本，要求各地方政府按照范本编制。
2003 年 6 月	总务省财政制度等审议会发布《有关政府会计的基本考虑》，强调提高预算透明度的重要性，提出引入权责发生制、复式簿记式企业会计核算方式编制"财务报表"。同时规定 2001 年 4 月以后设置的独立行政法人，原则上采用权责发生制会计核算制度。要求自 2003 年度决算开始汇总各省厅的财务报表，编制"国家财务报表"。
2003 年 11 月	2003 年 11 月总务省汇总报告《关于政府会计的基本观点》，鉴于日本严峻的财政状况，要求在努力确保财政规律的同时，更期待通过政府会计的调整改进财政的透明性和预算的效率。
2004 年 6 月	总务省出台了《各省厅财务报表的编制标准》，要求各省厅按照这一标准公布 2002 年度决算财务报表。从 2005 年中央省厅政府会计开始引入权责发生制，2006 年度开始按权责发生制公布年度财务报告。
2005 年	总务省出台了《关于都道府县、政令城市编制合并资产负债表》和《关于地方公共团体合并资产负债表》，并公布"合并资产负债表"编制范本，要求地方政府及公共团体按照范本编制财务报表。自 2003 年度决算的财务报表中反映国家资产及负债情况，从 2006 年度公布包括"合并资产负债表"等财政信息在内的年度财务报告。
2006 年 3 月	总务省颁布了两个"范本"（"标准范本"和"总务省改订范本"），要求全国都道府县在 2004 年决算中编制"合并资产负债表"。
2007 年	总务省向各都道府县下达《推进政府会计整备的通知》，要求全国约 1 800 个地方政府从 2009 年度（2008 年度决算）开始，按照"标准范本"或"总务省改订范本"编制"财务合并报表"，以中长期视角进行财政管理。

时　间	日本政府会计改革重大事件
2008 年	总务省要求地方政府会计核算中部分引入权责发生制，以中长期视角进行财务管理；要求地方政府以《新地方公共会计范本》为范本编制财务报表并整理地方固定资产台账。同时，要求地方政府清理或变卖闲置资产加以有效利用；要求整合业绩不良的公营部门资产，将公立医院、公交等地方公营企业会计核算也纳入预算管理等。
2010 年 9 月	为了进一步统一各地政府会计的标准，总务省提出《关于今后推进新地方公共会计推进的研讨会》，要求结合国际政府会计标准发展动向以及日本政府会计改革，探讨新地方政府会计的推进方法等。

资料来源：作者根据日本总务省网站公布资料整理。

三、存在的主要问题及近年来的改革

（一）传统收付实现制政府会计制度存在的主要问题

与大多数国家一样，日本传统的政府会计采用的是收付实现制。收付实现制可为公共政策的制定提供有用的信息。收付实现制的优点在于：不仅能反映收益性支出，也能很好地反映资本性支出以及社会保障费用支出等转移性支出。由于政府会计不以获利为目的，为此，大多数情况下无须计算"损益"，而更多地关注的是现金的流出和流入。其缺点表现为：由于以现金流为衡量标准，为此，资产负责表中的资产及负债主要限于流量资产，而由于有关存量资产（固定资产或长期负债等）的信息不充分，这就导致无法准确把握对未来财政运营的影响和未来负担。

与企业会计相比，日本传统收付实现制政府会计制度存在的主要问题有以下几个方面：一是作为存量资产的国有资产、负债等相关信息公布不充分，难以了解国家拥有的资产情况以及将来的国民负担等；二是没有提供有关国家和特殊法人等的关联财务信息，难以把握公共部门的整体情况；三是流量资产的财务信息和存量资产的财务信息没有联动，导致对预算、决算有关现金收支和资产负债情况关系难以把握；四是只了解预算的执行状况，对于当年的行政成本、事业单位间接的费用分配以及将来的维护管理费用等周期成本等并不明确。

与上述问题相对应，日本传统预算案与决算案被认为存在的问题有：一是所列科目和事业内容不一定相联系，因此很难理解。同时没有根据不同政策加以区分，难以进行事后评价；二是财务报告透明度不高。

（二）近年来的改革

1. 主要措施。制度改革的核心内容是：借鉴权责发生制的企业会计制度，简明地公开政府财务状况。这一改革措施主要是基于日本当前的财政现状。这是因为，近年来，日本财政收入的约四成依赖于公债发行，这就使得对存量资产的管理以及代际间负担的适量化变得至关重要。当然，权责发生制并不能完全适用于政府会计。这是因为，权责发生制下的损益计算是以一个会计年度为计算周期的。而以政府为代表的公共部门由于不是以获利为目的，其行为是基于预算开展的，其在公共产品和服务的提供方面也不是以等价交换为原则。如作为政府主要支出形式的资本性支出、社会保障费用支出等在会计上并不符合等价交换原则。因此，日本政府会计制度改革以渐进方式、分不同"范本"试行和推进，逐步扩大政府财务报表的范围，并配合其他配套改革措施，为"财政健全化"的实现提供重要依据。

就具体改革措施来看，主要包括：一是在会计处理上引入权责发生制和复式簿记制度。不仅是预算内的财政收支，连同财政收支之外的全部资金流汇总为存量信息。将一般会计和特别会计的资产负债表连接起来，编制全国"合并资产负债表"，以便能全面、系统地反映国家资产的流量、存量资产信息。二是引入政策评价体系，设立与政策相对应的预决算制度。将预决算科目相对应，引入原值计算方法，以便能够很好地把握政策实施的成本信息，使按政策编制的财政收支预决算体系与政策体系能有效地对应起来考察，实现对政策的有效评价。三是引入权责发生制预算和输出型预算。为了使分配给各政府部门的预算与其保有的资产、负债等直接劳动起来，引入了权责发生制预算。为了使政策的成本信息与政策评价的绩效信息这一政策评价体系能有效地反映在预算编制中，引入了输出型预算制度。通过上述措施使得预算与决算成为一个有机整体，决算中反映的财务信息、绩效信息等能有效地反映在预算编制中。上述改革的目的在于：使国民更好地了解国家财源在世代间的负担现状，提高政府的执政能力。概括起来，日本政府会计制度改革的主要特点如下。

2. 改革特点。一是总结地方试行经验，以"范本"形式规范并在全国范围推进。权责发生制政府会计制度改革目标虽然是由日本中央政府（总务省）提出的，但后续的各项改革措施中央并没有强制性地推行，而是先鼓励在地方试行，总务省通过《关于地方公共团体综合财政分析调查研究会报告书》以及行政法规的形式总结各地的试行经验，以"范本"形式加以规范，在全国范围推广。目前，日本都道府县及政令城市层级地方政府都已按照权责发生制编制"财务合并报表"。在推动地方编制各类财务报表的过程中，总务省并不是强制性推行，而是规定有过渡期，循序渐进地加以推进。特别是推进"合并财务报表"编制方面，要求都道府县、人口在3万人以上城市，在3年内完备编制并公示。町村、人口在3万人以下的城市，在5年内完备编制并公示。同时，针对因债务膨胀而导致财政破产的北海道夕张市等"财政重建团体"，要求其在财政重建中首要任务是确立新的政府会计制度。实践证明，虽然日本政府会计制度改革时间跨度大，但由一般会计预算到各类特别会计预算的"资产负债表"编制，进而到全国"合并财务报表"的编制，地方先期试行，然后在全国范围渐进推进方式，很好地激发了地方政府的自主能动性，最大限度地降低了改革的阻力，有利于向新的政府会计制度的过渡。

二是两种改革"范本"供地方选择，使地方有一定的自主性。自20世纪90年代初期以来，关于政府会计制度改革的模式选择一直是探讨的话题。2006年3月，总务省分布了《新地方政府会计制度研究会报告书》，在总结各地试行情况的基础上，就改革模式提出了两种方案：一是全面采用企业会计权责发生制的"标准范本"。该模式要求先建立固定资产台账，土地、建筑物等登记入账并定期编制资产负债表，就交易发生的实际情况按权责发生制记账（道路、河流等基础设施按取得原价计算）。二是有效利用现有决算信息的"总务省改订范本"。该模式不采用复式簿记记账方式，而是利用现有决算信息编制财务报表。因此，其有关固定资产的计算和评估并不一定很准确。但最初编制财务报表时的工作量负荷较小，随着固定资产台账的建立，其编制工作负荷将加大（见表7-2）。从各地实施的情况来看，由于"总务省改订范本"的前期准备工作和最初财务报表的编制相对容易些，采用"总务省改订范本"的地方政府更多。除此之外，东京都、岐阜县等少数地方政府在两种"范本"的基础上加以改良，按自己的政府会计制度体系编制财务报表。改革期间，中央政府更多地强调的是地方在实践中如何解决"范本"与原有财务会计核算体系的衔接问题，如何从财务报表中获取有用信息，为财政运营提供科学依据。同时，根据地方实践操作中遇到的问题，对"范本"进行必要的修正。最终目标是统一各地改革模式、在全国推行统一的新的政府会计制度，实现与 IPSAS（国际政府会计标准）和 IFRS（国际财务报告标准）的接轨。

表7-2　　　　　　　　　两种政府会计改革范本的比较

比较项目	标准范本	总务省改订范本
固定资产的计算方法（最初年度期初余额）	·就现存固定资产价值（含成本）进行评估	·可折现的资产：按时价评估
固定资产的核算方法（后续编制过程中）	·按权责发生制核算和整理固定资产信息 ·其他类资产就其价值进行评估	·可折现资产以外的资产：根据建设成本的累积核算 →分阶段地整备固定资产信息
固定资产的范围	·所有固定资产	·最初仅限于建设性事业项目 → 阶段性地拓展范围，逐步涵盖山林、土地使用权、软件设备等
固定资产台账的建立	·开始编制"资产负债表"时就需建立固定资产台账。后续需不断更新	·优先可折现资产 →阶段性的整备
工作负荷	·初期建立固定资产台账并编制财务报表的工作量较大 ·后续工作负荷会减轻	·初期计算可折现资产价值，计算不可能收回资产的预估价。工作量相对较轻 ·随着阶段性地整备，后续工作负荷将增大
财务报表的验证可能性	·查验除开始时未分析的余值部分、从财务报表数据可追溯到原账、传票等	·随着台账的阶段性整备，查验的可能性将得以提高
财务报表的编制及公示	·"出纳整理期"（每年4~5月）结束后，可尽早编制并公示	·"出纳整理期"结束后，与决算统计同时公开

资料来源：作者根据日本总务省2007年公布的《新地方政府会计制度实务研究报告书》整理。

　　三是逐步扩大政府财务报表的范围，并将其作为判断"财政健全化"① 的重要依据。在日本政府会计改革过程中，从最初的年度"资产负债表"到"财务 4 表"，再到"合并财务报表"的编制，随着政府财务报表范围的扩大，纳入政府会计与报告系统的资产与负债的范围日益扩大，或有负债也被包括进来。如今，除有限的个别事项例外，绝大部分公共资产、负债以及或有负债均在政府财务报告中予以记录或披露。特别是"财务 4 表"的编制，成为判断"财政健全化"的主要依据。其中，资产负债表（B/S），反映政府资产、负债和净资产等；行政成本核算表（P/L），也称政府运营表，反映政府在特定时期内的运营业绩；资金收支核算表（C/F），也称现金流量表，反映特定时间内政府的现金收入、现金支出和现金结余信息；纯资产变动核算表（NWM），也称净负债变动表，反映政府扣除金融资产后的债务净额。而通过编制"财务 4 表"，各地陆续建立起了固定资产台账，公立医院、公交等地方公营企业会计开始纳入预算管理，闲置资产得以有效利用或变卖，业绩不良的公营部门资产得以整合。日本的财政管理方式也由以保持单年度财政平衡为目标的"流量管理"开始转向"存量管理"。从近年来的改革效果来看，不仅提高了财政风险的预警和防范能力，政府决策和财政运营也更加规范化。

表 7－3　　　　　　**4 项财务报表在政府会计核算中的应用及其效果**

4 项财务报表	实施步骤	在政府会计核算中的应用及其效果
资产负债表	一般会计＋公营事业会计	·核算辖区内道路、河流、公共设施等公共资产财政投入及负债情况。
	（合并报表）	
	一般会计＋公营事业会计＋地方三公社＋第三部门等	·促进公共资产的有效利用及变现，准确把握政府负债情况。
行政成本核算表	一般会计	·核算辖区内福利、教育、治安等公共服务花费成本以及辖区居民为此而负担的费用
	一般会计＋公营事业会计	
	（合并报表）	
	一般会计＋公营事业会计＋地方三公社＋第三部门等	·便于准确把握和评价公共事务各领域的费用支出情况，增强公务员的成本意识，以提高行政效率。
资金收支核算表	一般会计	·核算辖区内行政事务、基础设施建设等财务活动中的现金流、短期借款等情况。
	一般会计＋公营事业会计	
	（合并报表）	·准确把握短期借款规模，向居民公示以提高财政运营的透明度。
	一般会计＋公营事业会计＋地方三公社＋第三部门等	·摸清现金流的流入流出情况，提高资金的运营效率。

---

　　① 旨在能够早期诊断地方财政及公营企业的经营状况和存在的问题，以便针对情况及时采取措施促进地方财政和公营企业的健康发展和再生能力。

续表

4 项财务报表	实施步骤	在政府会计核算中的应用及其效果
纯资产变动核算表	一般会计	·反映政府扣除金融资产后的债务净额。 ·财政出资形成的资产，未来可能需要居民负担的费用等。
	一般会计＋公营事业会计	
	（合并报表）	
	一般会计＋公营事业会计＋地方三公社＋第三部门等	

注：1. 地方三公社是指由日本地方自治体全额出资设立的"土地开发公社"、"地方住宅供给公社"和"地方道路公社"。

2. 这里的第三部门是指由 NPO、市民团体等非营利性组织经营的企业，或者由国家或地方公共团体和民间资本合作经营的企业。

资料来源：作者根据日本总务省资料整理。

　　四是其他配套改革的推进。整体来看，日本政府把推动地方政府会计制度改革作为行政管理体制改革、地方分权化改革的重要一环。与地方政府会计制度改革相配套，各地在削减行政费用、信息公开等方面也做了大量工作。如 2005 年 12 月内阁会议决议通过了《行政改革的重要方针》，作为改革政府资产管理、债务管理的重要手段，应引入企业会计的核算方法重新审视财务报表的编制标准等。2006 年 3 月出台的《行政改革推进法》（全称《为实现简约、效率的政府而推进行政改革的法律》）提出：政府应参考企业会计的核算方法，重新审视财务报表的编制标准，编制相关报表。2006 年总务省在《关于进一步推进地方公共团体行政改革的方针》中进一步提出：为了推进企业会计方法与财政效率化的结合，应整备和推进"资产、债务管理所必须的政府会计制度"。

第二节　日本政府会计准则与财务报告

一、日本政府会计准则

　　政府会计是以公共部门作为记账对象的会计技术和方法，其核算方法不以获利为目的、不以收益多寡为成果评价标准。政府会计准则与企业会计不同，有其特殊性。日本并没有全国统一的政府会计准则。中央政府部门、地方公共团体及其关联机构有各自的会计准则。

　　就中央政府部门依据的政府会计准则及其设定来看，主要是根据财政制度等审议会的《有关各省厅财务报表的编制》以及《各省厅财务报表编制标准》，各省厅编制财务报表。财务省汇总各省厅的财务报表，编制并公布"国家财务报表"。各省厅编制财务报表时，不同类别机构采用的政府会计准则不同（见表 7 - 4）。通常是在一般会计财务报表和特别会计财务报表基础上的汇总和修正。其中，一般会计财务报表依据的是《一般会计省厅财务报表的编制标准》，编制单位为一般会计预算的支出部门。如各类行政机构、国会、法院以及会计检查院（审计部门）等。各省厅在编制一般会计财务报表时，其依据标准目前还不属于强制性；特别会计财务报表依据的是《特别会计财务报表的编制标准》，编制单位为实行特别会计预算的单位。根据《有关特别会计的法律》（2007 年法律第 23 号，简称《特别会计法》）的规定，特别会计财务报表的编制须参考企业会计核算方式编制，同时应提交国会审议，因此，其依据标准属于强制性的。

表 7－4　　日本中央政府部门及其关联机构政府会计准则的适用情况

各类政府会计准则	设定主体	设定主体所属机构	制定时间	修订时间
《各省厅财务报表编制标准》	财政制度等审议会	根据《财务省设置法》规定，属于财务大臣的公共咨询机构	2004 年	2007 年
《独立行政法人会计标准》	独立行政法人会计标准研究会	总务副大臣的民间咨询机构	2000 年	2011 年
《国立大学法人会计标准》	国立大学法人会计标准等研讨会议	文部科学省调查研究合作者会计	2003 年	2012 年
《特殊法人等会计处理标准》	财政制度等审议会"公营企业会计小委员会"（注）	属于财务大臣的公共咨询机构	1987 年	2007 年

注：2003 年，财政制度等审议会的"财政制度分科会"、"法制、政府会计部会"、"公营企业会计小委员会"合并。

资料来源：2013 年 5 月 14 日日本公认会计士协会报告"政府会计标准设定框架的构建——基于海外调查的建议"，《政府会计委员会研究报告》第 19 号。

就地方公共团体依据的政府会计准则及其设定来看，20 世纪 80 年代，熊本县、三重县等一些地方自治体开始自主推行政府会计制度改革。2000 年，自治省（现总务省）公布《有关地方公共团体的综合财政分析的调查研究会报告》（即"总务省方式"），要求地方公共团体在资产、债务管理等方面推进改革。为此，总务省下设"新地方政府会计制度研究会"，提出两种政府会计模式，即"标准范本"和"总务省改订范本"，并制定有相应的实务操作手册等。但上述两种政府会计模式的实行并不是强制性的，地方自治体可根据自身特点制定各自的政府会计准则（见表 7－5）。

就中央政府关联机构、地方公共团体关联机构等依据的政府会计准则及其设定来看，因组织形态不同适用不同的政府会计准则。其中，很多是在关联机构相关法规中加以规定的（见表 7－4、表 7－5）。

表 7 - 5　　日本地方公共团体及其关联机构政府会计准则的适用情况

各类政府会计准则	设定主体	设定主体所属机构	制定时间	修订时间
"总务省改订范本"	新地方政府会计制度研究会	总务省的民间咨询机构	2006 年	2006 年
"标准范本"	同上	同上	2006 年	2006 年
以东京都、大阪府等为代表的模式	各地方自治体	各地方自治体	2005 年（东京）	2012 年（东京）
《地方公营企业法》及其实施令、实施细则	国会、总务省	《地方公营企业法》及其相关政令等	1952 年	2011 年
《地方道路公社法》及其实施规则	国会、国土交通省	同左	1970 年	2005 年
《地方住宅供给公社会计标准》	地方住宅供给公社会计标准检讨委员会	全国住宅供给公社等联合会的下设机构	1974 年	2012 年
《土地开发公社会计标准纲要》	土地开发公社联络协议会	都道府县设立的土地开发公社的联络组织	1979 年	2005 年
《地方独立行政法人会计标准》	地方独立行政法人会计标准等研究会	总务省自治行政局长、自治财政局长的民间咨询机构	2004 年	2011 年

　　资料来源：2013 年 5 月 14 日日本公认会计士协会报告"政府会计标准设定框架的构建——基于海外调查的建议"，《政府会计委员会研究报告》第 19 号。

　　根据总务省的统计数据显示，截至 2012 年 3 月底，全国 1 789 个地方自治体中，1 313 个（占全部的 73.4%）完成了 2010 年度的财务报表的编制。其中，168 个采用的是"标准范本"，1 096 个采用的是"总务省改订范本"，36 个采用的是旧"总务省范本"，13 个地方自治体实行各自模式。在"连结财务报表"的编制方面，全国 922 个地方自治体（占全部的 51.5%）完成了 2010 年度"连结财务报表"。其中，134 个采用的是"标准范本"，780 个采用的是"总务省改订范本"，8 个地方自治体实行各自模式（见表 7 - 6）。

表 7 - 6　　　　日本地方自治体政府会计准则的适用现状
（截至 2012 年 3 月底）

单位：个

不同政府会计模式	适用地方自治体数（构成比%）	其中："连结财务报表"的编制（构成比%）
标准范本	168 （9.4）	134 （7.5）
总务省改订范本	1 096 （61.3）	780 （43.6）
旧"总务省范本"	36 （2.0）	—
其他模式	13 （0.7）	8 （0.4）
小计（完成编制）	1 313 （73.4）	922 （51.5）

不同政府会计模式	适用地方自治体数 （构成比%）	其中："连结财务报表"的编制 （构成比%）
编制中或仍未编制	476（26.6）	867（48.5）
合计	1 789（100.0）	1 789（100.0）

资料来源：2013 年 5 月 14 日日本公认会计士协会报告"政府会计标准设定框架的构建——基于海外调查的建议"，《政府会计委员会研究报告》第 19 号。

二、日本政府财务报告

（一）基本范畴

日本政府财务报告涵盖的对象范围包括：一般会计、特别会计，以及包括特殊法人、独立行政法人等在内的采取独立法人形态的主体——政府关联机构，还有邮政公社和国立大学法人等。在具体财务报表编制过程中，以此为基本范畴，根据各报表的不同目的相应地决定对象和范围。在一般会计、特别会计财务报告编制过程中，着重于明确国家财政责任范围的同时，着眼于各财政主体与国家之间的关系，连结其预算并编制财务报表；特殊法人等主要依据《特殊法人等会计处理标准》（1987 年）编制财务报表。自 2000 年度决算开始编制"行政成本核算财务报表"；独立行政法人要求依据《独立行政法人通则法》编制财务报表，其会计核算原则上是以《企业会计原则》为依据；对于公益法人等民间法人，依据《公益法人会计标准》编制财务报告。由于独立行政法人等是从事与国家相关事务或事业的法人，其与各省厅存在很大的关联性，因此编制"连结财务报告"。

日本政府财务报告包括两大部分。一部分是由各省厅提交的财务报告。包括各省厅所辖机构的一般会计预算报告和公营企业等的特别会计预算报告；另一部分为独立行政法人等的财务报告。由于独立行政法人是从事与国家相关事务或事业的法人，其与各省厅存在很大的关联性，因此组成连结财务报告。

日本政府会计的主要财务报表体系包括以下四部分及其附表的明细表：（1）资产负债表，主要显示会计年度末资产及负债的状况；（2）行政成本核算表，也称政府运营表，反映政府在特定时期内的运营业绩；（3）资金收支核算表，也称现金流量表，反映特定时间内政府的现金收入、现金支出和现金结余信息；（4）纯资产变动核算表，也称净负债变动表，反映政府扣除金融资产后的债务净额。

（二）财务信息公开及留意事项

日本政府需要公示的财务信息主要分为两类。一类是流量信息、存量信息、中长期信息；另一类是国家财政状况的宏观信息、个别会计主体的信息以及区段信息；第三类是预算信息和决算信息。

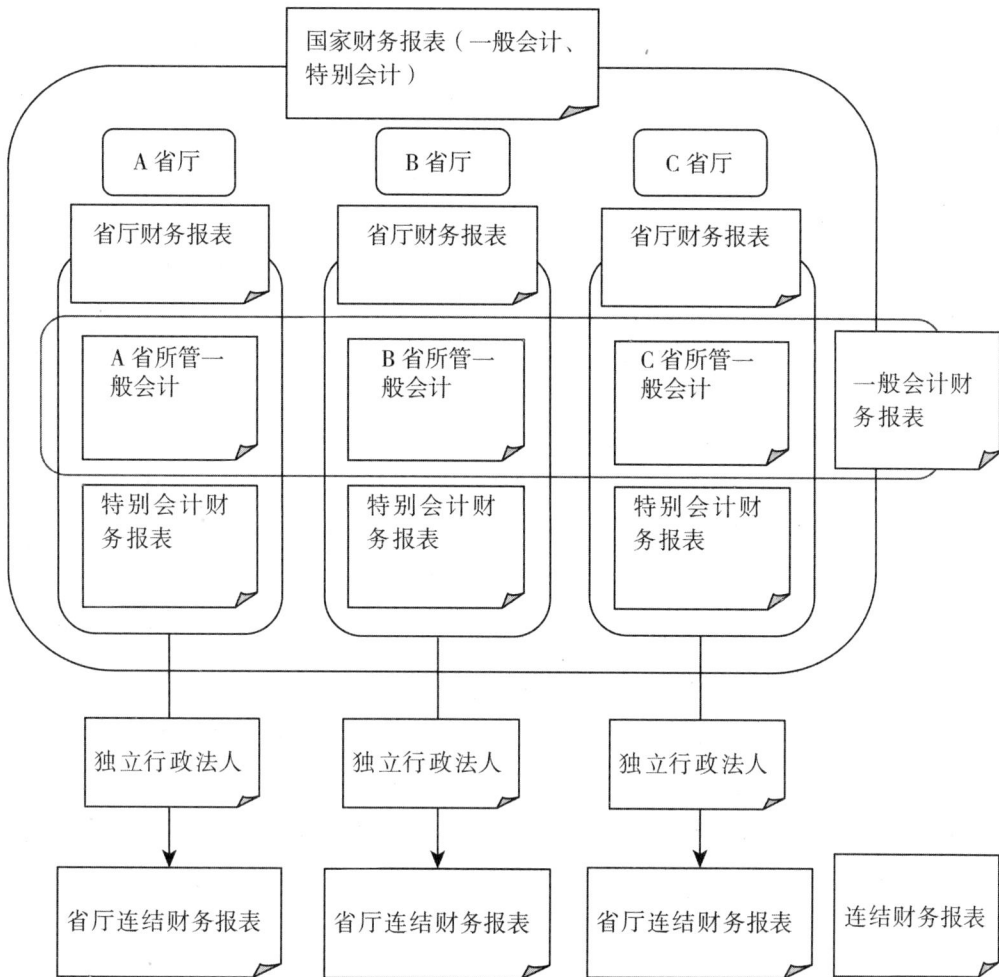

图 7-1　日本政府财务报表简图
资料来源：日本国财务省官网公布资料。

在日本，省厅作为政府的基本单位和预算执行单位，也是行政评价的主体，需编制各自的资产负债表（包括流量与存量）等财务报表，并负有说明责任。各省厅通过编制和公示财务报表，就预算与决算进行对比，并根据存量资产等相关报表，不仅能准确地反映各省厅的资产负债状况以及年度收支状况等，同时根据连结财务报表等，明确各省厅通过一般会计、特别会计、特殊法人等实施的事业项目、措施、政策等的成本及收支明细。而各省厅政策、财务信息等的公开不仅有利于提高政府自身的行政管理能力、提高财政运营的效率性和准确性，而且，也是国家编制财务报告的基础。

日本政府在披露国家财务状况信息时，要求特别注意对国家财政有重大影响的要素进行公开。日本政府财务报告公开信息时要求特别注意以下几点。

1. 根据目的分类，简单易懂的公开信息，确保信息的可比性。在日本政府会计中，鉴于存在各类主体，一方面尽可能考虑不同主体之间标准的整合性，以确保其可比性；另一方面，由于在确保不同会计主体间的可比性方面存在局限，作为其前提条件应根据各主体的特性明确标准，做必要的会计处理。日本在披露国家整体财务状况信息时，着重于对国家财政有重大影响的要素进行公开。

2. 确保适度的信息量。由于公共部门活动范围广且多样性，例如，在连结财务报告方面，应尽可能使用能产生重大影响的相关要素信息。同时，在处理庞杂的财务信息时，如果公开目的不明确且信息过于详细反而不容易让人理解。为此，编制财务报告时，首先应以简洁为标准，在此基础上应根据对象主体的特性和公开的目的，公开必要的信息。

3. 科目划分方法应简单易懂。在编制财务报告时，科目划分方法应简单易懂。同时，应统一预算和决算的科目，确保其前后的可比性。

4. 信息披露应确保准确性，避免对用户的误导。公共部门在信息披露方面要求其准确性。在政府会计中，应慎重使用具有不确定性的未来预测、裁量会计处理、估算和假定核算等的允许范围。即便允许也应明确其前提条件等。这是因为，以权责发生制为基础的企业会计原则，可根据企业所在环境，允许其会计处理留有余地。如果政府会计与企业会计一样允许留有余地地进行会计处理，必将有损信息的透明度和可靠性，因此应极力排除企业会计原则中认可的折旧方法和抵押标准等有选择性余地的内容，充分探讨客观的会计处理标准。

5. 非财务信息的处理。公共部门的活动存在很多与企业活动不同的领域。如难以用货币价值衡量的领域。为此，公共部门非财务信息的公布也很重要。而公开怎样的非财务信息，以何种公开方式恰当，有必要根据财务报告的目的进行探讨。

6. 应考虑信息的编制成本。对于如何使用编制好的财务报告，应考虑其收益和编制成本。应努力以低成本尽快公开相关信息。

第八章

日本政府预算信息化与公开

■ 本章导读

　　20世纪90年代，提高政府预算透明度、强化财政运营的说明责任、提高决策过程的透明度等成为财政体制改革的国际潮流。在此背景下，日本政府基于财政赤字迅速膨胀、行政效率低下等自身存在的问题，开始推进行政改革并提出重建财政的目标。随之推进财政结构性改革，并着力提升预算、财政信息的透明度。2000年以来，日本在提升预算、财政信息透明度方面采取了一系列推进措施，建立起了较为完善的信息公开法律制度体系，政府预决算信息公开程度得以大幅提高。本章对日本政府预算信息公开的历程及近年来的改革趋势进行了回顾，就日本政府预算信息公开的制度体系及实行情况进行了介绍。

第一节　日本政府预算信息公开的历程及改革趋势

一、日本政府预算信息公开的历程

在日本，有关财政透明度、预算公开等概念的提出虽然较 OECD 晚。但早在 20 世纪 80 年代之初，日本就将"信息公开"、"提高透明度"等作为推进行政改革、实现民主行政的主要手段。

（一）20 世纪八九十年代的行政体制改革与信息公开

20 世纪 80 年代初期，日本开始推进行政体制改革。并将"信息公开"、"提高透明度"作为行政改革、提高行政效率的主要内容。

关于"信息公开"的最初表述见于 1982 年 7 月的"第二次临时行政调查会"①的咨询中。该咨询主要是从民主行政的角度提出了"信息公开"必要性。其中，有关推进行政改革的观点包括：（1）顺应时代发展变化；（2）确保综合性；（3）简约化、效率化；（4）确保信赖度。并指出：对于行政部门来说，包括其拥有的各类信息的公开及管理，以及国民恰当的参与等问题，都需要探讨获得国民理解的方策。而"确保信赖度"将有利于从过去的权威型行政转向民主行政。而在 1983 年 3 月的"临时行政调查会"的咨询中，进一步强调了"信息公开"。但这一时期总体来看，主要是将"行政信息的公开作为提高对政府信赖的手段"，并没有对行政的恰当性、行政的非效率等问题提出质疑。

1988 年 12 月，"临时行政改革推进审议会"②发布了《关于放宽公共管制等的答辩》，提到了"透明度"的问题。指出：今后提高"透明度"无论是在国内还是在国际上都将成为积极推进的重要课题。为确保透明度和公平性，为使事务手续简约化、效率化，所有公共规制领域应实行标准化和手续的明确化，使制度及其运用确保透明度和公平性。同时，该答辩在关于"放宽管制的具体视角"中指出：为了有效纠正行政规制运用中与原目的相背离的现象，应尽量使行政许可等的标准明确化，确保行政规制运用过程的透明性、公正性。同时，就流通、物流、金融等个别领域行政管制的放宽问题作出了规定。如对于酒类零售行业，发放执照时应充分听取地方酒销售行业协会等的意见，为确保执照发放手续的透明度，听取意见的程序应明确化、合理化。提出：在推进金融领域相关管制的放宽方面，行政指导应仅限

---

① 根据《临时行政调查会设置法》（1961 年）于 1981 年在总理府设置的机构。为实现当时铃木善幸内阁提出的"没有增税就没有财政重建"目标而推行的行政改革，该机构主要负责审议有关财政改革相关事宜。时任会长为土光敏夫，因此也被称为"土光临调"。

② "第二次临时行政调查会"于 1983 年解散后，作为行政改革实现情况的监督机构，成立于 1983 年 7 月 1 日，简称"行革审"。

定于必要情况下。最基本的是尊重金融机构的自主性，确保对内对外的透明度。

1990 年 4 月的"临时行政改革推进审议会"（第 2 次行政改革审议会）的最终答辩中，就"行政改革的主要课题与改革的基本方向"中提到：为了确保行政运营的透明度和公正，应提升行政手续对内对外的透明度，确保公正。在处分手续等方面，应努力推进法制的统一，设置专门的调查审议机构研讨的同时，争取早期采取行动。1991 年 1 月。"临时行政改革推进审议会"（第 3 次行政改革审议会）设置了"公正、透明行政手续部会"，该会于同年 12 月提出《关于公正、透明行政手续法制的答辩》。1993 年 10 月"第三次临时行政改革推进审议会"（于 1990 年 7 月成立）的最终答辩中，就行政改革新进展提出：长期以来，支撑日本国家发展的政治、行政、企业间形成了既得利益关系，而这一关系发展到今天，成为应对时代变革的困难因素。为打破这一既得利益格局，在确保透明度和公正性的同时，应发挥各自的作用，严格自律。

在日本国家法律文件中，最早关于"透明度"的表述见于 1993 年的《行政手续法》（1994 年 10 月 1 日起实施）。该法将"透明度"明确定义为：在行政决策方面，其决策内容及过程应向国民公开，获得国民的理解。该法第 1 条规定：在行政指导、行政处分、申报等相关手续方面，应努力确保行政运营的公正并提高其透明度，目的旨在维护国民的权益。地方公共团体在行政指导、行政处分、申报等相关手续方面，应根据本法宗旨，为确保行政运营的公正并提高其透明度而努力采取必要措施（第 38 条）。

1995 年，会计监察院在其审计报告中，就行政部门的契约手续说明，首次使用了"透明度"一词。指出：为确保契约的客观性、竞争性，保证契约的透明度是必要的。1994 年度决算审计报告中，针对"特定审计对象"的审计披露：如日本下水道事业团等的工事采购的恰当性并不充分。存在的问题主要有：预计采购对象及指定相关从业者仅限定于少数企业、预定价格的计算有待商榷、随意签约率太高（占半数以上）等。今后，有待扩大招投标方式的适用范围，尽量增加投标资格者及指定相关从业者的参与数。应采取措施确保契约手续的透明度、客观性及公正性，有必要调查、研究并改善预定价格的计算方法并充分利用竞争契约等，以切实推进业务的运营。

1995 年以来，总务厅行政管理局就《行政手续法》（1994 年 10 月 1 日起实施）在中央和地方政府层面的实施及运用情况做了调查。1999 年 6 月，总务厅提出《以确保行政手续公正与透明的调查结果为基础的劝告》，根据 1995 年以来的《行政手续法实施状况相关调查》的结果，从确保和提升行政运营公正和透明度的角度出发，就改善行政运营需要注意的事项（包括推进体制建设、应采取的措施、审查标准的设定及公开等）、彻底推进《行政手续法》实施的方法等提出建议。

（二）2000 年以来旨在提升预算、财政信息透明度的改革举措

20 世纪 90 年代后期，日本的财政赤字迅速扩大。财政结构性改革成为日本行政改革的重点。借鉴英国、美国、新西兰等国家 70 年代后期以来新公共管理运动的

改革经验以及重建财政过程中的具体举措，日本开始推进财政结构性改革，并着力提升预算、财政信息的透明度。

2001 年 6 月日本出台了《关于今后经济财政运营及经济社会结构改革的基本方针》（也称《骨太方针》），9 月出台了《改革进程表》，2002 年 1 月出台了《结构改革与经济财政的中期展望》（简称《改革与展望》），将预算编制过程及政策决策过程等列为行政管理改革的主要课题，提出：提升预算、财政透明度是行政改革的重要出发点。

2001 年日本进行了中央省厅改革。重大改革措施包括：将大藏省改为财务省；在新设的内阁府内设置了"经济财政咨询会议"，"经济财政咨询会议"是由以内阁总理大臣为议长 10 名议员组成的，其中 4 人来自民间。这一改革措施使预算编制由过去的财务省主导转向内阁主导；2003 年 4 月内阁官房"行政改革推进本部事务局"针对政府各部门发布了《有关预算执行等信息的公布指南》；2003 年"经济财政咨询会议"发布了《关于经济财政运营与结构改革的基本方针 2003》提出：在推进财政结构改革方面，改善预算质量、提高预算透明度至关重要。为此，需要对财政政策目标的设定、税收使用效果等进行严格的事后评价。预算编制过程中负有向国民说明的责任。应推进预算编制过程改革，构建并确立"宣言—执行—评价"的新的预算编制过程。所谓"宣言"阶段是指将政策目标以国民容易了解的形式明确公布；"执行"阶段是指为了实现政策目标，应有效利用预算、弹性执行；"评价"阶段是指应就目标达成情况做严格评价。为了实现政策目标并提高预算执行的效率，预算执行及其事后评价应反映在今后的预算编制中。在提高预算透明度方面，应推动公共会计制度改革，引入适用于民间企业的权责发生制会计制度。

二、近年来的改革趋势

2009 年民主党执政后，10 月召开了"有关预算编制的检讨会"，提出了预算制度改革的方向。2010 年 4 月发表了《中期财政运营检讨会论点整理》，提出：实行跨年度的自上而下的预算编制，提高预算编制的透明度和可视度，使预算编制标准化并实现财政健全化。2009 年 10 月 23 日内阁通过决议案《关于预算编制等的改革》，要求从以民为本、实现适应时代发展的合理、有效的行政这一观点出发，要求政府恰当地执行预算。该议案要求政府相关部门应统一就预算执行情况相关信息进行公开，使来自外部的监督和信息能够被有效利用。在提高预算执行效率的同时，可提升对政府的信赖度。

（一）2010 年内阁官房国家战略室发布《关于充实预算执行信息公开的指南》

为了强化对预算执行信息的公开，使国民能有效监督政府支出是否浪费的同时，促进政府自身管理的改善。内阁官房（相当于国务院办公厅）国家战略室于 2010 年发布了《关于充实预算执行信息公开的指南》，提出：政府各行政机关在预算编制和执行时，应站在纳税人的角度，保证预算编制的透明性和效率；应强化有关预算执行信息的公开，便于国民监督可能存在的浪费，从而最终改善政府的行政管理水平。信息公开须保证两个重点：一是不能为公开而公开，要保证信息公开对财政支出透明化和效率提高有益。应采取国民便于检索的形式公开信息。二是要求中央政府各行政机关在消除重复信息的前提下，应尽可能提高公开信息的阅览和检索便利。要求各省厅须以该指南为最低标准执行，进一步公开相关信息。如果因信息公示而有可能给行政执行造成影响，各省厅可自行判断，不公示相关信息。此种情况，应说明不公示的原因。公示信息应定期更新、连续公示（至少每季度一次）。各省厅公示的相关信息，可通过财务省网站连接检索。该指南要求在总务省的指导下，中央政府部门构建统一的政府综合电子窗口 e－Gov 和政府统计信息公开窗口 e－Stat，以强化政府公开信息查阅的路径。

（二）2013 年内阁决议案《为提高行政透明度的预算执行》

2013 年 6 月 28 日内阁决议案《为提高行政透明度的预算执行》，就政府相关部门提高预算透明度、预算信息公开等做出了具体规定和要求。同时废止了《关于预算执行等信息公布的指南》（2010 年，内阁官房行政改革推进本部事务局发布）和《关于充实预算执行信息公开的指南》（2010 年，内阁官房国家战略室发布）。要求：原上述两决议案中规定的应公布事项，本决议案也要求公布的事项，如果还没有公布，各省厅应尽快公布相关事项。

该决议案要求，政府各省厅应统一预算执行等相关信息的公布，以便于外部查证和利用相关信息。在提高预算执行等效率的同时，提高对行政的信赖。该决议案就财务省及各省厅在预算信息公开方面作出了详细要求。具体规定如下：

一是预算概要等的公布。预算概算决定后，财务省应公布预算的整体概要。各省厅应公布各自的预算概要。在预算信息公布方面，应让国民明白易懂。

二是预算执行等信息的公布。具体包括公共事业相关事项、有关补助金等事项、委托调查费事项以及其他项目相关事项等。

1. 公共事业相关事项。

（1）直接管辖事业。① ①各省厅在年度预算概算决定后，应及时就该年度准备实施的直接管辖事项公布。包括：实施主体（都道府县名）、事业名、全部事业费、费用收益比等;② ②根据《财政法》第 34 条规定，各省厅有关支出负担行为的实施计划得到认可后，应及时就直接管辖事项公布。包括：实施主体（都道府县名）、事业名、全部事业费、费用收益比、当年事业费等。同时，对于跨年度事业项目，如以前公布内容发生变更，应公布变更内容及变更事由。③各省厅应就其直接管辖事业的详细内容随时公布。

（2）补充事业。③各省厅的实施计划得到认可后，应及时就补充事业相关事项

典型国家和地区政府预算制度研究丛书

187

---

① ③ 根据《关于行政机构政策评价的法律》（2001 年法律第 86 号）实施的公共事业的评价对象。

② 对于无法进行费用收益分析的，设定单独的评价标准。

公布。包括：实施主体（都道府县名）、事业名、全部事业费、费用收益比、当年事业费等。同时，对于跨年度事业项目，如以前公布内容发生变更，应公布变更内容及变更事由。

（3）公共事业。公共事业项目的建设方针和实施计划得到认可后，各省厅应及时公布信息，并通过听取社会有识者意见等形式，确保公共事业项目预算执行的必要性、有效性和效率性。

（4）其他。省厅地方分支机构（部局）实施的事业项目，可在省厅地方分支机构网站上公布。如果有关①直接管辖事业项目的资料庞大，可公布其概要。此种情况，各省厅应就事业的详细内容向社会公布。另外，对于公布信息，应注意各网站的链接，尽量避免重复。

2. 有关补助金等事项。

（1）早期执行补助金等的预算。为了使各省厅在年初能顺利地执行补助事业，应根据《关于补助金正确执行预算的法律》（1955 年律第 179 号），早期执行相关预算。

（2）公布事项。各省厅在决定支付补助金时，应公布以下事项。包括：事业名、补助金等的交付单位名、交付金额、支出的原预算划分（一般会计预算或特别会计预算）、支出的原项目名称、有关补助金等支付决定的支出负担行为或决定日期等。

（3）公布日期等。对于（2）的公布事项，各省厅每季度末 45 天内发布一次。但在公布决定交付额时，如果需要估计交付单位法人的采购预定价格等特殊事由，公布时间可以适当推迟。

（4）其他。省厅地方分支机构（部局）支出的补助金，可在省厅地方分支机构网站上公布。如果补助金的交付单位数量很多，应在详细记录的基础上，根据上述（3）的规定，可只公布主要交付单位。同时，各省厅应就交付单位名称等一览表向社会公布。

3. 委托调查费事项。

（1）公布事项。各省厅应公布委托调查费的签约情况。公布内容应包括：委托调查的名称及概要、签约对象名称、签约形式、（一般竞争性采购、计划性竞争采购、随意契约等）、契约金额、契约缔结日、出版成果等。

（2）公布时间等。关于（1）的公布，各省厅于每季度末 72 天以内公布。成果需报告后再发布。

（3）其他。各省厅应就全部成果向社会公布。当资料量庞大时，可仅就其概要公布。如因成果的发布对政府执政产生障碍可不发布。

4. 其他项目相关事项。

（1）部门经费及职员差旅费。各省厅有关部门经费及职员差旅费的支出，应汇总每季度支出额，于"出纳整理期"截止后 45 天内公布。如果季度支出额占当年支出额的比重较上一年度增加时，应向国民明确说明理由。

（2）出租车费。各省厅的出租车费，应就每季度的支出情况按预算类别、组织类别汇总，于年度末 72 天以内公布。

三是公布方法等。要求各省厅应设计一元化的端口，公布上述相关规定。各地方分支机构（部局）网站公布时，应与端口相连接。提供的数据等资料应尽可能不用 PDF 形式，而使用 Excel 等可以编辑的形式公布。

1. 电子政府综合窗口（e－Gov）以及财务省网站等应采取相应措施。总务省在其电子政府综合窗口（e－Gov），财务省在其网站，应发布并链接各省厅公布的上述规定信息。

2. 登载时间。各省厅公布的事项应登载至少 5 年（从公布之日第二天算起）。

四是共享好的做法和经验。各省厅预算执行中好的做法，如有必要可召开会计课长会议或进行事务联络，共享好的做法和经验。

三、一些地方实行的市民参与式预算

参与式预算也称市民参与型预算，是指地方自治体在编制预算时，不仅政府机构人员，辖区内居民也应参与到决策和预算的编制过程。具体来说，地方政府预算中除了职员工资、市所属设施管理费等市政运营方面所必需经费支出外的其他经费支出都由市民集会决定。参与型预算是参与型民主主义的重要表现形式。参与式预算最初见于 1989 年巴西的柏路哈里桑塔市。之后，不仅在巴西各地，乌拉圭、阿根廷等南美国家，西班牙、法国、德国等欧洲国家也得到了推广。

在日本，一直以来，预算的编制、执行属于地方自治体的行政专有权限，居民几乎没有参与的渠道。再加上预算编制过程复杂且不完全公开，居民对于预算的关心度较低。20 世纪 90 年代以来，日本社会出现地方分权化的倾向。究其原因，一方面，由于经济的长期低迷，地方自治体的财力下降，如何将有限的预算满足多样化的居民需求，这就需要与居民达成协议；另一方面，居民运动的兴起与社会参与意识的增强。特别是 1998 年《NPO 法》的实施使得以 NPO 为中心，市民团体迅速增加，市民参与社会事务的呼声日益高涨。特别是 1999 年《地方分权总括法》的出台，对近 500 个法规进行了修订。中央政府与地方自治体的关系从过去的主从关系开始向对等关系转变。中央政府主导的行政管理体制开始转向居民自治。在上述时代背景下，同时受南美及欧洲部分国家参与式预算潮流的影响，日本一些地方自治体，以行政首长为首开始推进市民对于预算编制过程的参与。就目前日本地方自治体参与式预算的事例来看，主要分为以下 5 种类型（见表 8－1）。

表 8－1　　　　　　　　　　各类参与式预算的主要代表

参与式预算类型	具体事例
1. 预算编制过程的公开	2003 年　鸟取县 在网上公开预算编制过程（预算请求额、审定额相关信息都有详细公布）。

参与式预算类型	具体事例
2. 市民委员会编制预算议案	2004 年　志木市 市政府与市民委员会各自编制预算，市长做对比研究。
3. 部分预算交给自治体自由支配	2003 年　名张市 14 个地区交付总额 5 000 万日元，无用途限制。
4. 市民可通过投票，决定住民税的 1% 用于支持民间公益组织或非政府组织的活动经费（市民活动支援制度）	2005 年　千叶县市川市 通过纳税人投票方式，对大约 100 个 NPO 补助了约 2 000 万日元。
5. 预算编制前接受 NPO 相关提案	2004 年　千叶县 采纳了 5~7 个 NPO 提案，安排预算资金约 1 000 万日元。

资料来源：作者根据日本财务省、总务省相关资料整理。

就实施市民参与式预算的日本地方自治体来看，政府在决策的民主公开、预算编制和执行的透明度等方面确实得到了不同程度的提高。而且，市民参与式预算对于更好地经营城市、强化地方自治等方面具有积极意义。但总体来看，日本的市民参与式预算目前还处于起步阶段。而且存在因行政首长施政方针的变化而导致政策被废止的情况，参与式预算缺乏稳定性。同时，还存在诸多值得探讨的问题。如何推进市民参与，在预算编制的哪个阶段市民参与是恰当的，市民参与的成本与效益如何，反映市民呼声的最佳方法是什么，地方自治体议会的作用与市民直接民主主义两种手段如何共存等。今后，随着日本地方分权化改革的进一步推进，居民参与式预算日益受到人们的重视。以 NPO 为首的市民社会组织也将成为参加式预算的基础。而且，从长远来看，市民参与式预算对于更好地经营城市、强化地方自治等也具有积极意义。当然，这就需要地方自治体政府进一步明确职能定位，建立有效制度和机制，为市民参与预算编制和监督预算执行等拓展更多的渠道。

第二节　日本政府预算信息公开

一、政府预算信息公开的法律依据

（一）法律层面

在日本有关政府预算管理法规中，多处有关于信息公开内容的规定。如作为财政基本法的《财政法》中有关预决算信息公开的规定：内阁在预算成立后应立即将预算、上上年度收支决算及公债、借款、国有资产现存总额及其他财政相关的一般事项，通过印刷、讲演或其他适当方式向国民报告。内阁在每个季度都须向国会及国民报告预算的使用状况、国库及其他财政状况等（第 46 条）。《地方自治法》作为规范地方自治制度、地方与中央财政关系等的基本法，也赋予了居民监督的权力。该法第 242 条规定：地方公共团体居民对于当地行政首长或委员会、委员、地方公共团体职员，当确认发生违法，或者在公共资金支出、财产取得及管理、处置、契约的缔结或履行、债务或其他方面出现不当行为时，或者发生不当费用征收、财产管理出现纰漏等事实时，可向监察委员提供书面证据，要求实施监察，以防止不当行为，或要求改善现状或弥补损失。如果地方公共团体居民对于监察结果不服，或者其提出的监察请求得不到有效处理，可直接向法院提出诉讼。《地方交付税法》则规定：每年度，内阁必须整理记载反映下一年度地方财政收支总预计额的相关资料，提交国会并向一般大众公开。其中，地方财政收入总预计额应包括以下细目内容：（1）各税目的课税标准、课税金额、税率、征收预计额等；（2）使用费用及程序费等；（3）发债额；（4）国库支出金；（5）杂项收入。地方财政支出总预计额应包括以下细目内容：（1）各项支出的总额及对上年度的增加额；（2）国库支出金配套经费总额；（3）地方债利息及本金偿还金额（第 7 条）。

（二）政府相关法规条例等

日本政府近年来积极推进行政信息的公开，出台专门法律《关于行政机关持有信息公开的法律》（2001 年 4 月 1 日起实行，简称《信息公开法》），对中央政府所属机关行政信息公开行为进行约束和规范。而作为行政信息重要构成内容的财政信息，集中反映了政府机构进行国家治理、维护社会治安、开展外交活动及向社会提供公共服务所发生的相关费用。财政信息的公开直接受《信息公开法》的规范和约束。《信息公开法》规定：无论何人（包括非日本国籍在日本居住者及国外人士），都可向财务省申请行政文件和信息的公开。申请人经一定程序提出申请，在不违反非公开信息规定的前提下，各部门原则上必须提供。各省厅应尽力履行对其行政活动的说明责任，推进民主行政建设。财务省有义务公开被申请公开的行政文件和信息。同时还应加强电子政府窗口建设，为申请人提供更为便捷的阅览和信息平台。

此后，2002 年出台的《独立行政法人持有信息公开的法律》规定：任何人（包括非日本国籍在日本居住者及国外人士）都可向独立行政法人等申请公开其所保有的法人文书。除法律规定的"不公开文书"外，对于申请人提出的信息公开申请，独立行政法人等都需提供相应的法人文书。这里的法人文书是指：独立行政法人等的工作人员职务上编制或获得的文书、图片或电子记录等，而且是作为组织使用和保有的信息、资料等。但不包括：官方公报、白皮书、报纸、杂志、书籍等其他针对不特定多数人以销售为目的的发行物；根据《公文书等管理法》（2009 年）保存的特定历史公文书等；根据行政法令设定的博物馆或其他设施中保管的特定历史或文化资料，或者具有学术研究价值的资料等。

（三）中央政府关于提高预算透明度、预算信息公开方面的法规、要求等

为了使财政能健康运营、相关事务能按计划且有效率地执行，1965年日本政府出台了《关于预算的编制与执行的规则》。该法规主要就预算编制的报告体系、执行方针及计划、财政收入状况变更报告、财政支出执行状况报告、财政收支出纳报告等作出规定。同时，就预算报告体系及相关说明书、支出负担行为整理区分表、支出负担行为特别整理区分表等作出了规范。之后，各地方自治体就预算的编制与执行纷纷出台相关法规。

2003年日本"经济财政咨询会议"发布了《有关经济财政运营与结构改革的基本方针2003》指出：在推进财政结构改革方面，改善预算质量、提高透明度至关重要。通过事前目标设定与事后严格的评价，预算编制过程中有必要向国民说明国家财政收支活动。提出今后应采取以下措施。一是进一步强化"自上而下"的预算编制，财政支出应体现"重点"，应明确预算优先配置的领域和方向。二是政府施政目标应让国民了解，应效率地执行预算，根据事业项目的特点灵活地执行预算，开发事前和事后评价方法，严格执行预算并将事后评价反映到今后预算的编制中。为提高预算透明度，应推进公共会计制度改革，引入权责发生制等民间企业会计的核算方法等。三是2004年度预算开始试行新的预算编制模式，要求应根据事业项目的性质，各省厅弹性而有效率地执行预算。

2013年6月28日内阁决议案《为提高行政透明度的预算执行》，要求政府各省厅统一预算执行等相关信息的公布，以便于外部查证和利用相关信息。在提高预算执行等效率的同时，提高对行政的信赖。该决议案就财务省及各省厅在预算信息公开方面作出了详细要求。涉及预算概要、公共事业相关事项、有关补助金等事项、委托调查事项、其他项目相关事项（包括部门经费及职员差旅费、出租车费等）、公布方法、好的做法和经验的共享等内容。

（四）地方政府关于提高预算透明度、预算信息公开方面的法规、要求等

总体来看，在信息公开方面，日本地方公共团体较中央政府先期实行。随着地方分权化进程的推进，特别是2000年4月《地方分权总括法》实施后，要求地方自治体对其实施的政策承担说明责任。这在一定程度上使得地方政府预算信息公开程度得以进一步推进和深入。

1.《信息公开条例》。在信息公开方面，日本地方公共团体较中央政府先期实行。国家《信息公开法》（全称《关于行政机关持有信息公开的法律》）出台于1992年。而早在1982年山形县的金山町、1983年神奈川县和埼玉县就出台了关于信息公开的条例。此后，各地纷纷出台类似条例。目前，日本47个都道府县都制定有《信息公开条例》，全国几乎所有的市町村、特别区、广域联合等都出台有相应的条例或规定，就议会和政府部门在信息公开方面的程序等做出了规定。总体来看，

地方公共团体的《信息公开条例》等的内容与《信息公开法》基本趋同。

2.《大阪府财政运营基本条例》。为了能顺应大阪府社会经济形式变化的需要并确保财政健康运营，以提高辖区居民的福祉为目的，大阪府出台《大阪府财政运营基本条例》，就确保财政运营规律、保持财政运营的计划性和透明度等基本理念和原则作出了规定。该条例第四章专门就确保财政运营透明度、有关财政风险信息的把握，以及预算编制过程的公开、财务报表的制作和公开等作了明确规定。在财政信息公开方面，要求都道府县知事在每年6月和12月公布辖区的财政概况。每年6月份公布的财政概况中，应包括上年度10月份至本年度3月份的财政收支相关事项以及财政动向、财政政策方针等。具体公开事项应包括：一是财政收支预算的执行情况；二是地区居民的税收负担状况；三是政府财产、负债以及临时借款余额等；四是公营企业的业务状况；五是知事认为有必要公布的事项等。每年12月份公布的财政概况中，应包括本年度4月份至9月份的财政收支相关事项（与6月份公布内容相同）。同时，应根据上年度决算收支状况明确资金不足比率，以判断政府的财政健全化程度。如有必要和可能，应以附表等形式就相关数据和资料文件公布（第22条）。对于财政运营影响较大、财政风险大的事业项目，要求知事每三年至少一次以上就财政风险的内容及程度等进行验证，以便规避财政损失的发生或扩大，同时还需探讨如何控制预计到的影响并采取措施，同时公开以上内容信息（第23条）。知事及政府部门应公开预算编制过程中涉及的信息，如预算案及其审查、审定结果相关资料、主要事业项目相关资料等（第24条）。会计管理人员应就政府的资产及负债（不含地方公营企业相关特别会计的资产及负债）的增减及变动情况编制报表并提交给知事。同时，应制定并公布不同统计口径的财务报表的编制标准。相关报表包括：资产负债表、行政成本计算书、现金流计算书、纯资产变动计算书及其相关资料。知事应参与全部会计财务报表（包括不同会计统计口径的财务报表，以及地方公营企业的特别会计财务报表等）以及连结财务报表（统合了不同会计统计口径的财务报表以及与政府财政运营关系密切的法人业务相关的资产负债表、损益表）的编制并公开相关资料信息（第25条）。

二、政府预算信息公开的目标定位

根据日本《信息公开法》、《独立行政法人持有信息公开的法律》等的规定，依据主权在民理念，国民有请求公开行政文书的权利。为此，行政机关、独立行政法人有将其保有的信息公开，并有向国民说明政府各类活动的责任。同时，得到国民的理解并接受批评，力图推进公正、民主的行政。而《关于预算的编制与执行的规则》中提出：依据《地方自治法》等相关法律，为了实现财政健全化运营，地方政府应有计划、效率地履行其事权，有必要对预算的编制及执行做出规定。《关于预算执行等信息公布的指南》中提出：从纳税人的视角出发，尽量以国民容易获得的形式公开信息，使财政支出更加透明、效率。同时，通过进一步推进预算信息的公开，使预算的编制、执行的透明度得以进一步提升，使政府能有效审核其支出是否存在浪费，从而提高和改善行政自身的管理水平。

从上述法律规定可以看出，日本预算公开的目标定位包括：公共受托责任、服务财政管理的需要和利于加强社会监督等几个方面。

（一）公共受托责任

在日本，为了使行政运营更加有效率、更加合理化，将政府部门（包括地方公共团体、特别区、地方公共团体组合等）的部分事务的管理及执行权委托给其他政府部门或地方公共团体执行。就受托关系来看，除了市町村之间、都道府县之间外，还包括市町村和都道府县之间、普通地方公共团体和一些地方公共团体组合之间。受托政府部门或地方公共团体在管理和执行委托事务时，与自身管理和执行该事务拥有同样效力，承担受托事务的法律责任。而委托方则同时失去该事务的管理和执行权限。委托方应将受托事务所需经费（受托经费）纳入预算，并根据约定交付给受托方。

（二）服务财政管理需要

在日本，预算公开的一个重要目标是实现财政运营的健全化，强化财政管理。因此，相关法律要求预算公开内容应涉及对预算支出的连续性公开、对预算执行决策信息的公开、预算支出目的等信息的公开。而对前两项预算信息的公开，主要目标是发现预算支出、预算执行中存在的问题，以提高财政运营效率和管理水平。而对预算支出目的等信息的公开，主要目标是通过加强社会监督，使得财政执行更有效率。具体来看，对于预算支出的连续性公开，主要目的是通过对年度预算支出状况的公开，使得在国民的监督下，发现问题，如年度末有无未使用完的经费或存在浪费现象。为此，要求除了财务省公开"预算使用情况"、"国库收支状况"外，各省厅应就所辖区域、组织的预算收支情况，按项、目等类别，于每月公布其支出明细。包括财务省在内的各省厅应及时、定期、连续性地公开、更新其信息，至少应每季度公开、更新一次。对于预算执行信息的公开，主要是防止在公共事业、公用经费调配、补助金交付等预算执行方面存在非效率、不透明等问题，通过对相关信息的公开，使国民得以了解预算执行情况。

（三）利于加强社会监督

在预算信息公开中，对于预算支出目的等信息的公开，主要目标是通过加强社会监督、防止浪费，以提高财政执行的效率。在预算编制阶段，具体向哪些群体分配预算、预算支出的具体目的如何是很难作出规划的。在预算执行阶段，如果国会、财政部门、国民的监督不到位，就很容易出现浪费等现象。为此，2009年，内阁官房行政支出总检查会议发布了《有关公益法人预算支出的公开》，要求公开的信息应包括：对公益法人的总体支出状况、委托调查费、出租车费用等。同年，行政革新会议（内阁府下设审议会）发布《关于事务性事业的重新审视》，要求就宣传报道经费等信息公开。总之，通过对预算支出目的等信息的公开，使得国民对于经费是否最终投向了受益者、是否存在浪费和不公正等问题进行广泛监督，通过对预算执行的事后监督，发现问题，反馈于预算编制和执行过程，从而提高财政运营的整体效率。

三、预算信息公开的责任机构

作为预算信息公开的组织保障，日本的立法、行政、审计等部门在本级政府预算公开中承担着各自职责。

（一）立法部门

根据日本《宪法》规定：预算案首先应向众议院提出。众议院在预算审议方面具有优先权。如果参议院与众议院决议出现分歧，经两院协议后仍无法达成一致意见，或者众议院表决预算后参议院 30 天内仍不决议的（除国会休会期间），众议院决议可被认为是国会决议（第 60 条）。也就是说，众议院决议的预算，即便参议院没有审议，30 日后将自动生效。因此，无论是政府还是在野党都很重视预算在众议院的通过。

（二）行政部门

1. 财务省。作为主管部门，日本财务省在预算信息公开方面起着引领作用。根据《财政法》第 46 条规定：财务省除提供国会审议所需财政信息外，还需通过各行政区域的派出机构，通过传统方法公开财政信息。特别是近些年，随着网络技术的普及，财务省官方网站积极向社会公布财政、预决算信息等。并试图由此增强全体国民对国家财政收支的理解、监督，力图提高财务省自身管理的行政效率。同时，财务省在信息公开体系化建设方面的做法也为其他省厅仿效和借鉴。另外，各省厅公示的相关信息，可通过财务省网站连接检索。

图 8－1 为财务省信息公开制度的基本框架。财务省信息公开大致上分为主动公开和被动公开两部分。所谓主动公开是指依据《财政法》相关规定，通过适当技术手段（报纸、网络、网站阅览窗口等）向社会公开财政信息的方式，内容有财政政策、预决算等；被动公开是指如有申请人向财务省提交信息公开申请时，针对申请人提出的申请，财务省主管部局经过审核后做出公开与否的决定，并通知申请人。当申请被拒绝时，申请人可提出行政不服申诉，财务省在咨询有识者等专家构成的审查会后做出公开与否的裁决。申请人也可不通过行政申诉，直接向法院提起诉讼。

就日本财务省官方网站公布的信息内容来看，包括财政政策、各年度预决算、国家财政状况、财政统计数据、税收、国债、财政投融资、政策金融等内容，几乎涉及财务省行政活动的所有方面，而且资料充实、详尽。对于网络页面中没有显示的数据，还可以通过相关资料与统计数据通道查找到 1947 年至今的预决算数据（时间跨达 66 年之久）。另外，《财政白皮书》同样也汇总了相关的财政政策和相关数据信息等。总之，日本财务省公开的信息透明度高、资料连贯性强，成为日本民众了解财政决策、财政收支状况的有效平台。

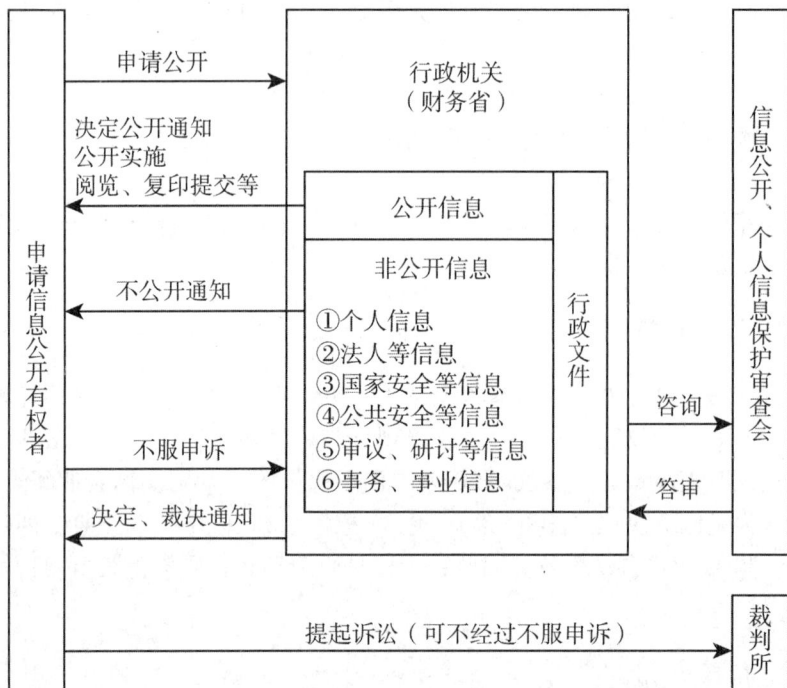

图 8 – 1 财务省信息公开制度的流程及基本框架

资料来源：作者根据日本财务省公布资料整理。

2. 总务省。在日本，内阁总务省作为中央政府主管地方与中央事务协调的职能部门，对《信息公开法》的实施负有行政监督权。总务省每年都会对行政机关及独立行政法人执行《信息公开法》的情况进行相应调查，调查项目主要为申请信息公开的次数、公开或不公开件数、不公开的理由、申请处理天数、不服行政申诉及诉讼等，调查结果公布在总务省官方网站。

3. 地方政府。按照《地方自治法》规定，日本的地方公共团体（地方政府）拥有高度自治权，中央政府除对地方政府有一定的监督权外，原则上不得干预地方行政事务。地方公共团体通过制定行政信息公开条例等政令形式，以推进地方行政的信息公开、透明。在信息公开制度的制定和实施方面，各地存在较大差异。一些地方政府表现出较大的主动性。实际上，早在中央政府在出台《信息公开法》之前，许多地方政府就出台了有关信息公开的条例。如山形县金山町于 1982 年、神奈川县和琦玉县于 1983 年分别出台了关于信息公开的实施条例等。如今，日本几乎所有的市町村、特别区、广域连合等都出台有信息公开条例或规定。总体来看，《信息公开法》颁布以来，各地方政府信息公开条例的内容大致与《信息公开法》类似，但也有个别地方政府，如逗子市制定的条例相对独特（《逗子市信息公开条例》），还设有"信息公开运营审议会"制度。规定审议会 7 名委员由市民和有学识的经验者担任，由市长任命。委员任期 2 年，不得连任。该审议会主要负责调查和审议相关机构提出的有关信息公开方面的咨询，并给出建议或意见。

4. 预算单位。根据 2013 年 6 月 28 日内阁决议案《为提高行政透明度的预算执行》要求：政府各省厅应统一就预算执行等信息公布。为此，内阁官房"行政改革推进本部"① 事务局向各省厅发布了《关于预算执行等信息公开的指南》，就财务省及各省厅在预算信息公开方面作出了详细要求。涉及预算概要、公共事业相关事项、有关补助金等事项、委托调查费事项、其他项目相关事项（包括部门经费及职员差旅费、出租车费等）、公布方法、好的做法的共享等内容。自此，预算单位在此框架下就预算执行信息的公开进行了规范和统一。

（三）审计及其他部门

1. 会计检查院。根据日本国宪法及《会计检查院法》规定，会计检查院对国家收支决算进行审计，向内阁送达年度决算审计报告，内阁向国会提交年度决算报告及年度决算审计报告。会计检查院官方网站上公布有年度决算审计报告全文，方便读者查阅。近年来，利用会计检查院在行政监察方面的功能进行政策评价也逐渐被重视。会计检查院的年度决算审计报告具有以下几个特点：一是内容全面。年度决算审计报告包括审计结果及审计工作本身两个方面的内容。内容十分全面。二是提供的信息具体细致。日本的年度决算审计报告长达上千页，提供的各类信息不仅分类清楚，而且非常详细、具体。三是方便阅读。由于决算审计报告全文很长，而一般读者没有必要全文阅读。读者通过阅读审计报告第一章"审计概要"，就能从中了解会计检查院全年审计活动及审计结果的基本情况，读者如果要了解更为详细的内容，可以根据该章提供的具体审计事项的索引，很方便地查阅审计报告的相关页面，了解该审计事项的具体情况。而且，审计报告章节名称清晰明了，审计要点具体、细致且富有条理，各类读者可以根据各自的需要，很容易地检索到相关内容。

2. 预算委员会。日本国会（参众两院）预算委员会主要职责是审议内阁提出的预算案。目前，众议院预算委员会定员 50 名，参议院预算委员会定员 45 名（2014年 3 月）。因预算关系到一国的国政，预算委员会较其他委员会受到更大的关注。在日本，内阁负责预算案的编制与执行。而内阁编制的预算案不仅受内阁方针政策的影响，同时也受各政府部门以及内阁成员个人资质等因素的影响。而通过预算委员会的审议，旨在发现问题。

四、政府预决算信息公开的范围与内容

在日本，由于不同部门在推进电子政务、信息公开等方面的进度不尽相同，因此，部门间在信息公开方面存在着较大差异。具体到预决算信息的公开，其主要特征表现为：一是公开程度存在较大的部门差异。总体来看，预算主管部门（财政部

① 为实现行政的合理化和效率化，综合地推进行政改革，2013 年 1 月在内阁府设立的常设机构。总理任本部长，全体内阁成员参加。

门）、地方与中央事务协调部门（总务部门）等直接涉及预算编制、协调的部门，其预算公开程度高于其他政府职能部分。地方政府在信息公示、预算公开方面推进的进程早于中央政府。后经中央政府的统一规范，特别是《信息公开法》就中央省厅部门在预算信息公开方面的具体做法作出了统一和规范后，使得部门间在预算信息公开方面的做法进一步规范和趋同。而各省厅则对地方相关预算单位发挥着指导性作用，这使得地方在预算信息公开方面得以进一步推进和深入。二是各部门在公开时间、公开内容、细化程度上存在着较大差异。2010 年"内阁官房国家战略室"《有关充实预算执行信息公开的指南》就预算信息公开的形式、时间、内容、格式等作出了规范性要求。要求各省厅以本指南为最低标准，进一步公开相关信息，尽可能提高信息的一览性和检索的便利性。如果因信息公示而有可能给行政执行造成影响，各省厅可自行判断，不公示相关信息。此种情况，应说明不公示的原因。公示信息应定期更新、连续公示（至少每季度一次）。各省厅公示的相关信息，可通过财务省网站连接检索。该指南就政府采购、公共事业的实施、补助金的交付等预算执行中较为重要的决策信息公开作出了原则性规定。要求各部门在有关经费的信息公开中，应包括向公益法人的支出情况、委托调查费以及出租车费等的使用情况等，并就信息公开的要领作出了具体规定。同时，提出建立预算执行信息公示一体化操作系统。要求各省厅网站在公示有关预算执行信息时，应设计一体化的端口页面。从各省厅网站主页或者可直接连接到端口页面，或者可直接连接到有关预算、决算的端口页面。另外，应在财务省网站及 e – Gov（电子政府综合窗口）设置有关全部省厅预算执行信息的一体化端口页面。该端口页面不仅应与各省厅预算执行信息端口页面相连接，还应按不同标题与各省厅相关网页相连接。

（一）政府预决算报告体系的构成

1. 各部门在编制年度预算时，要求涵盖内容全面。根据《财政法》第 14 条规定：所有财政收支都必须列入预算。第 17 条规定：相关部门（众议院、参议院、最高裁判所、会计检查院、内阁总理大臣及各省厅大臣）在编制年度预算计划书时，其内容应涵盖所辖范围内的所有收入、支出、跨年度经费、滚动经费和国库债务负担行为等。财务大臣在对上述计划书进行必要调整的基础上，编制财政收入、财政支出、跨年度经费、滚动经费和国库债务负担行为等的概算，并提交内阁会议决定。

2. 向国会提交审议的预算报告要求体系完整，资料全面。根据《财政法》第 28 条规定：向国会提交的预算必须附有以下资料：（1）财政收入预算明细书；（2）各省厅预算经费申请书等；（3）上上年度财政收支决算总计表与纯计表、上一年度财政收支决算估算的总计表与纯计表、本年度收支预算总计表与纯计表；（4）上上年度末国库的实际情况、上上年度末及本年度末国库情况估算等资料；（5）上上年度末国债及借款的实际情况、上一年度末及本年度末余额估计及按年度偿还表等资料；（6）上上年度末国有财产余额、上一年度末及本年度末国有财产余额估算等资料；（7）上上年度、上年度及本年度中央政府投资的主要法人的资产、负债、损益等相关资料；（8）国库债务负担行为中，支出延至下一年度以后的项目，其截止到上一年度末的支出额或支出额估算、本年度以后的支出估算额资料；跨年度项目的整体计划及其项目实行情况等相关资料；（9）跨年度经费截止到上上年度末的支出额、截止到上一年度末的支出预计额和本年度以后的支出额估算，及其相关事业的整体计划和实施情况等资料；（10）其他有利于财政状况与预算内容明晰化的必要资料。

3. 要求财政收支决算涵盖内容全面，项目划分须与预算相统一。根据《财政法》第38条规定：财政收支决算的编制，必须采用与财政收支预算相同的项目划分，并明确以下各项。财政收入应包括以下几项：（1）收入预算额；（2）已确定征收额（关于未确定征收的收入，在收讫后作为已缴收入调整后的金额）；（3）已缴收入额；（4）未缴欠损额；（5）应缴未缴收入额。财政支出应包括以下几项：（1）支出预算额；（2）上年度结转额；（3）预备费使用额；（4）挪用等增减额；（5）转入下年度的结转额；（6）未支出额。

（二）政府财务报告

日本政府财务报告包括两大部分。一部分是由各省厅提交的财务报告。包括各省厅所辖机构的一般会计预算报告和公营企业等的特别会计预算报告。另一部分为独立行政法人财务报表。由于独立行政法人是从事与国家相关事务或事业的法人，其与各省厅存在很大的关联性，因此组成连结财务报告。

日本政府的财务报表主要包括以下四部分及其附表的明细表：（1）资产负债表。主要显示会计年度末资产及负债的状况。（2）业务费用计算书。主要显示实施业务项目所发生的费用。（3）资产负债差额增减计算书。主要显示资产负债表中资产、负债差额增减情况。（4）区分收支计算书。主要显示按类别分类的财政资金流。

（三）国有资产特别预算公开内容

国有资产特别预算公开内容包括：

一是要求台账记录信息完整。根据《国有资产法》第32条规定：众议院、参议院、内阁、内阁府、各省厅、最高裁判所及会计检查院，应按照国有资产的分类建立国有资产台账，当其所管或所属国有资产发生新的购置、转移、处置及其他变化时，必须及时计入台账。

二是增量及存量报告书及其总核算书的编制。根据《国有资产法》第33条规定：各省厅长官，必须就其所管国有资产编制年度增减及存量报告书，于下一年度7月31日前提交财务大臣。财务大臣在此基础上编制国有资产增量及存量总核算书，于下一年度10月31日前将增量及存量报告书及其总核算书一并送交会计督察院，接受审查。

三是无偿租赁状况报告书及其总核算书的编制。根据《国有资产法》第36条规定：各省厅长官必须在每个预算年度末，编制本年度无偿租赁状况报告书，并于下一年度7月31日前提交财务大臣。财务大臣在此基础上编制国有资产无偿租赁总核算书，于下一年度10月31日前将国有资产无偿租赁状况报告书及其总核算书一并送交会计检查院，接受审查。

四是提交国会例会汇报。按照惯例，内阁于下年度国会例会上，提交经会计检查院审查的国有资产增量及存量总核算书、国有资产无偿租赁总核算书，并附上会计检查院的审计报告和关于国有资产增量及存量的说明书、关于国有资产无偿租赁状况的说明书。

五、预算公开的细化程度

在日本，不同部门在推进电子政务、信息公开等方面的进程不尽相同，有关预算内容的公开程度也存在着较大的部门差异。总体来看，预算主管部门（财政部门）、地方与中央事务协调部门（总务部门）等直接涉及预算编制、协调的部门，其预算公开程度方面高于其他政府职能部分。地方政府在信息公示、预算公开方面推进的进程早于中央政府。后经中央政府的统一规范，特别是就中央省厅部门在预算信息公开方面的具体做法做出了统一和规范后，使得部门间在预算信息公开方面的做法进一步规范和趋同。而各省厅则对地方相关预算单位发挥着指导性作用，这使得地方在预算信息公开方面得以进一步推进和深入。

至于预算（部门）信息公开的形式、时间、内容等，《有关充实预算执行信息公开的指南》（2010 年，后多次修订沿用至今）指出：截至目前，虽然各省厅在预算执行信息公示方面采取了一些措施，但各部门在信息公示方式、内容等方面存在着较大差异，对于国民来说，在哪里公开了哪些信息并不完全了解。为此，就需要将现有的公示信息进行适当的整理，避免重复，尽可能提高信息的一览性和检索的便利。该指南要求各省厅应以本指南为最低标准，进一步公开相关信息。如果因信息公示而有可能给行政执行造成影响，各省厅可自行判断，不公示相关信息。此种情况，应说明不公示的原因。公示信息应定期更新、连续公示（至少每季度一次）。各省厅公示的相关信息，可通过财务省网站连接检索。

该指南同时指出：预算信息的公开不是为公开而公开，而是尽量以国民容易获取的形式，立足于提高财政透明度和效率的信息公示。各省厅网站公布信息或数据，一般应以 PDF、Excel 等多种格式公示，便于国民获取相关信息。该指南强调了连续公示预算信息的重要性。指出：为了使年度预算支出透明，防止年度末集中支出而出现浪费的问题，使预算的执行得到国民的有效监督，各省厅应就预算支出的信息定期公示。

该指南就政府采购、公共事业的实施、补助金的交付等预算执行中较为重要的决策信息公开作出了原则性规定。要求各部门在有关经费的信息公开中，应包括向公益法人的支出情况、委托调查费以及出租车费等的使用情况等，并就信息公开的要领做出了具体规定。同时，提出建立预算执行信息公示一体化操作系统。要求各省网站上有关预算执行信息的公示，应设计一体化的端口页面。从各省厅网站主页或者可直接连接到端口页面，或者可直接连接到有关预算、决算的端口页面。另外，应在财务省网站及 e - Gov（电子政府综合窗口）设置有关全部省厅预算执行信息的一体化端口页面。该端口页面不仅应与各省厅预算执行信息端口页面相连接，还应按不同标题与各省厅相关网页相连接。

六、债务预算公开

日本政府债务分为国债和地方债。国债的正式名称为"国库债券",是中央政府根据《有关国债的法律》(1907 年,后经多次修订沿用至今)发行的公债,举债主体是中央政府。就日本国债的管理体制来看,财务省作为国债券发行注册主管机构,① 负责维持国债的平衡并决定国债的发行及其相关税收政策。日本银行受财务省委托负责国债的整体运作和管理,即发行、登记、利息支付与赎回。而金融厅是日本金融监管的最高机构,全面负责金融业的监管。日本财务省等官方网站设有专栏详细公布有关国债的信息(见图 8 - 2)。根据《关于中央政府债权管理等的法律》(1956 年,后经多次修订沿用至今)第 39 条、第 40 条规定:各省厅长官必须按照政令规定,年度末提交与该省厅所管事务相关的债权余额报告书,并于下一年度 7 月 31 日前提交财务大臣。财务大臣在此基础上编制债权余额总报告书。内阁须将债权余额报告书与总报告书,于下一年度 11 月 30 日前一并送交会计检查院接受审计。内阁须根据债权余额总报告书,年度末编制中央政府债权余额总表,在提交年度财政收支决算时一并提交国会。

图 8 - 2　日本财务省关于国债信息的公开

资料来源:日本财务省网站。

---

① 财务省也负责其他债券发行的注册。

　　在日本，法律赋予地方政府发行债券和借款的权力。日本地方政府债务是指各级地方政府（包括道府县、市町村两级地方政府，约 1 700 多个地方公共团体）发行的债券或以其他形式举借的借款。其主要形式包括：地方债券、交付税特别会计贷款、公营企业债券等几种。举债资金主要用于地方建设性支出，不能用于经常性支出。另外，如有必要可通过制定特例法来发行特定目的的地方政府债券，如边地债、[1] 过疏对策事业债、[2] 减税补贴债、临时财政对策债、退休补贴债等。[3] 近年来，地方借款更多地用于协助财政政策的实施。日本将地方债列入地方政府的一般会计预算。总务省等官方网站则详细公开有关全国地方债的总体情况，各地方政府官方网站则对本地地方债有详细公开（见图 8 - 3）。

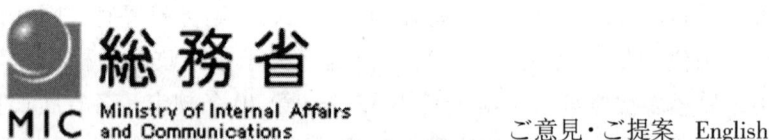

図 8 - 3　日本总务省关于地方债信息的公开

资料来源：日本总务省官网。

---

① 根据《有关偏僻地区公共设施综合整备财政特别措施法》（1962 年，后经多次修订沿用至今）。
② 根据《有关过疏地区自立促进特别措施法》（2000 年，后经多次修订沿用至今）。
③ 根据《地方财政法》（1948 年，后经多次修订沿用至今）第 33 条。

七、政府预算信息公开的具体要求

（一）公开方式

一是主动公开，目前，无论是日本中央政府机构，还是地方政府机构，其官方网站都主动刊载有关政务、财务等信息。另外，日本政府自 2013 年 1 月整合了中央政府各行政机关的电子信息资源，设立了电子政府综合窗口 e – Gov，网址为：http：//www. e – gov. go. jp/。

二是依申请公开。按照《信息公开法》相关规定，财政信息的种类包括财务省内部职员工作中使用、后交由行政机关管理的文件、图纸、电子信息（包括录音磁带、电子刻录信息等）等，都可成为申请公开的对象。但市场流通的书籍，博物馆及公文书馆以及类似机构特别管理的、供一般阅览的史料等除外。

（二）公开形式

就财务省信息公开的形式开看，申请人除可通过互联网查看财务省官方网站主动公开的相关信息外，还可向财务省设在全国各地的财务所申请信息公开。另外，在财务省设有阅览窗口，申请人可根据阅览目录查阅所需文件和信息。

（三）公开途径

一般来说，各政府机构公布信息的形式是多样的。根据《信息公开法》规定：可公开的"行政文件"是指行政机构工作人员履职过程中所制作或获取的文件、图画及电子信息等，供该行政机构人员用于组织目的所保存的东西。但不包括以下内容：官方公报、白皮书、报纸、杂志、书籍等；以销售为目的、面向不特定多数人群的发行物；政令规定的公共图书馆及其他部门；根据政令规定的历史或文化资料、学术研究资料等特别管理的文字等。而《独立行政法人持有信息公开的法律》（2001 年出台，后经多次修订沿用至今）中关于"法人文书"也有类似《信息公开法》的规定。

依据上述规定，严格意义上讲：在日本，各政府部门每年定期发布的公报、公开出版物并不属于行政信息公开资料范畴。从这一角度来看：财务省、总务省、厚生劳动省等相关政府部门每年出版《财政白皮书》、《财政投融资报告》、《人口报告》等类似于我国各类年鉴的出版物，不属于信息公开资料范畴。

以预决算信息、财务信息等的公开途径为例，国会对于预决算的审议（包括中央与地方政府总预算、部门预算等）、财政大臣的讲话、财政决策、财政状况等重要新闻都会通过新闻发布或财务省、总务省等政府相关网站刊载形式发布。财务省每年的文件、资料都要送国会图书馆备份。因此，国会图书馆设有专门的资料室，供查阅和复印，但要收取工本费。此外，财务省还指定了国家图书馆、东京大学图书馆等机构保存财务省资料，供查阅。对在上述机构查阅不到的资料，可直接向财务省申请查阅。相关申请需经财务省审核。审核和判断是否公开相关信息的依据和标准是《有关财务省持有行政信息的公开申请的决定的审查基准》（2001 年 3 月 30 日公布，财务省训令第 24 号）。该审查基准是根据《信息公开法》及《个人信息保护法》（2003 年，后经多次修订沿用至今）等相关规定出台的。该审查基准还对《信息公开法》中的条款作出了具体判定标准。当申请人被告知所申请的行政信息不予公开时，可向财务省大臣提起不服申诉，也可直接向法院（裁判所）提起法律诉讼。

就申请程序来看，申请人须在指定的财政信息公开窗口办理信息公开的申请手续或通过电子申请系统提交申请。具体流程及手续如下：首先，填写申请表（可从官网下载）。申请表应填写申请公开信息的目的及所需信息的名称。申请一般需支付手续费（原则上，纸质文件每份 300 日元，电子文件每份 200 日元）。其次，被申请信息是否可以公开的决定"通知书"送达申请人，原则上须在 30 日内回复。如不予公开则需说明理由。接到公开"通知书"的申请人，须在接到"通知书"的 30 日内填写"行政信息公开实施方法等申请书"（以下简称"申请书"），直接向财务省信息公开窗口提交或邮寄。关于申请公开信息的交付方式，申请人可选择"申请书"所列示的交付方式。如果信息为文件或图片时，可提供黑白或彩色复印件，也可提供扫描后制作的光盘、CD－R 或 DVD－R 等；如果为电子信息时，可提供复制的光盘、CD－R、DVD－R 等；如果希望邮寄，应将手续费和邮寄费一并邮寄至申请窗口（不能为现金，手续费以收入印花形式、邮寄费以邮票形式缴纳）。

（四）公开期限

一是定期公开。根据《关于预算执行等信息公开的指南》要求：各省厅就相关事项的详细内容应随时公布。具体到"有关补助金等事项"，要求各省厅每季度末45 日内发布一次。但是，在公布决定交付额时，如果需要估计交付单位法人的采购预定价格等特殊事由，公布时间可以适当推迟；对于"委托调查费事项"，各省厅应于每季度末 72 日内公布。具体到成果的公布需报告后再公布；对于"部门经费及职员差旅费"，各省厅每季度汇总支出额，于出纳整理期截止后 45 日内公布。如果季度支出额占当年支出额的比重较上年度增加时，应向国民明确说明理由；对于"出租车费"，各省厅应就每季度的支出情况按预算类别、组织类别汇总，于年度末72 日内公布。至于各省厅公开的相关信息，应登载至少 5 年。

二是不定期公开。日本现行相关法规，主要强调了各省厅应及时公布相关信息。但并没有就具体事项的"不定期公开"作出规定。

（五）对话机制

如今，网站成为日本政府机构公开信息的主要途径。基本上每个政府网站都专门设有"意见箱"、"意见、要求"、"商谈"等检索端口，以方便国民向政府部门提意见、建议等。有些政府部门网站还专门设有"常见 Q&A"等检索端口，归纳整理国民相对关心的法规、信息、咨询和疑问等内容，方便国民参考。用户可通过点击相关链接，输入相关意见、建议内容以及希望提交的部门、个人联系方式等信息，网站会自动将输入的信息转送到相关部门。一般情况下，相关部门受理后，会做出及时处理并予以回复。同时，网站还公布针对国民提出的意见、建议、要求等相关部门采取的相应改善措施等。另外，为了保护国民的个人权益及信息安全，一些政府机构还采用 SSL（Secure Sockets Layer）技术实行密码化处理。

表 8-2、表 8-3 为日本国税厅"意见箱"的受理内容及采取的改进措施。

表 8-2　　　　　日本国税厅各年度受理的意见、建议等的具体情况　　　单位：件

年度	受理的意见、建议等的内容										检讨结果			
	各类文书的格式、记载要领	受理窗口等	广报资料、信息提供方法	商谈指导体制	文书的发放、接收方法等	申报方法、纳税手段等	税制、通告修订等事项	官厅的房舍、设施等	其他	合计	今后计划改善或已经改善	需要今后具体讨论	今后参考	合计
2009	169	11	133	43	40	312	154	3	119	984	12	1	971	984
2010	95	4	106	19	36	165	142	0	120	687	16	6	665	687
2011	169	14	105	31	47	227	214	1	106	914	23	5	886	914
2012	178	14	116	31	50	170	195	0	95	849	19	16	814	849
2013	160	13	96	28	32	180	222	0	87	818	16	6	796	818
2014	96	5	87	19	26	87	163	2	60	545	11	3	531	545

资料来源：日本国税厅网站公布资料。

表 8-3　　　　　日本国税厅的主要改进措施（2015 年度）

一、公告、通知方面		
	相关意见、建议、要求等	改进措施
1	希望国税厅官网主页上显示的"各地方的申请书"的链接能设置成"各都道府县税务局"的一览表。	根据所提意见，将所辖税务局的链接设置成了便于检索的行政区域一览表。〈参考〉提交处的链接为"所在地及管辖区" http：//www.nta.go.jp/soshiki/kokuzeikyoku/kankatsukuiki/syozaiti.htm
2	希望《税收解答》（No. 4124）中关于"遗产继承的居住用住宅等的价格特例（小规模住宅等特例）"的内容更加详细。国民关心度很高的"特别制度"希望尽快完善。2015 年 1 月 1 日起降低了继承财产的基本免税额，希望就《遗产税、赠与税税制改革概要》相关内容做出修正。	根据所提意见，修正了《税收解答》No. 4124。〈参考〉http：//www.nta.go.jp/taxanswer/sozoku/4124.htm

典型国家和地区政府预算制度研究丛书

一、公告、通知方面	
相关意见、建议、要求等	改进措施
3　希望《税收解答》（No. 3305）中有关"出售自用房产时适用低税率的特例（措施31—3）"中关于享受特例适用条件中能追加"只适用于居住用地出让"的条款。	根据所提意见，修订了《税收解答》（No. 3305）。 〈参考〉 "http：//www. nta". go. jp/taxanswer/joto/3305. htm
4　希望进一步完善《印花税税收解答》No. 7101 中关于"不动产出让合同书"中有关减免措施的描述更加浅显易懂。有关减免措施的描述放在一览表的下面，如果没有注意到很可能将印花贴错。希望对有关减免措施的描述加以强调。	根据所提意见修订了《税收解答》No. 7101。 〈参考〉 http：//www. nta. go. jp/taxanswer/inshi/7101. htm
5　关于继承税计算课税年龄的表述部分，在《税收解答》No. 4103 中"继承时计算课税的选择"中"2. 适用对象"一栏中规定：赠与者应为 65 岁以上的父母（年龄为赠与年份的 1 月 1 日起到现在）。括号中的表述意思不明确，希望能修改得浅显易懂。	根据所提意见修订了《税收解答》No. 4103。 〈参考〉 http：//www. nta. go. jp/taxanswer/sozoku/4103. htm
6　日本邮局发行的邮票、商品券、预付卡等为免税交易，可以理解为即使购买邮票等也不课税。非专业人士不太了解，希望能增加有关"免税交易"的内容。	根据所提意见修订了《税收解答》No. 6201、No. 6229。 〈参考〉 http：//www. nta. go. jp/taxanswer/shohi/6201. htm http：//www. nta. go. jp/taxanswer/shohi/6229. htm
7　希望改进以下内容的表述：关于交换固定资产时取得的"交换差额"的所得种类 No. 3502 土地建筑物交易特例 No. 3508 获得交换差价特例 No. 3514 部分变卖交换资产特例	根据所提意见修订了《税收解答》No. 3502、3508 和 3514。 〈参考〉 http：//www. nta. go. jp/taxanswer/joto/3502. htm http：//www. nta. go. jp/taxanswer/joto/3508. htm http：//www. nta. go. jp/taxanswer/joto/3514. htm
8　关于国民年金保险的年度扣除情况以及需要办理的必要手续等，希望在国税厅官网主页中有所告示或特别提示。	在国税厅官网主页上新设了"关于两年前缴纳国民年金保险的社会保险扣除"，并设置了相关链接，链接到公布具体手续的相关金融机构。（2014 年 11 月） 〈参考〉 http：//www. nta. go. jp/gensen/nenkin_zennou/index. htm

续表

一、公告、通知方面		
	相关意见、建议、要求等	改进措施
9	《税收解答》No. 3152 中关于"让渡所得的计算"的描述，没有对"所得折旧"做出规定。而《税收解答》No. 3202 中对"所得折旧"有准确表述，二者不统一。	根据所提意见，修订了《税收解答》No. 3152。 〈参考〉 http：//www. nta. go. jp/taxanswer/joto/3152. htm

二、其他方面	
具体意见、建议、要求等	改进措施
国税退还金通知书的收件人姓名用片假名标记，希望改成用汉字标记。	今后印刷时将会把姓名和住址改为用汉字标记。

资料来源：日本国国税厅官网。

八、政府预算公开的例外事项处理

（一）预算公开例外事项的法律依据及确定原则

日本相关政府部门在信息公开方面同时受相关法律，如《信息公开法》、《独立行政法人持有信息公开的法律》、《个人信息保护法》等法律的约束和限制。

1. 关于行政机构"不公开信息"、"部分公开信息"与"基于公益原因的裁量性公开信息"的规定。《信息公开法》中就行政机构"不公开信息"、"部分公开信息"与"基于公益原因的裁量性公开信息"做出了规定：

（1）"不公开信息"主要列举了以下六种情况。①有关个人信息（除经营者个人及有关经营事业信息）。当该信息中包含姓名、出生年月日或其他记录可识别特定个人（包括与其他信息比对后，可识别特定个人的信息）或虽然不能识别特定个人，但公开后仍可能对个人权利和利益产生损害。②关于法人或其他团体法人（除国家、独立行政法人等外，还包括地方公共团体及地方独立行政法人）的信息或从事经营的事业信息。但不包括被认为与生命、健康、生活或财产保护相关的信息。③行政机构负责人认为由于公开可能会对国家安全造成损害、对与其他国家或国际间的信赖关系造成损害、或与其他国家或国际交涉造成不利等的信息。④行政机构负责人认为由于公开可能会对预防犯罪、镇压或搜查、公诉维持、刑事执行及其他公共安全和秩序维持造成障碍等的信息。⑤国家机关、独立行政法人等、地方公共团体及地方独立行政法人内部或相互间的审议、研讨或协议相关的信息，如公开可能会对正常的意见交换或决策造成影响，使国民产生混乱或给特定人员带来不正当利益或损失的信息。⑥国家机关、独立行政法人等、地方公共团体或地方独立行政法人所开展的事业及其相关信息，如公开可能会对以下所列事项产生不当影响。一是使得监察、检查、取缔、试验或租税及其征管事务等，难以掌握或发现准确事实，或容易滋生不当行为；二是使得合同、交涉或诉讼相关事务中，国家机关、独立行政法人等、地方公共团体或地方独立行政法人财产利益受损或造成当事人地位受损；三是对调查研究相关事务的公正、有效开展工作造成不当影响；四是对人事管理相关事务的公正、顺利开展造成不当影响；五是使国家或地方公共团体经营的企业、与独立行政法人或地方独立行政法人相关联的事业或企业经营的正当利益受损。

（2）"部分公开信息"主要列举了以下两种情况。①当申请公开的有关行政文件中记载有"不公开信息"时，如能容易区分"不公开信息"时，行政机构负责人须对申请人公开剔除"不公开信息"部分的行政文件。但如果剔除相关信息后所公开文件无意义时，可不受此限。②当申请公开的有关行政文件中记载有前款规定的"可识别特定个人"时，可通过剔除这些信息中能识别姓名、出生年月日及其他特定个人的内容，并判断即使公开也将不会对个人权利和利益造成影响或损害时，剔除相关信息后应予以公开。

（3）"基于公益原因的裁量性公开信息"。"基于公益原因的裁量性公开信息"是指即使申请公开的相关行政文件中记载有"不公开信息"，行政机构负责人如认为对社会公益有特殊意义和必要，可对申请者公开该行政文件。

2. 关于独立行政法人等"不公开信息"、"部分公开信息"与"基于公益原因的裁量性公开信息"的规定。《独立行政法人持有信息公开的法律》就"不公开信息"、"部分公开信息"与"基于公益原因的裁量性公开信息"作出了规定。

（1）"不公开信息"包括以下几种情况。①关于法人或其他团体法人（除国家机关、独立行政法人等、地方公共团体及地方独立行政法人）的信息或从事经营的事业信息。如因公开可能使相关法人等的权利、竞争地位或其他正当利益受损；接受行政机关邀请、以非公开为前提条件而提供的信息，法人等如认定该信息的性质及当时设定的条件合理可不予公开。上述信息中不包括被认为与生命、健康、生活或财产保护相关，有必要公开的信息。②国家机关、独立行政法人等、地方公共团体及地方独立行政法人内部或相互间的审议、研讨或协议等相关信息，如公开后可能对正常的意见交换或决策产生影响，造成国民混乱或给特定人员带来不当利益或产生不利影响。③国家机关、独立行政法人等、地方公共团体及地方独立行政法人从事事务或业务的相关信息，如公开后可能对事业或事务造成损害或产生不当影响的相关信息。包括：一是对国家安全造成损害、或对其他国家或国际间的信赖关系造成损害、或与其他国家或国际交涉造成不利；二是对犯罪的预防、镇压或搜查等其他公共安全与秩序维持产生障碍的信息；使得监察、检查、取缔、试验或租税及其征管事务，如公开后可能难以掌握或发现准确事实，或容易滋生不当行为；三是使得合同、交涉或诉讼相关事务中，国家机关、独立行政法人等、地方公共团体或地方独立行政法人的财产利益受损或造成当事人地位受损；四是对调查研究相关事务的公正、有效开展工作造成不当影响；五是对人事管理相关事务的公正、顺利开展造成不当影响；六是使独立行政法人、地方公共团体经营的企业或地方独立行政法人从事事业的正当利益受损。

（2）"部分公开信息"包括以下两种情况。①当独立行政法人等被申请公开的法人文书中记载有"不公开信息"时，如能容易区分"不公开信息"时，可剔除"不公开信息"后予以公开。但当剔除之后所公开文书无意义时，可不受此限制。②当申请公开的相关法人文书中记载有前款规定"可识别特定个人"时，可通过剔除这些信息中能识别姓名、出生年月日及其他特定个人的内容，并判断即使公开也将不会对个人权利和利益造成影响或损害时，剔除相关信息后应予以公开。

（3）"基于公益原因的裁量性公开信息"。"基于公益原因的裁量性公开信息"是指独立行政法人等即使要求公开的法人文书中记载有"不公开信息"时，如果基于公益必要，可对申请者公开该法人文书。

（二）主要政府机构关于预算"不公开信息"的规定

日本各政府机构在信息公开方面一般依据的是《信息公开法》）、《独立行政法人持有信息公开的法律》等基本法。部分机构在相关信息公开方面有一些特殊规定。如根据内阁官房国家战略室的《有关充实预算执行信息公示的指南》规定：如果因信息公示而有可能给行政执行造成影响，各省厅可自行判断，不公示相关信息。此种情况，应说明不公示的原因。

1. 财务省。财务省列举了六种信息不能公开的情况。（1）个人信息；（2）法人等信息；（3）国家安全等信息；（4）公共安全等信息；（5）审议、研讨等信息；（6）事务、事业信息。就这六种"不公开信息"的类型来看，大致分为三类：一类是个人、法人等信息；二类是涉及国家利益与安全的信息；三类是有损于决策中立性，可能导致误解或混乱的信息。信息的公开与否由财务省内主管部门负责人依据相关法律做出判断，对此行政权力的约束由财务省召集的"信息公开和个人信息保护审查委员会"实行。除此以外，财政信息原则上都公开。

2. 外务省。根据《信息公开法》、《公文书管理法》等相关规定，外务省"不公开信息"限定在"目前或将来会产生某种不良影响的信息"。除此以外，可公布信息应定期对外公布，包括保存在外交史料馆等处以便居民查阅。外务省"不公开信息"具体包括以下内容：（1）个人相关信息（有可能损害个人权利或利益）；（2）法人等相关信息（有可能损害其正当权益或利益）；（3）目前或将来有损国家安全及与他国信赖关系的信息；（4）目前或将来有损国家安全保障等的信息；（5）对于目前或将来交涉产生不良影响的信息。外务省在判断是否属于"不公开信息"时的流程如下：（1）一次审查：官房总务课依据外务省先辈们的看法做一次性判断；（2）二次审查：主管课室做最小限度的确认；（3）最终判断："外交记录公开推进委员会"判断其妥当性，经外务大臣最终认可、同意。

3.《国土交通省关于信息公开的审查标准》。2001年，国土交通省颁布《关于行政机构保有信息公开法律的审查标准》（简称《国土交通省关于信息公开的审查标准》）。该审查标准是在国家《信息公开法》的基础上对相关事项做了进一步解释和明确。该审查标准除了就"不公开信息"中关于"可能有损国家安全"、"可能有损公共安全"、"可能损害交换意见、影响中立的决策，或造成国民混乱，或使特定人得到不当利益或受到不利影响"、"可能阻碍事业项目的正常进行"等具体事项做了进一步解释。同时，特别强调："行政机构长官认可的有相当理由"的要件是指国土交通大臣根据"不公开信息"相关要件要求的"认定事由"。"认定事由"应结合政策和专业技术做出判断，并对日本国土安全保障及对外关系进行未来预测。为此，如对"不公开信息"产生争议时，法院也应尊重国土交通大臣等的这一判断，就其是否在合理的允许限度内进行审理和判决。

九、全国预算编制透明度与信息公开度调查

2010 年度以来，"全国市民监察员联络会议"① 开始就都道府县预算编制透明度与信息公开度进行调查和评价。评价的依据为预算案、决算案，以及预算请求额与批准额等预算编制过程中的相关信息是否在官方网站上公开，预算编制过程中是否为辖区居民提供有参与的机会等。

以 2012 年度的调查为例，该年度调查对象为全国 47 个都道府县、20 个政令城市。调查方式是：根据各地方自治体官网上的登载信息（视点定于 2012 年 7 月 1 日），考察各地的预算信息是否能容易地为市民检索到。同时，就各地方自治体官网上的信息登载情况向各地方自治体发放调查问卷。在对调查问卷和官网内容做比对和验证的基础上，进行评价和打分排名，同时将排名结果告知各地方自治体。此次问卷共设有 27 个调查项目，总计分值 100 分。调查结果显示：都道府县的平均分值为 46.6 分，政令市为 48 分。排名靠前的都道府县、政令市和排名靠后的都道府县、政令市之间的差距悬殊。其中，鸟取县位列第一，分值为 100 分。其次是岐阜县、长野县和大阪府，分别为 96 分、83 分、83 分。岐阜县的排名提高最快，由 2010 年度排名的倒数第 1 变为正数第 2。上次调查的 30 项中仅有 7 项合格，本次调查 27 项中有 26 项合格。排名靠后的是和歌山县、福冈县和千叶县，分值仅为 20 分、24 分和 25 分。就部分排名靠后的县来看，如和歌山县，从预算申请到审核过程的相关信息既没有在官网上公布，辖区居民也没有就预算案提出意见的机会。政令城市中，排名前 3 位的是名古屋市、北九州市和札幌市以及堺市，分别为 76 分、70 分和 68 分。排名靠后的是冈山市、浜松市和相模原市，分值仅为 20 分、24 分和 27 分。

表 8 - 6　　　　预算编制透明度调查项目一览表（2012 年度）

	调查项目	分值
	决　算	11
1	决算概要（有关决算的说明）	3
2	决算案（决算中的决议事项）	3
3	决算说明书	5

① 成立于 1994 年，由日本全国 81 个监察员会议组成。以监视和纠正中央、地方公共团体等的不当行为为目的，同时方便市民监察员信息交换、经验交流和共同研究等。

	调查项目		分值
	财务报表（资产负债表、行政成本计算书等）		6
4	一般会计中的财务报表		3
5	包括公营事业、出资法人在内的连结财务报表		3
	政策评价		13
6	评价笔录等（政策评价结果归纳）		4
7	有关个别事业的事务事业评价笔录		4
8	个别事业的公共事业评价笔录		5
	预算编制过程		46
9	预算编制方针		4
10		不同类别的请求额	4
11		不同部局的请求额	3
12	预算要求	不同事业的请求额：全部事业项目	3
13		不同事业的上一年度预算额：全部事业项目	2
14		不同事业的事业内容：全部事业项目	4
15		不同事业的财源：全部事业项目	3
16		主页的登载时间：预算请求相关信息是否在预算审议会议召开前登载	5
17		事务水平核定额	3
18		事务水平核定额核定理由	3
19	预算核定	知事、市长核定的核定额	3
20		知事、市长核定的核定理由	4
21		主页的登载时间：预算核定信息是否在预算审议会议召开前登载	5
	预　算		11
22	预算概要（有关预算的说明）		3
23	预算案（预算中的决议事项）		3
24	预算说明书		5
	市民就预算案发表意见是否有制度保障（仅限于预算编制过程中的意见听取）		13
25	主页上是否设置有关市民参与预算编制过程的端口		5
26	市民提出的意见在主页上公开		4
27	针对市民提出意见的回复在主页上公开		4

资料来源：作者根据 2012 年度《预算编制的透明度排名调查》整理。

本次调查的结论是：一是预算编制过程的透明度、信息公开度依然有待提高。

根据调查，"预算编制透明度"高的地方自治体，其政府机构相关网站都能积极地公开预算相关信息。就公布内容来看，整体上，核定信息的公开程度有所提高，而预算请求信息的公开程度较上次有所降低。在政府官网主页上连续登载有预算案、决算案、预算明细、决算明细等基本信息。这是市民了解预算不可或缺的基础信息。今后，各地方自治体都需要加强这方面的工作。二是还需要从制度上进一步保障国民有机会就预算案提出意见。目前，从制度上保障市民提出意见、政府部门给出答复并公布相关信息的有4个县（岐阜县、长野县、鸟取县、大分县）和4个市（札幌市、新潟市、名古屋市、北九州市）。目前数量还不多，但较上次调查有所增加。今后，还需要进一步提高国民对预算的关心度，将国民参与预算的机制制度化。三是在政策评价，特别是在公共事业评价方面有所退步。虽然几乎所有的地方自治体以不同形式进行政策评价并公开相关信息。但针对个别公共事业项目的评价，包括新的事业项目的评价和再评价等，目前实行的都道府县有31个，较上次调查的46个有所减少。政令城市中，上次调查为16个，这次减少为10个。公共事业评价对于减少公共事业项目的浪费具有积极作用，今后还需进一步强化。

第九章

日本政府预算制度的启示与借鉴

■ 本章导读

日本财政体制的基础是中央调控的市场经济和地方自治制度。中央和地方间的财政关系相对协调、规范，在保证各级政府行使各自职能的同时，中央政府在宏观调控和促进地方社会经济发展方面发挥着积极作用。这与日本法制化、规范化的预算管理制度密不可分。随着预算制度改革的推进，日本政府预算正在从一种保证财政支出的合法性与合理性的手段，向改善公共部门管理和提高资金使用效益的工具转变。本章概括总结了日本政府预算制度的特点，并就其对我国的启示与借鉴意义进行了分析。

第一节　日本政府预算制度的特色

日本政府预算制度的特点可以概括为以下几点：

一、预算管理法制化程度高，预算约束力强

对财政收支活动进行立法限制是现代国家财政管理体制的共同做法。日本预算管理的法制化主要体现在以下几个方面。

（一）法制健全，预算全过程受法律的约束和规范

规范化、制度化管理是保证财政运营的基础。对财政支出进行立法控制是现代国家预算管理的基本原则，也是各国的共同做法。日本的预算管理法制化程度很高，建立了涵盖财政、预算、税收、国有资产管理等财税管理领域的一系列法律制度，形成了完备的法律体系，整个预算过程都是在法律规定的程序下进行的。

日本现行财政法律制度体系由三个层次构成。第一个层次为宪法。宪法就财政的地位以及财政运营的基本方针作出了规定。第二个层次为依据宪法精神制定的财税法律法规。如《财政法》、《会计法》、《地方自治法》、《地方财政法》、《地方交付税法》、《国库法》、《税法》、《会计检查院法》、《财政监督法》、《国有资产法》等法律。第三个层次为实施细则，即依据法律制定的政令或条例，如依据《会计法》制定的《预算、决算及会计条令》，依据《物品管理法》制定的《物品管理法施行条例》等。

上述法律法规就日本中央、地方政府间事权及财权划分、地方财政管理相关制度等作出了明确规定。而且，主要税种都有专门的法律规定，财政分配关系规范；同时，针对政策的制定、执行和监督评价都制定有专门法律，政府一切收支活动有法可依、有规可循。首先是依法取得财政收入。不仅是依法税收，政府决定的各种收费、价格、罚款等一切政府收入行为都必须依法或依据国会议决确定。发行国债也必须依法进行。其次是依法安排财政支出。不仅是严格执行预算，预算与相关法律保持协调、不发生冲突。如支付国家公务员工资、津贴、补助等是依据《有关薪金的法律》。文官养老费、抚恤金、救济金一类的财政开支，依照的是《有关抚恤养老的法律规定》。各项公共事业开支，则须依照《道路法》、《河川法》、《防沙法》、《防治滑坡法》、《水资源开发公团法》等相关法律进行。总之，任何一笔财政支出，都要得到立法机构的认可。而且在许多执行细节上都有明确规定，避免了政府行为的随意性。以转移支付制度为例，中央财政依法提供资金并进行分配，各地方政府同样可依法要求中央政府对其分配，任意减少资金总额或增减各地方政府的分配额均是违法的。另外，根据财政运营中出现的问题以及社会经济发展的需要，

对上述法律的具体内容都不断予以修改、补充和完善，从而使财政法规体系不断趋于严谨和完善。日本预算管理法制化程度高还表现在：一切财政管理体制改革都纳入法律框架下进行，先经国会立法，以法律的形式确立后再按程序有序推进。因各项改革措施"有法可依"，保障了其有效推进和实施。

（二）预算法案作为法律文本，一经批准后不得随意更改

除经国会批准的预算调整法案外，其他任何人不得追加追减预算。若遇特殊事态，需中途调整预算时，则需编制修正预算草案，并经国会审议、批准。决算由财政部门编制，经国家审计部门会计检查院审计后提交国会。一般情况下国会对决算不做审议，也无须表决通过。因预算具有很强的法律约束力，这在很大程度上减少了财政运营过程中的制度漏洞，保证了预算执行的合规性。有效地控制和防范了财政风险防范。

（三）预算违法行为惩戒等相关规定明确，执法监督力度大

除《财政监督法》外，如《关于预算的编制与执行的规则》（1965 年 4 月 1 日起实行，经多次修正沿用至今）、《关于预算执行人员等的责任的法律》及其实施细则（1950 年实施，经多次修正沿用至今）等，对预算执行人员等的责任作出了明确规定。特别是对因故意或重大过失而导致国家遭受损失时负有的赔偿责任等的规定，不仅保证了国家预算的准确执行，在很大程度上防止了预算支出违法行为的发生。再如，会计检查院审计决算时发现问题，要求被审计单位自行纠正，整改情况于下一年度汇总后向国会报告。会计检察院还对审计发现的问题进行跟踪，了解和监督有关单位、人员如何被处罚、采取何种措施对给国家造成的损害做出补救、是否采取措施防止今后发生类似过错等。特别是对于提出意见和要求处理的事项，通常会在第二年的审计报告中公布其事后处置情况等。由于执法监督力度大，对违反预算法的行为，国会不仅追究政府的责任，预算执行人员也将受到相应处罚，这在很大程度上提高了预算执行的合规性。

（四）严格执行税收法定主义

在日本，为了适应经济社会发展的需要，日本通常每年对税制进行修订。其税制修订程序严格按照法定程序执行，即与预算编制与审批实行同样严格的程序，与国家预算同步推出。这就使得财税政策与国家宏观经济政策得以统一、协调，保障了税收政策实施的效果。

二、复式预算制度使得政府的收支活动得以较为全面地反映并受到国会的监督

与单式预算比较，复式预算对于强化预算资金管理、提高资金使用效益具有积极作用。首先，可以清楚地区分经常性预算与资本预算的收支情况，增强预算的透

明度；其次，用特定的收入保证特定的支出需要，在预算收支之间建立比较稳定的对应关系，便于分析各种预算资金来源及使用情况，有利于加强管理和监督；再次，能较为准确地反映政府财政赤字和负债的原因、用途、弥补渠道，以及国家资产净值或负债等，有助于政府采取措施控制债务规模；最后，可以清楚地反映国家预算平衡状况，坚持经常性预算收支平衡、建设性预算量力而行。根据财政的实际情况，及时调整财政政策，促进财政良性运转，以达到保持宏观总量的平衡。

日本自 20 世纪 50 年代起，陆续建立起了包括一般会计预算、特别会计预算、政府相关机构预算以及"财政投融资计划"在内的复式预算制度。几类预算制度主要是依据财政收支的不同来源与不同用途，反映财政收支行为的不同性质，以及为了实施政府的产业政策和适应政府宏观管理需要而设立的。其内容几乎包含了政府所有的职能活动，使政府的职能范围与预算收支活动有机统一起来。而且，与一般会计预算一样，其他几类预算都置于国会监督之下，其规模及额度等必须经国会讨论通过，而且相关信息须公开。以"财政投融资计划"为例，发行"财投债"时，必须明示财政投融资机构自有资金的详细内容。地方公共团体贷款，包括来源于邮政储蓄、简易保险基金的贷款等，也按照同一原则公开。在复式预算下，几乎没有游离于预算体制外的政府资金活动。

三、预算编制准确科学，预决算各环节程序规范，国会在预算审议过程中特别注重在野党等的意见

首先，预算编制是政府预算程序的起始点，也是预算监督管理的基础。提高预算编制的质量是强化预算监督管理的关键性环节。日本的预算年度为每年的 4 月 1 日至次年的 3 月 31 日。但每年的 6 月份，就开始确定预算编制方针并编制概算要求书。在 4 月 1 日财政年度开始前，一般在 2 月份召开国会，由众议院和参议院通过政府预算。所以在预算批准与执行之间不会出现空挡现象。由于预算编制时间较为充裕，长达 10 个月。由于准备工作充分，编制环节有较为严格的程序规定，使预算能够细化且更符合实际，从而提高了预算编制的准确性和科学性。其次，预算从编制、审批、执行、监督到审计、绩效评价等各环节都有明确的法律规定，内容科学，规定详致，且预算一经国会审议通过便作为法律文件，不得随意更改，体现了很强的严肃性。同时，日本规定如果一旦国会不能在财政年度开始前通过预算案，作为应急措施，内阁应向国会提交一份临时预算。当正式预算获得通过时，临时预算便失效；基于大规模自然灾害或经济形势变化等特殊事由，还可变更当初预算，即修正预算。本预算和修正预算合起来，作为统一的预算执行等。规范化、精细化的规定保证了日本财政管理运营的较高水平。

尽管日本政府预算草案主要由财政职能部门——财务省负责完成的，但从预算的编制、审批、执行，到决算和审计，在预决算全过程，国会都发挥着重要作用。国会对预算案的审查时间长、环节多、审议深入具体。而且国会在审议预算草案过程中特别注重在野党的意见。预算审批作为政府预算必须履行的法律程序，

在预算整个环节中处于核心地位。预算案只有经国会批准后才具有真正法律效力。而国会审批过程，特别注重在野党等的意见。为了表示对反对意见的尊重，在国会预算质询的程序上，通过国会委员会中理事会进行协调，一般只安排执政党的议员一个人发言，而大部分时间则依照在野党在国会中议席的多少比例进行分配，让在野党有充分的发言时间，以便反映不同群体的意见，保证政府预算的客观性和公正性。而且，为保证审议效果，采取分科会、听证会等形式进行审议。不仅针对预算本身的询问和质疑能切中要害，对预算的敏感部分也能听到社会各界的意见。

四、预算信息公开充分，预算管理透明度高

财政预算信息公开不仅是预算民主的重要体现，也是现代预算管理的基石。财政预算信息的公开意味着政府的活动必须置于公众的监督和控制之下，公众应参与和监督整个预算过程。财政预算信息的公开实质在于：一是财政预算反映政府的活动范围、方向和政策，关系到全体公民的切身利益。作为纳税人和利益相关人，只有得到充分的信息，才能保障公民权利不被暗箱操作所侵害；二是财政预算信息公开是公民享有的宪法上知情权在财政预算法中的具体体现。

日本政府预算的透明度相对较高。首先，公开性原则是日本政府预算的基本原则之一。日本《财政法》等相关法律规定：国家的财政状况应向全体国民公开。在日本，预算管理的整个流程，即预算草案的编制、审议、执行中的调整、决算及审议等，都保持一定的透明度。除少数涉及国家机密的信息外，其他都向社会公布，接受社会监督，保证了政府预算的客观性和公正性，使整个预算资金的使用相对公开透明。其次，预算编制过程中政府各部门广泛参与，财务省于每年的六七月份公布下一年度的预算方针。此后的预算编制进程、预算编制中的重要情况和重大变化等，都随时报道公开。尤其是 2009 年以来，在预算编制过程中，日本内阁下设的"行政刷新会议"开展了"事业筛选"工作，由议员、官员及专家组成的筛选委员会对部分支出项目进行重新评估、审核，并进行质询，要求各省厅官员必须做出解释说明。自"事业筛选"工作启动以来，日本民众的关注度与日俱增，审查现场的旁听席一票难求，审查现场还通过网络视频向全国直播，大大提高了民众参与预算的热情，加强了对预算管理的监督。再次，在国会审议预算案过程中，代表不同利益集团的党派都会在国会参与讨论。电台、电视台也会向全国直播国会讨论情况，从而有助于国民了解预算活动情况，提高预算的透明度。另外，在财政监查方面，日本财政监查机构——会计检查院每年须向国会和内阁提交决算审计报告，同时出版并公开发售《会计检查梗概》、《决算与检查》等刊物。在这类刊物中，详细公布具体部门、具体单位发生的违法违规问题、造成的经济损失等并提出改进意见等。日本预算管理的公开透明，一方面大大提高了预算管理水平，另一方面也有效地推进了预算管理的民主化进程。

五、政府审计体制完善，财政审计监督到位

日本是世界上极少数几个实行独立型政府审计体制的国家，这是日本政府预算管理体制的一大特色。作为国家审计机关——会计检查院独立于国家立法、行政、司法机关之外，在人事权、规则制定权、对特定事项检查权以及特定经费保障等方面具有很高的独立性。有力地保障了外部监察机关对财政的监督权。日本在强化财政审计监督方面采取的措施主要有：

1. 不断扩大政府审计范围，加强对行政有效性和政策绩效的审计。① 从日本政府审计的发展实践来看：经历了从最初以合法性、规范性为核心的审计逐渐向以绩效审计为主要目标的审计过程。总体来看，一方面，日本政府审计范围随着政府职能的扩大而扩大；另一方面，越来越注重对行政有效性和政策绩效的审计。20 世纪90 年代中期，日本推行了以政府机构改革为核心的"行政改革"，2001 年颁布了《政策评价法》，开始在审计中引入了政策评价制度，制定一系列标准，就政策实施的必要性、效率性、有效性、公平性、优先性进行评估。就审计案件数量来看，从1989 年的 220 项增至 2006 年的 437 项，增加了近 1 倍。而其中对于有效性审计的比重呈稳步增长趋势，特别是 2001 年首次达到了审计项目的 20%。而且从审计涉及金额来看，有效性案件涉及金额逐年递增，合法合规性案件涉及金额逐年递减。

2. 会计检查院非常注重与其他检查机关的信息交流。会计检查院与总务省的行政评价局，以及地方公共团体的检查部门建立有定期的交流机制，以便对政府机关业务进行恰当评价。除此以外，会计检查院还与财税联合会、出资法人的监事及内审机构的检查机关定期召开审计报告说明会等。针对审计对象中的大公司、日本注册会计师协会等召开专门会议征求意见等。信息交流机制的建立不仅提高了审计效率，也确保了审计的公平。

3. 审计信息化水平高。21 世纪以来，会计检查院一直致力于审计信息化建设。将各中央预算单位的电子数据集中到国家会计信息中心，该中心已开发出一套功能强大的网络信息系统，直接与各预算单位、财务省和会计检查院连接，会计检查院据此可实现审计工作的电子化和网络化。这一系统已经于 2003 年建成并全面启用。而且，日本的审计报告非常重视数据的整理与统计，每一年度的报告都会根据省厅、团体等的不同、事项的区别、涉及的财政类型等列出各种数据表，清晰明确，便于数据对比与分析。国家、自治体等行政机关，在施政前与施政后则通过费用与效果对比等数理分析，尽可能以量化形式加以客观评价。

4. 不断拓展审计信息的公开方法和渠道，政府审计透明度高。日本政府专门针对信息公开和透明化问题专门出台法律，并设立了"信息公开、个人信息保护审查会"等机构，以促进政务信息公开。包括审计信息在内，日本的政务信息基本实现

---

① 绩效审计的目标是实现 3E，即经济性（economy）、效率性（efficiency）、有效性（effectiveness）。也可扩展为 5E，加上公正性（equity）和伦理性（ethics）。

了公开化。日本政府在信息公开方法和渠道拓展方面的主要做法有：（1）以多种形式向国民通报审计报告。为使国民及时了解审计工作，会计检查院网站不仅公布有以前年度会计审计报告全文，还以《会计检查梗概》的形式简单易懂地介绍审计报告的内容。与此同时，对外刊物《检查院》还定期发布审计相关信息、介绍审计最新动态等。（2）与专家学者交换意见。会计检查院为了使审计活动更加适当有效，设有"会计检查恳谈会"机制，围绕会计检查诸多方面问题从不同角度与外部专家学者不定期交换意见。（3）会计检查杂志社每年发行两期《会计检查研究》，从会计监查的角度出发陈述相关审计问题。（4）围绕预决算中有关审计、监查、评价等问题，召集被审计单位，每年举办一次国际性会议，邀请欧美等国专家就国际上共通的课题进行交流及研讨。每年会议的主题也各有侧重。研讨会期间，作为重要一环还会特邀外部专家"特别研究官"就不同领域的审计问题举办小型研讨会，旨在提高审计工作实效。

六、适应时代发展需要，推进地方分权化改革，激发地方政府的积极性和能动性

第二次世界大战后日本虽然引入了地方自治制度，但财政管理体制呈现出较明显的中央集权特征。主要方式是中央通过各种制度安排对地方政府进行干预。如通过中央的税收立法权和课税否决制度、许可或认可制度、在地方设立派出机构并实行"机构委任事务制度"等，对地方事务进行较大程度地调控和干预；通过地方交付税、地方让与税、国库支出金等转移支付形式，实现对地方财源的分配。第二次世界大战后相当长一段时间内，中央集权型政府间财政关系对于缩小日本地区间财力差距、推进地区间基本公共服务均等化、推动地方公共基础设施建设、确保全国行政水平的统一等方面发挥着积极而重要的作用。但经历泡沫经济破灭后的日本不仅面临着经济增长乏力的困境，中央集权型行财政管理体制下的"制度性疲劳"也开始凸显。主要表现为：中央政府干预过多、管理过细，忽视地区间的差别性和多样性，导致地方的积极性和主动性得不到有效发挥，也不利于地方因地制宜地发展；国家行财政的不效率导致地方的不效率，结果使得财政支出膨胀，中央和地方政府规模日益扩大，财政赤字居高不下；财政支出责任的不明确，使得地方政府对中央政府产生极大的依赖，从而造成财政错觉，财政资金浪费现象较为普遍。

因过度集权化导致上述问题和弊端的日益凸显，促使日本政府重新将分权改革提上议事日程。而如何把握"自治原则"与"均衡原则"的协调，成为日本政府推进分权化改革的重要依据。改革措施包括：进一步明确中央与地方政府的作用分工，重新审视了中央政府对地方的干预等；减少中央对地方的行政控制，废除了"机构委任事务"，调整并分类为"法定委托事务"和"法定自治事务"，扩大地方自主权限；废除了法定外普通税许可制度，改为协议制。将地方债审批制改为协议制，放宽地方债的发行条件；推行"三位一体"改革，向地方转移税源、削减地方交付税，允许地方政府就地方交付税等的计算提出质疑等；重新审定中央以法令硬性规

定地方公务员编制和机构设置的"必置规制"，以尊重地方政府自主性、组织权为原则，推动行政工作的综合化和高效化；放宽"核心城市"、"特例市"等的指定条件，鼓励"广域联合"，促进市町村合并等。经过20多年的分权化改革，日本的财政管理体制由过去典型的中央集权型逐步过渡为"集权和分权的结合"，便于中央和地方两个积极性的发挥。

第二节 对我国预算管理体制改革的借鉴与启示

尽管我国在政治体制、经济社会发展水平、文化传统等国情方面与日本存在较大差异，但日本现代预算制度的发展及演进历程，其所要解决的问题不仅具有共同性，其指导原则、理念也具有通约性。日本的政府预算制度对我国进一步完善分税制财政体制、建立现代预算制度具有以下积极的借鉴和启示意义。

一、加强法律体系建设，推进预算管理的法制化

我国在推进社会主义市场经济体制改革以来，财政税收法制工作取得了巨大进步，法律制度框架基本建立。但与经济社会的快速发展和需求相比，还存在一定的差距。主要表现在：一是财政税收法律体系尚不健全。一方面，宪法以及财政相关法规都缺少有关中央与地方支出责任、权益分配等的明确、具体规定，政府间财政关系表现出很大的随意性。这也是造成我国地方财力不足、基层政府财政困难、地方债务膨胀的制度性因素。另一方面，我国财税工作的诸多方面缺乏专门法律规定，而许多非财税的专门法律又都规定了财政支出或税收优惠等事项。二是一些制度规定较为抽象，可操作性和执行力差。且部分规定已不适应当前社会经济形势变化发展的需要。三是财税政策的决策机制尚待完善，主要表现在税收政策的调整基本上还是一事一议，缺乏总体规划，临时性、应急性的情况较多，在程序上也不是很严格，决策过程不透明等问题。

大力推进预算管理的法制化建设将成为未来我国深化分税制财税体制改革的重要环节。首先，应积极借鉴日本及其他国家的财政法规制度体系，以法律形式理顺各层级政府间财权、事权，规范财政收支责任，建立有关地方财政管理、转移支付等的专门立法，保证各项财政管理制度规范化运作；其次，完善我国的税制修订程序，税制修订和税收政策的调整应结合国家的宏观经济政策，应当与预算一样，形成一种计划周全、程序严格的机制，使税收政策的调整及时、准确地反映社会经济的发展变化；再次，明确并加大对财政违法行为的处罚力度，着力提高财政法律制度的执行效力，提升财政部门依法行政、依法理财的水平和能力。

二、建立和完善反映我国政府收支行为和职能范围的复式预算制度

近年来，随着我国政府预算制度改革的推进，在政府公共预算的基础上，开始编制国有资本经营预算，并试行政府性基金预算和社会保险基金预算。我国已经初步确立了包含一般公共预算、国有资本经营预算、政府性基金预算和社会保险基金预算在内的复式预算体系。但就各类复式预算的实行情况来看，还存在诸多问题。如在国有资本经营预算管理方面，收入收缴范围不完整，个别产权转让监管不到位，没有全面、完整地反映出资人对国有资本收益的收缴；利润收缴形式不规范，有悖于企业法人财产权的法律规定；公共预算仍然对国有企业提供资金支持，不利于市场经济体制的建立和投入资金的保值增值；国有资本经营预算支出大多按照谁上缴就通过项目形式返还给谁的原则拨款，不利于发挥预算的统筹和调节功能。在政府性基金预算管理方面，部分已不适应管理体制要求的基金项目需进一步清理规范；各项基金预算的收支科目还需进一步细化，预算的约束力有待提高；在社会保险基金预算管理方面，相关法律法规体系不完善；各类社会保险的统筹层次和编制水平有待提高；执行和监管有待进一步强化等。另外，目前我国政府预算中并没有单列有关政策性银行等资金预算，也没有单列各类事业单位预算。

借鉴日本复式预算的编制经验和方法，今后，我国可以考虑在政府预算中单列出政策性银行、事业单位特别预算等。将我国政府收支行为和职能范围全部纳入预算管理，提高政府预算的完整性。同时，在制度设计上，应保持国有资本经营预算、社会保险预算、政府性基金预算与一般公共预算的相互衔接。这是因为，不同类型预算在资金来源、用途、支出范围等方面有别于公共财政的一般经常性支出，有其自身的发展规律，这就要求保持其完整性和独立性。同时，因国有资本经营预算、社会保险预算、政府性基金预算与一般公共预算有着紧密联系。其部分盈余资金可转入一般公共预算管理，以弥补一般公共预算的不足，从而增强政府的宏观调控能力。

三、进一步深化分税制改革，协调中央与地方政府间关系

与日本情况类似，我国中央与地方政府间财政关系也表现出财权重心的上移和事权重心的下移。我国虽然有税收返还、专项补助等财政转移支付作为财源调整机制，但远不能弥补地方政府财力不足的状况。1994 年，我国实行的分税制改革，虽然在中央与省级政府之间构建起了分税制框架，但省以下的分税制改革几乎没有取得实质性进展。在中央财政、地方财政总收入不断提高的背景下，财源进一步向上集中，主要集中在中央和地方省、市层级，而县、乡层级政府财政困难问题却日益凸显，越是欠发达地区这一现象越为明显。另一方面，地方政府的公共支出表现出较大的随意性和扩张性。近年来，地方政府债务风险问题凸显。如何在解决地方财

力不足的同时能有效控制地方债务规模、防范地方财政风险的发生已成为我国地方财政管理面临的重要课题。

在协调中央与地方政府间财政关系方面，日本的相关制度安排及改革经验对我国具有积极的借鉴意义。首先，我国应进一步深化分税制改革。尤其是对省级以下地方政府的事权应加以明确，本着事权与财权相匹配原则，改革地方税制，构建包括省、市、县、乡不同层级政府的地方税收体系。其次，改革财政管理方式，避免过度集权或过度分权。在纵向管理方面，应合理划分中央政府和地方各级政府之间职责，中央政府在完成中央事项的前提下，更多地将公共服务项目和具体实施的决策权下放给地方政府，改变目前中央主管部门决策权过多、向地方政府的专项转移支付规模过大、又要求地方政府财政配套的局面；逐步改变基层政府对"上"负责、对"下"不负责的状况，真正建立起公众对民生公共服务的选择、决定和监督机制。在横向管理方面，要处理好财政部门与预算部门之间的关系，加强预算执行管理，不断提高资金使用绩效。再次，从财源补充和均衡地方财力两个角度出发，借鉴日本转移支付制度设计以及不同时期的调整方法，结合我国社会经济和地区发展的需要，进一步优化我国转移支付结构。一是对一般转移支付进行必要的清理、归并和规范，改变将转移支付作为应急措施的做法，发挥转移支付的稳定性、机制性作用，从而提高地方财政的自主性；二是清理、归并和规范专项转移支付，提高一般性转移支付规模和比重，特别是对于县、乡级基层财政，以"保工资、保运转、保民生"为原则拨付转移支付资金，保障基层政府提供基本公共服务的能力。

四、完善预算管理各环节，提高财政管理的科学化和精细化程度

目前，我国预决算各环节存在的主要问题有：一是预算空档期的存在。我国采用历年制的预算编制制度，财政年度为每年1月1日至12月31日。我国国家预算草案的编制工作始于预算年度上年的11月份，而立法机构的全国人民代表大会一般在3月上旬召开，审议上年预算执行情况和本年度预算草案。当审议通过的草案逐级下达时，预算真正开始执行一般在当年的5月份。而国家预算执行结果草案一般结于11月底。这就造成了全国人民代表大会讨论通过的具有法律权力的文件国家预算，执行中实际上存在三四个月的预算空档。造成预算年度起始日期先于人大审批日期，预算审批通过前就已经执行的局面。从而使政府收支活动不能真正地控制在国家预算约束之下。作为预算改革，虽然规定了国家发展和改革委员会年初预算可预留25%在执行中安排后上报，其他有预算分配权的部门预留的上报数不得超过3%，但这种规定很粗略，并没有同该财政年度实际的预算结合起来，具有较大的随意性。此外，近年来我国对预算编制时间做了调整，整体提前到每年的七八月份。但这对于要求精细化编制的部门预算来说仍略显不足。二是专项预算编制和执行脱节。由于专项预算内容的特殊性和复杂性，不确定性强。实际上，目前很多财政专项经费是在每年度的下半年下达的，有的甚至在年末才拨款到位。专项预算难以在

本年度执行，不但导致巨大的资金结余，而且使本年度专项预算出现真空。虽然实行的国库集中支付制度，但在很多情况下，经费层层下拨到具体单位，脱离了国库集中支付体系，使得财政性结余资金使用效率难以得到真正提高；三是地方预算和中央预算衔接不紧密。由于我国地方人大会期一般早于全国人大会期，为此，地方预算草案对来自中央的转移支付资金编制不完整、资金使用方向不完全掌握等问题出现。

基于我国预算管理各环节存在的上述问题，今后我国可借鉴日本分级财政管理体制的相关经验，从以下几个方面加以改进和完善。首先，可通过延长预算编制时间，以保证预算编制质量。如可借鉴日本的跨年制预算编制制度，4月1日至次年3月31日为一个预算年度，这种选择主要是基于全国人民代表大会召开的时间，便于预算的审议、批准和下达执行。而且，我国香港特别行政区的财政年度实行的也是这种跨年制。大陆与香港在财政年度上保持一致，也有利于统一核算和相互比较。其次，在延长专项预算编制周期的同时，结合部门预算改革和中期预算的编制，提高专项预算的编制质量和执行效率。再次，借鉴日本地方预算编制的做法和经验，使地方预算与国家预算有序衔接。日本的具体做法是：由于日本地方议会每年审议地方预算与国家议会审议国家预算的例会时间基本一致，因此在国家预算获得议会批准成立之前，地方预算对来自中央政府的转移支付资金及其用途并不能完整准确把握。为此，日本地方政府预算案采取先编制框架性预算草案，待国家预算审议成立后再进行调整，对国家分配的转移支付资金进行追加或修正预算，并在每年6月份获得地方议会的确认。如此制度安排使得日本地方预算与国家预算得以有序衔接。今后，我国可借鉴日本相关做法和经验，地方政府在科学编报本级预算收入的同时，上级财政应提前告知拟对下级财政的一般性转移支付和部分专项转移支付预计数等，从而提高地方预算编制的完整性和科学性。

五、强化人大对预算的审议和监督职能

在日本，预算一经国会审议通过便作为法律文件，不得随意更改，体现了很强的严肃性。而且，国会预算案的审查时间长、环节多、审议深入具体。作为我国的立法机构，人大授权政府编制预算，更有全程监督政府执行预算的义务。今后，我国人大在预算的审议和监督方面，应从以下几个方面着手。一是进一步加强人大预算监督部门的建设。在日本国会，众议院预算委员会的作用举足轻重。不仅总理出席每次的预算委审议会议，而且几乎所有国务大臣都列席并回答询问。地方议会也是如此。而且预算委员会委员的专业能力强，熟悉预算资料，而且通过专题调研形成建议。今后，我国各级人大应加强预算委员会的建设，充实必要的专业人才。加强委员的专业技能及调研能力培养，使其能够承担起预算的监督责任。二是注重人大的监督程序。今后我国各级人大在预算监督中，应进一步增强审议的深度和广度。如增加询问时间、召开听证会，采取分组讨论和委托有识之士参与讨论等形式，使预算议深议透，进一步趋向合理。三是建立多形式、全方位监督体系，增强预算监督审查力度和实效。强化预算监督审查应贯彻于预算编制、执行、决算的全过程。

典型国家和地区政府预算制度研究丛书

这就需要严格明确预算编制与预算审定，预算执行与监督的权限责任，确定严格的审查批准程序和监督方法，从制度建设上进一步增强预算监督审查的力度。在发挥财政部门的内部监督、人大的审查监督、审计部门的审计监督等监督体系作用的同时，运用社会舆论的广泛性和影响力，接受广大公众的监督。

六、提高预算信息的公开度和预算管理的透明度

近年来，我国日益重视财政信息公开工作，财政信息公开的力度不断加大，各级政府的预决算情况大致已经公开，一些地方政府部门以及多数中央部门都相继公布了本部门的部门预算，财政预算透明度不断增强，部分地区在预算编制过程中对公共工程项目还引入了"参与式预算"的做法。这些措施的实行，为民意表达提供了有效的平台，也加强了社会公众对于财政管理工作的监督。但我国的财政信息公开工作起步较晚，在不少方面，还有待完善和加强。首先，我国预算信息公开也必须走法制化道路，在法律允许的基础上进行公开。信息公开有法可依是预算透明的基础。目前，我国有关信息公开的立法条款还不很完善。现行政府信息公开法律虽然将"财政预算、决算报告"笼统纳入政府信息公开范围，但对公开的原则、公开内容的详细程度等缺乏明确规定。实践中，不同政府部门对此有较大的自由度和随意性，自由裁量权较大。因此，这就要求我国政府今后应进一步对预算信息公开进行立法，以"公开原则"为基础，就预算信息公开的形式、时间、内容等做出规范性要求，特别是对"涉密信息"等做出明确定义，以便信息公开有章可循。其次，应逐步扩大财政信息的公开范围，如扩大向人大报送部门预算草案的范围，逐步细化报送人大审议的预算草案，建立起覆盖财政运行全过程的信息公开机制。再次，应加快财政管理信息化建设，拓宽公开渠道，提高财政监督的广泛性和有效性。

七、进一步深化政府审计制度改革，强化财政审计的监督力度

近年来，全国人大加强了对财政预决算报告的审议工作，旨在加强财政监督管理。但我国财政审计的监督力度仍有待进一步强化。

1. 目前我国还没有财政监督方面的专门法律，有关法律中对财政监督的规定也不尽充分。立法滞后已严重制约财政监督工作的发展。今后，我国应着力推进财政监督立法工作，对财政监督各环节作出统一规范，并加强法律、行政等手段的问责机制，增强预算的约束力。

2. 目前我国的政府审计还较多地停留在以合法性为主的财务监督上。如有无违反法律法规行为、政策方针和预算的目的、制定程序等是否规范以及政府各种财政支出是否规范等的审计。而上述审计对于政府施政是否有效、政策实施的效率和效果如何等并没有发挥很大的作用。正如日本政府审计从合法性审计向效率性、有效性审计的转变过程一样，今后，随着我国政治体制改革的推进和依法治国理念的深

入，以及公民素质和参政议政意识的提高，民主诉求日益增长，仅仅反映是否合法、合规使用财政资金已经无法满足广大民众的需求。对于财政资金使用的合理性和有效性成为民众进一步关注和想要了解的事情，这就要求我国的政府审计需从传统的财务审计向现代政府绩效审计延伸。在这方面，日本的政府审计经验，尤其是在强化对政府施政、预算等的绩效审计方面的经验值得我国借鉴。

3. 我国实行的是行政型审计制度，属于内部审计。审计部门与被审计单位属于被管理者与管理者的关系，审计工作在一定程度上必然会受到牵制。而我国实行的是议行合一的人民代表大会制度，尚不具备实行完全独立的审计条件。针对我国目前审计工作中表现出来的内部审计色彩较强的弊端，一方面，努力提高人民代表大会审议的实效性；另一方面，加强人大与政府审计之间的联系并建立起规范的信息交流机制，提高审计效率。与此同时，应积极探索引入外部审计并制度化，特别是对于国民关心的问题，通过社会审计力量的参与和监督，以突破内部审计的局限性，以便更加有效地提高政府财政资金的使用效率。

4. 当前我国的政府审计报告还只能算是对政府部门的审计结果汇总，比较粗放，只有大体的涉及金额和简单的事项记述，缺乏精确性；审计的事后监督还不够到位，后续整改等工作往往不得而知；审计技术有待进一步提高，数据和量化指标不充分。今后，为适应时代发展的需要，我国的政府审计除了应全面实现信息联网和电算化外，还应加强审计人员的能力和素质培训，提高审计质量。其次，强化审计的事后监督作用，将审计中发现的问题及后续整改等情况纳入下年度审计报告之内。再次，提高审计的数据化程度。因为通过数据比较可以反映许多问题，便于民众对比分析。当然，政府审计还需有灵活性，可根据不同政府部门、不同事业项目的性质、特点以及审计的目标和重点等因素补充和制定部门性、行业性审计指标，定量和定性分析相结合，使审计工作有的放矢。

5. 加快立法进程，提高审计的透明度。我国自 1999 年开始建立审计上网工程以来，相关网站已初步建立起了信息公开制度。而且，政府审计情况的公开度日益加大。但就公开信息的内容来看，大多注重审计结果，对审计过程的介绍很少。这与我国《审计结果公布试行办法》（2002 年，国家审计署颁布）缺乏有关审计信息公开的规定有关。今后，我国政府需尽快出台法律制度，以确保审计信息公开有法可依。在信息公开渠道和公民参与等方面，目前，主要有旁听、听证、信息公开服务热线等形式，但这些措施还没有达到发挥实质性作用的水平。还需进一步提高这些渠道的实施质量，并探索多种公民参与渠道，以此实现信息公开的多样性，提高审计的透明度。

八、政府会计核算中逐步引入权责发生制，建立政府综合财务报告制度，加强存量资产管理

政府会计核算中全部或部分引入权责发生制，建立定期规范的财政信息公开披露制度是西方发达国家近年来改革的共同特点。日本于 20 世纪 90 年代末开始推进

政府会计制度改革。如今，随着各地新的财务核算制度的普及和相关体系的建设，日本已全面实施权责发生制政府会计制度。包括存量资产在内的政府总资产、负债等实际财务状况得以有效反映，提高了中央政府的宏观决策和财政风险的防范能力。在我国，随着部门预算、国库集中收付制度、政府采购制度等改革的不断深入，现行收付实现制政府会计的弊端和不足日益突出。尤其是不能准确地反映国有资产存量以及政府负债等信息，无法准确反映财政的真实情况，不利于国家的宏观管理。为此，我国应从以下几个方面着手政府会计制度改革。

1. 政府会计核算中部分引入权责发生制，其中，应特别对地方债务、资产存量等进行必要的会计核算和统计。全面清理各种闲置资产，按照产权归属、地理位置、账面原值、清理价值等要素登记造册，对各类资产进行合理分类和价值评估，全面摸清资产家底；采用划拨调整、综合利用或变现的方式，推动存量资产的合理流动。

2. 制定会计核算补充规定，建立适当的固定资产折旧方法，实现政府会计体系与预算科目体系对接，突破传统财政决算报告制度仅报告当年财政收入、支出及盈余或赤字的框架，构建能全面反映公共部门财务状况、公共资金使用情况的综合财务报告制度。权责发生制政府综合财务报告的内容应包括：政府财务报表（资产负债表、收入费用表等）及其解释、财政经济状况分析等。通过利用各级政府财政部门编制的资产负债表、收入费用表等财务报表，可以全面准确地反映政府财务状况，为及时监控政府债务规模，制定合理的融资、偿债计划，有效配置政府资源提供科学、有效的信息支持，有利于促进政府资产负债管理、绩效管理、预算管理、风险管理等职能作用发挥。

3. 应明确建立这项制度的目标、原则、主要内容、各有关部门职责、考核机制、配套措施、时间表和路线图等，全面规划和指导政府财务报告制度建设工作。同时，建立政府财务报告制度规范和操作指南，明确政府财务报告编制的主要内容、编制程序、职责分工等。并以通俗易懂的方式帮助报告使用者更好地理解政府财务状况与经济社会发展的关系，进而反映出政府在提供公共服务、改善民生、宏观调控等方面所履行的受托责任情况，满足社会公众对政府财务信息全面性、准确性和及时性的需求，便于社会公众监督。

九、控制政府债务规模，防范财政风险

无论是国债还是地方债，一定规模的债务可以有效地扩大财政的支出能力，从而刺激经济增长。但如果政府债务规模过大，其还付息支出必将对财政造成压力。而且，就日本债务管理经验来看，沉重的债务负担不仅容易弱化政府利用财政手段调控宏观经济的功能。也间接影响着国民消费的扩大和民间资本的投资，从而制约宏观经济的发展。与日本相比，目前我国的财政赤字总体规模在合理的范围之内。但不容忽视，目前我国尤其是地方债务存在潜在风险，对我国经济社会发展造成了潜在的威胁。今后，我国可从以下几个方面加强对政府债务规模的控制，以防范财政风险的发生。

（一）控制政府债务规模，保持合理结构

基于我国经济发展水平、财政承受风险能力、债务管理水平以及债券市场发育情况的考量，在未来一段时期内，我国的发债规模应适度，而不能过度扩张，以免对财政和国民经济的长远发展产生消极影响。具体做法包括：一是对中央一般公共预算中举借的债务实行余额管理，余额的规模不得超过全国人民代表大会批准的限额，国务院财政部门具体负责对中央政府债务的统一管理；二是应对国债发行的期限结构等进行合理规划，加强对国债项目的管理和评估，保证国债资金的使用效率；三是根据国民经济发展现状及对未来的预期，应在国民经济中长期发展规划中设定控制财政赤字增长的指标，控制财政赤字率和债务依存度。

（二）落实和细化《预算法》相关规定，完善债务管理制度，积极化解存量债务风险

我国新《预算法》规定：地方各级预算按照量入为出、收支平衡的原则编制，不列赤字。经国务院批准的省、自治区、直辖市的预算中必需的建设投资的部分资金，可以在国务院确定的限额内，通过发行地方政府债券举借债务的方式筹措。举借的债务应当有偿还计划和稳定的偿还资金来源，只能用于公益性资本支出，不得用于经常性支出。除前款规定外，地方政府及其所属部门不得以任何方式举借债务；除法律另有规定外，地方政府及其所属部门不得为任何单位和个人的债务以任何方式提供担保。

新《预算法》虽然明确地方政府不得随意发债或以单位或个人名义提供债务担保，但实践中，我国存在着大量地方债务，除了部分为政府借款外，相当部分为城投债。城投债为政府成立的平台公司发行，政府或多或少负有担保责任，一旦发生债务违约等行为，则需要地方财政兜底。显然，地方政府的这类潜在财政风险不容忽视。因此，这就需要我国政府加强对地方政府债务的监控，积极化解存量债务的同时，建立地方政府债务风险评估和预警机制、应急处置机制以及责任追究制度。具体做法包括：一是在全国范围内统一和规范地方债务统计核算方法，摸清存量债务的规模；二是可考虑建立"地方债务报告制度"，要求地方政府做好地方债务统计核算工作，定期向中央政府报告，提高地方债务信息的透明度；三是借鉴日本的"财政重建制度"、"财政健全化制度"等，尽快建立地方财政风险预警机制和控制指标体系，有效识别、预警债务危机和财政风险的发生；四是借鉴日本"地方财政计划"的制定经验，为地方财政政策的制定提供参考。我国地方政府在公共支出中表现出的随意性和无须扩张，很大程度上是因为地方政府自身缺乏"地方财政计划"。今后，我国应根据社会经济形势的变化以及国家宏观政策的需要，编制"地方财政计划"，为地方政府施政以及财政政策的实施提供依据。

典型国家和地区政府预算制度研究丛书

附录 2015年度日本政府预算解读

经济低迷、财政赤字膨胀是困扰日本政府多年的施政课题。重振经济的同时削减财政赤字以便实现财政健全化是日本政府多年来的施政目标。2015年度日本政府预算案也体现了这一政策目标。其要点如下：

1. 以民需为主导的经济再生

（1）从提升地区活力（"地方创生"）的角度出发，在《为新日本的优先课题推进框架》以及《地方财政计划》中的财政支出框架下，推进建设"充满魅力的街道、居民和工作"。

（2）实现发挥女性作用的社会。利用消费税率提高后的税收增收部分（国税、地税合计1.35兆日元），充实社会保障制度（合计1.36兆日元），确保居民能安心生活。其中，在充实育儿援助措施方面，由2014年度的0.3兆日元增加至0.5兆日元；在充实医疗、护理等方面，由2014年度的0.2兆日元增加至0.8兆日元。

（3）以实现可持续社会保障制度为出发点，降低护理服务费用的同时，控制护理保险费的增长，以减轻利用者的负担（减轻2.27%）。

（4）充实事前防减灾对策以及建筑物的老朽化对策，推进"国土强忍化"措施的同时，确保财源以加快东日本大地震灾后重建和福岛地区的再生。

（5）重新审视外交、安全保障等领域，充实外交预算，进一步强力推进"俯视地球仪的外交"政策，切实加强防卫能力。

2. 重建财政，实现财政健全化目标

（1）保证优先课题的财政支出，尽可能控制非社会保障性经费支出；重新审视社会保障支出，最小限度地控制其增长；严格审查补助金是否能真正强化经济增长，积极使用融资等其他政策金融手段。

（2）根据2013年8月8日内阁会议表决的《中期财政计划》，国家一般会计的基础财政收支在2014年度、2015年度至少改善4兆日元，实现国家基础财政收支赤字占GDP的比重减半目标。

（3）国债发行额36.9兆日元，较上一年度减少4.4兆日元，降至2009年度以来的发债水平，使公债依存度降至38.3%。

3. 2015年度主要经济预期指标

2015年度预期GDP增幅为2.7%，坚挺的民间需求将是经济恢复的主要原因。同时，进一步控制物价上涨和失业率。预期消费者物价指数1.4%，完全失业率为3.5%。

表 1   **2013 ~ 2015 年度日本主要经济指标**   单位:%

	2013 年度	2014 年度	2015 年度预期
名义 GDP 增长率	1.8	1.7	2.7
实际 GDP 增长率	2.1	− 0.5	1.5
消费者物价指数	0.9	3.2（1.2）	1.4
完全失业率	3.9	3.6	3.5

注：2014 年度消费者物价指数中，（ ）部分为去除因消费税税率提高而受到的影响部分。
资料来源：作者根据日本财务省公布数据整理。

典型国家和地区政府预算制度研究丛书

229

参 考 文 献

一、中文文献

[1] 班东启：《论政府审计信息公开制度》，载于《审计研究》2007 年第 4 期。

[2] 陈建红：《从中央支配到地方自主——日本地方分权改革的轨迹与省思》，载于《政治学研究系列》2011 年第 4 期。

[3] 崔惠玉、郑亚敏：《日本预算管理体制的借鉴与思考》，载于《财政与税务》2004 年第 2 期。

[4] 崔晓冬：《日本社会保障预算编制及其启示》，载于《日本研究》2010 年第 1 期。

[5] 毛晖、沈慧婷：《预算编制模式的国际比较与借鉴》，载于《行政事业资产与财务》2010 年第 1 期。

[6] 王加林：《发达国家预算管理与我国预算管理改革的实践》，中国财政经济出版社 2006 年版。

[7] 闫海：《基于立宪政体的日本预算执行多元监督及借鉴》，载于《江苏社会科学》2010 年第 2 期。

[8] 闫海：《论日本财政预决算审议中的代议民主》，载于《日本研究》2010 年第 4 期。

[9] 邢文良：《关于日本议会的预算监督》，载于《人大研究》2011 年第 1 期。

[10] 杨华、肖鹏：《日本解决地方财政困境的改革与启示》，载于《经济理论与经济管理》2011 年第 11 期。

[11] 杨华：《日本地方政府债务管理及近年来的改革动向》，载于《首都经济贸易大学学报》2011 年第 4 期。

[12] 中国财政部预算司赴日体制考察组：《日本的行政与财政制度》，载于《经济研究参考》2002 年第 51 期。

[13] 周强武、王苇航：《债台高筑，为何危而不倒？——简析日本主权债务风险》，载于《中国财政》2012 年第 2 期。

[14] 中国财政部网站：《日本预算管理制度研修报告》，http：//www. mof. gov. cn/zhengwuxinxi/guojijiejian/200806/t20080603_44686. html。

二、外文文献

[1] Alesina, Alberto & Cukierman, Alex, 1990. "The Politics of Ambiguity" The Quarterly Journal of Economics, MIT Press, vol. 105 (4), pages 829 – 50, November.

［2］ Alesina, Alberto and Robert Perotti（1996）, "Fiscal Discipline and the Budget Process", American Economic Review, 86（2）, pp. 401 –407.

［3］ Alberto Alesina & Silvia Ardagna & Roberto Perotti & Fabio Schiantarelli, 1999. "Fiscal Policy, Profits, and Investment," NBER Working Papers 7207, National Bureau of Economic Research, Inc.

［4］ Barry Eichengreen & Jurgen von Hagen, 1996. "Fiscal Policy and Monetary Union: Is There a Tradeoff between Federalism and Budgetary Restrictions?" NBER Working Papers 5517, National Bureau of Economic Research, Inc.

［5］ Caselli, F., A. Giovannini, and T. Lane, 1997, Fiscal discipline and the cost of public debt service: OECD, 1997, Budgeting for the future. Perotti, R. and Y. Kontopoulos, 2002, Fragmented fiscal policy, Journal of Public Economics vol. 86, pp. 191 –222.

［6］ Blondal, Jon（2000）Fiscal Transparency, Report at the Korea/OECD Forum on Public Sector Reform: Challenges and Vision for the 21st Century.

［7］ Kopits, George and Jon Craig, 1998, "Transparency in Government Operations" IMFOccasional Paper 158, （Washington: International Monetary Fund）.

［8］ Poterba, J. M. and von Hagen, J. （eds.）（1999）, Fiscal Institutions and Fiscal Performance, Chicago: University of Chicago Press.

［9］ Organisation for Economic Co – operation and Development（OECD）（2002）, Models of Public Budgeting and Accounting Reform, OECD Journal on Budgeting Volume. 2, Supplement 1.

［10］ Volkerink, B. and J. de Haan, 2001, Fragmented government effects on fiscal policy: New evidence, Public Choice vol. 109, pp. 221 –242.

［11］ von Hagen, Jurgen & Harden, Ian J., 1995. "Budget processes and commitment to fiscal discipline" European Economic Review, Elsevier, vol. 39（3 –4）, pages 771 –779, April.

［12］ 青木昌彦、鶴光太郎共著『日本の財政改革』（経済政策分析シリーズ）、東洋経済新報社、2004 年版。

［13］ 一般財団法人地方債協会編『地方債統計年報』2010 –2015 年度各年版。

［14］ 井堀利宏、土居丈朗『日本政治の経済分析』木鐸社、1998 年版。

［15］ 井堀利宏・土居丈朗『財政読本 第6版』東洋経済新報社、2001 年。

［16］ 井手 英策『日本財政 –転換の指針』岩波新書、2013 年版。

［17］ 岡本全勝著『地方財政改革論議——地方交付税の将来像』ぎょうせい、2002 年版。

［18］ 甲斐素直『予算・財政監督の法構造』（日本大学法学部叢書）、信山社出版、2001 年版。

［19］ 閣議決定『財政運営戦略—国民の安心と希望のために』平成 22 年 6 月 22 日。

典型国家和地区政府预算制度研究丛书

［20］ 金子勝『長期停滞』筑摩書房、2002 年版。

［21］ 国枝繁樹「財政再建における増収措置と歳出削減の割合に関する Alesina らの議論は我が国に適用されるのか？」『フィナンシャル・レビュー』2014. 120。

［22］ 国枝繁樹「低い国債金利は、我が国の財政再建を遅らせてもよいことを意味するのか？」『一橋経済学』2015 年 10 月。

［23］ 小林航、大野太郎共著「地方債協議制度の経済分析」『フィナンシャル・レビュー』、2011. 105。

［24］ 大矢俊雄編著『図説日本の財政』東洋経済新報社、平成 27 年度版。

［25］『財政構造改革の推進に関する特別措置法』（財政構造改革法）、平成 9 年 12 月 5 日法律第 109 号。

［26］ 財務省編『日本の財政関係資料』平成 28 年 4 月。

［27］ 財務省編著『債務管理リポート – 国の債務管理と公的債務の現状』、平成 24 年 – 28 年度各年版。

［28］ 財政制度等審議会『公会計に関する基本的考え方』2003 年 6 月。

［29］ 櫻井敬子『財政の法学的研究』有斐閣、2001 年版。

［30］ 関口智編著『地方財政・公会計制度の国際比較』日本経済評論社、2016 年版。

［31］ 総務省編『地方財政白書』平成 20 年 – 29 年度各年版。

［32］ 総務省編『新地方公会計制度実務研究会報告書』平成 18 年 10 月。

［33］ 髙山真「中期財政フレームは包括性の向上が必要」、『三菱东 UFJ 銀行エコノミストの視点』2012. 9. 18.

［34］ 田中秀明、岩井正憲、岡橋準『民間の経営理念や手法を導入した予算・財政のマネジメントの改革』、財務省財務総合政策研究所、2001 年版。

［35］ 田中秀明、前島優子、大塚洋『我が国の予算・財政システムの透明性 – 諸外国との比較の観点から –』、財務省財務総合政策研究所、2002 年版。

［36］ 田中秀明「ニュー・パブリック・マネジメントと予算改革」、『地方財務』、2003. 2。

［37］ 田中秀明『財政ルール・目標と予算マネジメントの改革』、独立行政法人経済産業研究所、2004. 3。

［38］ 田中秀明『財政規律と予算制度改革—なぜ日本は財政再建に失敗しているか』、日本評論社、2011 年版。

［39］ 田中秀明「財政ルールと財政規律 – 予算制度の計量分析 –」、『一橋大学機関リポジトリ』、一橋大学経済研究所世代間問題研究機構ディスカッション・ペーパー CIS – PIE DP No. 461、2009 年 10 月。

［40］ 土居丈朗『地方財政の政治経済学』東洋経済新報社、2000 年版。

［41］ 土居丈朗「地方債の起債許可制度に関する実証分析」、『社会科学研究』2001. 52。

典型国家和地区政府预算制度研究丛书

［42］ 土居丈朗「地方債の起債許可制度の運用実態とその評価」金融調査研究会『地方財政をめぐる諸問題』、金融調査研究会報告書、2001.26。

［43］ 土居丈朗『財政学から見た日本経済』、光文社新書、2002 年版。

［44］ 土居丈朗「日本の地方財政制度が生み出す非効率性の厚生分析—動学的最適化行動に基づくシミュレーション分析—」、『フィナンシャル・レビュー』2002.61.

［45］ 土居丈朗編著『地方分権改革の経済学』、日本評論社 2004 年版。

［46］ 土居丈朗「地方債と破綻処理スキーム」、『フィナンシャル・レビュー』2004.71.

［47］ 土居丈朗「公会計・予算制度の改革過程：対立点と改革の方向性」、『会計検査研究』No. 28、2003. 9.

［48］ 土居丈朗『地方債改革の経済学』日本経済新聞出版社、2007 年版。

［49］ 土居丈朗『日本の財政をどう立て直すか』日本経済新聞出版社、2012 年版。

［50］ 内閣府『年次経済財政報告』（経済財政白書）平成 20 – 26 年度版。

［51］ 内閣府編『日本経済再生に向けた緊急経済対策』平成 25 年 1 月 11 日。

［52］ 内閣府編『「新成長戦略実現 2011」マクロ経済運営部分について』平成 23 年 1 月 25 日。

［53］ 内閣府経済財政諮問会議『中長期の経済財政に関する試算』平成 25 年 – 28 年度各期（毎年 1 月と7月）。

［54］ 内閣府経済財政諮問会議『経済財政の中長期試算』平成 21 年 – 24 年度各期（毎年 1 月と8月）。

［55］ 内閣府経済財政諮問会議『日本経済の進路と戦略　参考資料』平成 20 年 1 月 17 日。

［56］ 内閣決議『中期財政フレーム》平成 22 年から各年度。

［57］ 内閣官房『平成 23 年度における財政運営戦略の進捗状況の検証』。

［58］ 内閣官房『平成 24 年度における財政運営戦略の進捗状況の検証』。

［59］ 内閣決議『新成長戦略～「元気な日本」復活のシナリオ～』平成 22 年 6 月 18 日。

［60］ 日本財政法学会編『行政改革と財政法』、龍星出版、2003 年版。

［61］ 日本公認会計士協会『公会計原則（試案）』2003 年 2 月 17 日。

［62］ 中野文平「会計検査院の基本定義と情報公開」、『会計検査研究』、2000. 9.

［63］ 丹羽由夏「地方債市場の現状」、『農林金融（農林中金総合研究所）』、2003. 2。

［64］ 野口晃弘「独立行政法人の会計と監査」、『会計審計研究』、2003. 9.

［65］ 東信男「国の公会計制度改革の課題と展望」、『会計検査研究』2000. 22。

［66］ 東信男「決算純計から見た国の財政状況」、『会計と監査』1998. 5。

［67］ 東信男「公会計—諸外国の動向とわが国へのインプリケーション」日本銀行金融研究所、No. 99、1999. 23。

［68］東信男『会計検査院の検査制度』中央経済社、2011 年版。

［69］東信男著、山浦久司監修『政府公会計の理論と実務』白桃書房、2016年版。

［70］藤谷武史「財政活動の実体法的把握のための覚書」、『国家学会雑誌』119 巻 34 号、2006 年。

［71］宮田慶一著『政策評価と公会計改革のあり方』日本銀行金融研究所、2000 年版。

［72］森田朗編著『シリーズ図説・地方分権と自治体改革（1）分権改革と自治体』東京法令出版、2000 年。

［73］山本清「政府会計の理論的枠組みをめぐる課題について」、『金融研究』2003. 22 巻。

［74］山本清『政府会計の改革』、中央経済社 2001 年版。

［75］山本清『政府会計改革のビジョンと戦略』、中央経済社 2005 年。

［76］山下茂『体系比較地方自治』明治大学社会科学研究所叢書、ぎょうせい，2010 年版。

［77］山本栄一「財政制度改革と予算—改革の原則と日本における適応」、『関西学院大学リポジトリ』（経済学論究）2005 年第 58 巻第 4 号。

［78］李相和著「日本における公会計の現状と課題」、『埼玉学園大学紀要（経済経営学部編）』2013. 13。

［79］閣議決定『社会保障・税一体改革大綱』平成 24 年 2 月 17 日。

［80］片桐正俊、横山彰編著『分権化財政の新展開』（中央大学経済研究所研究叢書）中央大学出版部、2007 年版。

［81］一般財団法人地方債協会ホームページ：http：//www. chihousai. or. jp/02/05. html。

［82］日本財務省ホームページ：http：//www. mof. go. jp/jgbs/index. html。

［83］日本総務省ホームページ：http：//www. soumu. go. jp/。

［84］日本国税庁ホームページ：https：//www. nta. go. jp/kohyo/kocho/keiji-ban/torikumi/h26. htm。

［85］日本会計検査院ホームページ：http：//www. jbaudit. go. jp/。

［86］日本都道府県協会ホームページ：http：//zenkyo. or. jp/association/。

图书在版编目（CIP）数据

日本政府预算制度／杨华编著．—北京：经济科学
出版社，2016.9
（典型国家和地区政府预算制度研究丛书）
ISBN 978 - 7 - 5141 - 7309 - 3

Ⅰ．①日…　Ⅱ．①杨…　Ⅲ．①国家行政机关 - 预算
制度 - 研究 - 日本　Ⅳ．①F813.131

中国版本图书馆 CIP 数据核字（2016）第 233939 号

责任编辑：高进水　刘　颖
责任校对：曹　力
责任印制：潘泽新

日本政府预算制度

杨　华　编著

经济科学出版社出版、发行　新华书店经销

社址：北京市海淀区阜成路甲 28 号　邮编：100142

总编部电话：010 - 88191217　发行部电话：010 - 88191522

网址：www. esp. com. cn

电子邮件：esp@ esp. com. cn

天猫网店：经济科学出版社旗舰店

网址：http：//jjkxcbs. tmall. com

北京季蜂印刷有限公司印装

787 × 1092　16 开　15.5 印张　340000 字

2016 年 11 月第 1 版　2016 年 11 月第 1 次印刷

ISBN 978 - 7 - 5141 - 7309 - 3　定价：33.00 元